Erhard Oeser

Das selbstbewusste Gehirn

Erhard Oeser

Das selbstbewusste Gehirn

Perspektiven der Neurophilosophie

Einbandgestaltung: Peter Lohse, Büttelborn
Einbandbild: C.-W. Röhrig, Who puts on the Light in my Head?

Die Deutsche Bibliothek verzeichnet diese Publikation
in der Deutschen Nationalbibliografie;
detaillierte bibliografische Daten sind im Internet über
http://dnb.de abrufbar.

Die Herausgabe des Werkes wurde durch die Vereinsmitglieder der WBG ermöglicht.
Gedruckt auf säurefreiem und alterungsbeständigem Papier
Satz: WMTP GmbH, Birkenau
Printed in Germany

Besuchen Sie uns im Internet: www.wbg-darmstadt.de

ISBN-13: 978-3-534-19068-3
ISBN-10: 3-534-19068-8

Inhalt

Vorwort

Die großen und tief greifenden Fortschritte in der gegenwärtigen Hirnforschung haben nicht nur unbestreitbare praktische Erfolge in der Diagnose und Therapie von Hirnerkrankungen und Hirnverletzungen gebracht, sondern zugleich auch den folgenschwersten Wandel des Menschenbildes hervorgerufen. Jahrhundertealte philosophische Vorstellungen über das Verhältnis von Leib und Seele, über unsere Stellung in dieser Welt, über Leben, Krankheit und Tod, über moralische und ästhetische Werte, über Gott und das Jenseits haben sich dadurch verändert. Diese Umwertung aller Wertvorstellungen und vor allem die Einsicht, dass der menschliche Geist und Wille total von den Funktionen des Gehirns abhängig sein soll, hat zu bisher unabsehbaren Konsequenzen in allen Bereichen menschlicher Existenz geführt: Unser ästhetisches Empfinden scheint zu einem Produkt gefühlloser neuronaler Mechanismen und der Glaube an Gott zu einem Hirngespinst geworden zu sein. Und wenn der freie Wille nur eine Illusion sein sollte, wie manche Neurowissenschaftler behaupten, würden sich auch notwendigerweise die Vorstellungen von Schuld und Strafe von Grund auf ändern müssen.

Die Frage ist daher: Sind solche weit reichenden Konsequenzen der Hirnforschung bloß eine Kränkung von Seiten des naturwissenschaftlichen Erkenntnisfortschrittes, die dem menschlichen Selbstbewusstsein schon wieder und nicht zum ersten Mal zugefügt wird, oder handelt es sich um die vielleicht größte Herausforderung an das philosophische Denken seit seinem mehrtausendjährigen Bestehen?

Als Kant noch vor zweihundert Jahren jede Möglichkeit bestritt, aus der Erforschung des Gehirns Kenntnis über den „wichtigsten Gegenstand der Welt“, nämlich den Menschen, zu erlangen, weil man „die Gehirnnerven und Fasern nicht kennt, noch sich zu ihrer Handhabung versteht“ (Kant 1798, Werke VII S. 119), konnte er nicht ahnen, welche Fortschritte die technisch hochgerüstete Hirnforschung heutzutage bereits gemacht hat. Während man in früheren Zeiten nur durch Verhaltensstörungen bei Hirnverletzungen oder Erkrankungen beim Menschen oder durch grausame Experimente an lebenden Tieren den Hirnbereich bestimmter sensorischer, motorischer, intellektueller oder emotionaler Funktionen erkennen konnte, ermöglichen jetzt in zunehmendem Maß nicht invasive, d. h. keinen operativen Eingriff erfordernde Techniken, Aktivierungsmuster im menschlichen Gehirn zu beobachten, die nicht nur über den Ort, sondern auch über den Ablauf mentaler Phänomene wie Empfinden, Fühlen und Denken Aufschluss geben können.

Gehirnaktivitätsstudien unter Einsatz solcher so genannter „bildgebender" Verfahren liefern auf diese Weise ein so detailliertes Bild der spezifischen Funktionen einzelner Gehirnstrukturen, wie es früher mit den alten operativen Methoden nicht möglich war. Es lässt sich heute bestimmen, welche Gehirnregionen mit jedem der fünf Sinne in Verbindung stehen oder welche Regionen durch motorisches Verhalten aktiviert werden. Man kann beobachten, wie verschiedene Teile des Gehirns tätig sind, während die Versuchspersonen bestimmte geistige Aufgaben lösen. Das gilt auch für die Erfahrung von Schmerz und Leid ebenso wie für Freude und Lust. Auf diese Weise wurden auch moralische Entscheidungen auf ihre Korrelate im Gehirn untersucht. Ja, es wurden sogar Aufsehen erregende Versuche unternommen, ein Hirnzentrum für religiös-mystische Erfahrungen nachzuweisen, indem man die Gehirnaktivitäten meditierender Mönche und Nonnen mit den neuen bildgebenden Verfahren betrachtete. Und nicht zuletzt wurde mit dem Hirntodkonzept ein Weg zu einem neuen Menschenbild beschritten, das die Integrität der menschlichen Person allein in der Aufrechterhaltung der Hirnfunktionen sieht.

Mit all diesen Untersuchungen ist zum ersten Mal eine konkrete Verbindung zwischen den zwei unterschiedlichen Beschreibungsebenen der geistigen und neuralen Prozesse und Strukturen gelungen, die den Namen „Neurophilosophie" verdient. Denn es ist unleugbar, dass die moderne Hirnforschung in den letzten Jahrzehnten nicht nur alte Vorstellungen vom selbstbewussten Geist und seinem freien Willen fragwürdig erscheinen lässt, sondern auch eine ganze Reihe von neuartigen Perspektiven für das menschliche Selbstverständnis eröffnet hat, die zur Umformung fast aller Teile der theoretischen und praktischen Philosophie geführt haben. Die traditionellen philosophischen Grundfragen: „Was kann ich wissen? Was kann ich tun? Was kann ich hoffen?", die nach Kant in der Frage: „Was ist der Mensch?" zusammengefasst werden können, diese Fragen werden heutzutage bereits als neurophilosophische Einzeldisziplinen abgehandelt. Aber noch ist kein systematischer Zusammenhang zwischen dieser Vielzahl von neurowissenschaftlich begründeten neuen Einsichten über menschliches Denken, Handeln, Leiden und Tod sichtbar. Und noch immer ist die gegenwärtige Diskussion durch Kompetenzstreitigkeiten gekennzeichnet, die auf der schon längst anachronistisch gewordenen Unterscheidung von zwei Kulturen, Naturwissenschaften und Geisteswissenschaften, beruhen.

In diesem Buch wird versucht, zwischen diesen unterschiedlichen Perspektiven jenseits aller Missverständnisse und Polemik, die in diesem Grenzbereich von Neurowissenschaft und Philosophie aufgetreten sind, einen systematisch begründbaren und verständlichen Zusammenhang herzustellen. Dabei ist der philosophische Ausgangspunkt kein schon längst obsolet gewordener psychologistischer Mentalismus (eine Auffassung, die den Vorrang des Geistigen vor dem Materiellen betont), der heutzutage als die „Erste-Person-Perspektive" der naturwissenschaftlichen „Dritten-Person-Perspektive" gegenübergestellt wird. Er ist auch keine von fast aller inhaltlichen Problematik verödete analytische Philosophie des Geistes mit ihren alltagspsychologischen Intuitionen und Scheinproblemen. Er knüpft vielmehr an jene „naturalistischen" Ansätze in der klassischen Philosophie von Platon und Aristoteles bis zu Kant und seinen Nachfolgern (vgl. Oeser 2002) an, die heutzutage auch in den Neurowissenschaften mehr und mehr Beachtung finden. Dazu gehört aber auch die evolutionäre Perspektive, die seit Darwin mit den Neurowissenschaften untrennbar verbunden ist. Denn die Entstehung des menschlichen Geistes ist, wie bereits der Begründer der Neuronentheorie Ramón y Cajal betonte, nur aus der Evolution der Lebewesen zu erklären.

Die Grundlage für diesen abseits von den gegenwärtigen Kompetenzstreitigkeiten sozusagen im Alleingang unternommenen Integrationsversuch von Evolutionstheorie, Neurowissenschaft und Philosophie liefert nicht nur eine intensive Beschäftigung mit der Geschichte der Hirnforschung (Oeser 2002), sondern auch eine langjährige Kooperation in Forschung und Lehre sowohl mit den Evolutionsbiologen und Verhaltensforschern im so genannten „Altenberger Kreis" um Konrad Lorenz als auch mit dem Neurologen Franz Seitelberger. Diese Zusammenarbeit hat bereits vor zwanzig Jahren zu Veröffentlichungen (Oeser 1985, 1987; Oeser/Seitelberger 1988, 1989) geführt, die dem Begriff der Neurophilosophie bzw. Neuroepistemologie eine andere und tiefer gehende Bedeutung zu geben versucht haben, als er durch P. S. Churchland (1986) im Sinn einer bloßen Reduktion der Alltagspsychologie auf die Neurowissenschaften bekommen hat. In diesem Sinne steht die hier vertretene Auffassung dem Anliegen von Popper und Eccles trotz der darin enthaltenen dualistischen Perspektive näher als einem derartigen Reduktionismus. Denn im Anschluss daran hat sich bereits mit B. Libets (2005) Annahme eines vom Gehirn produzierten „bewussten mentalen Feldes" eine nichtdualistische Lösung des Gehirn-Bewusstsein-Problems abgezeichnet. Eines haben jedoch alle diese

Ansätze zu einer Neurophilosophie gemeinsam: Nämlich die Ansicht, dass letzten Endes alle philosophischen Probleme außerhalb der Philosophie im praktischen Leben und in den sich differenzierenden Fachwissenschaften entstehen und deshalb auch nicht allein durch bloßes Philosophieren gelöst werden können. Daher kann man annehmen, dass im Unterschied zu einer sich selbst genügsamen Philosophie, die keinen Bezug zur experimentellen Hirnforschung herstellt, die Beschäftigung mit dem transdisziplinären Forschungsprogramm „Neurophilosophie" sowohl der theoretischen wie auch praktischen Philosophie neue Impulse geben kann, die dann auch heuristische Bedeutung für die Neurowissenschaften erlangen könnten.

Wien im Frühjahr 2005 — Erhard Oeser

Einleitung
Von der Hirnmythologie zur Neurophilosophie

Versteht man unter „Neurophilosophie" ganz allgemein die Behandlung philosophischer Probleme, welche die Resultate der experimentellen Hirnforschung mit einbezieht, so hat es dieses Programm immer schon gegeben (vgl. Oeser 2002). So war die Gehirnbedingtheit der menschlichen Erkenntnisfähigkeit, vor allem die der höheren geistigen Funktionen, bereits in der Antike eine explizit formulierte Theorie. Seitdem gab es eine kontinuierliche Tradition der Verbindung von Hirnforschung und philosophischer Erkenntnistheorie, die in der Geschichte der Menschheit nie abgerissen ist.

Noch vor kurzem wurden jedoch diese traditionellen Vorstellungen, wenn sie überhaupt beachtet wurden, von den meisten Neurobiologen als kuriose Irrtümer oder als „Hirnmythologie" aufgefasst, von der man sich erst durch naturwissenschaftliche Untersuchungen mehr und mehr befreien konnte. Zum begrifflichen Repertoire dieser alten „Hirnmythologie" rechnete man vor allem die „animalischen Geister", die entweder, in den verschiedenen Gehirnhöhlen angesiedelt, ganz bestimmte, streng lokalisierbare Erkenntnisvermögen, wie Phantasie, Denken und Gedächtnis, hervorbrachten oder durch die engen „Gänge" der Gehirnwindungen huschten. Auch als im 18. Jahrhundert aus den „animalischen Geistern" die „Nervensäfte" wurden und noch später die Phantastereien der „Phrenologie" eines Gall und Spurzheim die Diskussion um das Verhältnis von Gehirn und „Seelenvermögen" beherrschten, schien noch immer kein Ende der Hirnmythologie gekommen. Ja, sogar in den Diskussionen über die Lokalisationstheorie oder Zentrenlehre tauchte der Begriff „Hirnmythologie" (Nissl) wieder auf, mit dem man die empirische experimentelle neurobiologische Hirnforschung von ungerechtfertigten philosophischen Spekulationen trennen wollte. Die Ablehnung geistiger Kräfte als Erklärungsmodelle der Naturwissenschaft war noch in der ersten Hälfte des 20. Jahrhunderts bis in die 50er oder sogar 60er Jahre so stark, dass, wie Sperry sagt, sich schon der Lächerlichkeit preisgab, wer bei einer ernst zu nehmenden wissenschaftlichen Zusammenkunft Wörter wie „bewusst“ oder „geistig“ auch nur in den Mund nahm (Sperry 1963, dt. 1985).

Heutzutage hat sich die Situation längst geändert. Seit den 80er Jahren des vergangenen Jahrhunderts wird die Bezeichnung „Neurophilosophie“ für ein inter- oder transdisziplinäres Forschungsprogramm verwendet, das ursprünglich in Analogie zu bereits vorhandenen ähnlichen Wortverbindungen, wie „Neuropsychologie“, „Neurolinguistik“, „Neuroinformatik“, „Neuroethologie“ usw., gebildet worden ist und seitdem eine kontrovers diskutierte Weiterentwicklung und Differenzierung in Teilbereiche oder Unterdisziplinen erfahren hat. Diese Differenzierungen folgen notwendigerweise mehr oder weniger den üblichen Einteilungen der Philosophie. Eines der frühesten Konzepte, eng verbunden mit der Neuroinformatik und Künstlichen Intelligenz-Forschung, war die Redewendung von einer „Logik des Gehirns“ (McCulloch u. Pitts 1943). Zunächst auf Rechenoperationen und syntaktische Regeln beschränkt, folgte dann dieser „Neurologik“ die „Neuroepistemologie“ (Oeser 1985, Oeser u. Seitelberger 1988), und im Bereich der praktischen Philosophie oder Ethik die „Neurophilosophie der Willensfreiheit“ (Walter 1999) oder „Neuroethik“ (P. S. Churchland 1991) und schließlich auch die „Neuroästhetik“ (S. Zeki 1999). Es wurde sogar von einer „Neurotheologie“ (Ashbrook 1984, Newberg 2001, Linke 2003) gesprochen, die sich mit Gehirn und religiösem Glauben beschäftigt.

Jedenfalls bedeutet der Begriff „Neurophilosophie“ noch etwas anderes als der durch Patricia S. Churchland schon 1986 eingeführte Begriff „Neurophilosophy“, der eigentlich nichts anderes besagt als die Reduktion von (alltags-)psychologischen Begriffen auf neurowissenschaftliche Begriffe – im Sinn eines eliminativen Materialismus als einer Form der Identitätstheorie (siehe auch S. 45ff.) von Gehirn und Bewusstsein. Im deutschen Sprachraum ist zwar diese Verengung des Begriffes „Neurophilosophie“ nie akzeptiert worden, doch konzentrierte sich auch hier die „kognitive Neurobiologie“ vielmehr auf die Kooperation mit der Psychologie. So verdienstvoll das Programm, experimentelle Kognitions-, Emotions-, Volitions- (Willens-) und Handlungspsychologie mit den Neurowissenschaften zu verbinden (vgl. Roth 1996, 2001), auch sein mag, was ja bereits in dem engen Rahmen der „Neuropsychologie“ zum Ausdruck kommt, ist diese Beziehung nicht das Thema dieses Buches. „Neurophilosophie“ wird hier als eine eigene Disziplin angesehen, die eine direkte Verbindung zwischen philosophischen Problemstellungen und der Hirnforschung wieder herzustellen versucht und gerade nicht der empirischen Psychologie als Brückendisziplin bedarf. Denn alle jene Versuche, auf die Verbindung von

Neurobiologie und Psychologie philosophische Problemstellungen „draufzusatteln“ – wie die Frage nach der Wahrheit menschlicher Erkenntnis oder nach dem freien Willen als Grundlage moralischer Zurechnungsfähigkeit –, bedeuten nichts anderes als die Rückkehr zu einem schon im 19. Jahrhundert vertretenen Psychologismus, der die empirische Psychologie als Grundlage aller Philosophie ansah. Auch die Logik wurde davon nicht ausgenommen, die auf die Aufgabe reduziert worden ist, die Formen und Gesetze des Denkens als eines psychischen Vorganges festzustellen. Diese Ansicht wurde schon damals in der Philosophie bekämpft (vgl. Oeser 1969, S. 26 ff.). Während es durchaus plausibel erscheint, dass die Wahrheit eines logischen Schlusses genauso wenig wie die Richtigkeit eines Rechenresultates durch noch so viele Experimente mit noch so vielen Versuchspersonen festgestellt werden kann, scheint dies bei der Frage nach der Willensfreiheit, die ebenfalls ein normatives und nicht empirisches Problem darstellt, nicht so selbstverständlich zu sein. Der Grund dafür liegt in dem unkritischen Gebrauch des mentalen aus der natürlichen Alltagssprache stammenden Vokabulars, dessen sich sowohl die empirisch-experimentelle Psychologie als auch die moderne Philosophie des Geistes noch weit gehend bedient.

Dieser unkritische Gebrauch des mentalen Vokabulars hat vor allem in der populärwissenschaftlichen Literatur zu fatalen Konsequenzen geführt, sowohl was die Fragestellungen wie auch die angeblichen Lösungen betrifft. Beispiele dafür sind Fragen etwa der Art: „Wie kann das Bewusstsein aus den Feuern der Neuronen entstehen?“ oder Antworten wie: „Weil das Bereitschaftspotential vor dem bewussten Willensentschluss auftritt, ist der freie Wille eine Illusion“. Solche Beispiele stellen eine Vermischung von neurowissenschaftlicher Fachterminologie und Alltagssprache dar, die man in den Neurowissenschaften bisher vermeiden wollte. „Neurophilosophie“ kann aber nicht nur im Sinn von Wittgensteins These: „Alle Philosophie ist Sprachkritik“ im Aufdecken von Kategorienfehlern oder begrifflicher Klärungsarbeit bestehen, um eine sich vor allem in der populärwissenschaftlichen Literatur der Neurowissenschaftler herausbildende neue Mythologie des Gehirns kritisch zu hinterfragen. Diese Position einer „Philosophical Foundations of Neuroscience“ (vgl. Bennet und Hacker 2003) hat zwar bei einer ausgereiften wissenschaftlichen Disziplin ihre unbestreitbare Berechtigung, sie kann aber auch bei einem Gebiet, das bis jetzt trotz aller Bemühungen noch immer keine Wissenschaft, sondern nur „die Hoffnung auf eine Wissenschaft“ ist (W. James zit. in Oeser/Seitelberger 1995, S. XIV), zu einem sicherlich ungewollten Forschungshemmnis werden. Denn nur durch Überschreiten der fachterminologischen

Grenzen der Naturwissenschaften kann man überhaupt Begriffe wie „Selbstbewusstsein“, „Geist“ und „freier Wille“ in Verbindung zur experimentellen Hirnforschung bringen.

Von beiden Seiten, von der Philosophie und von den Neurowissenschaften her gesehen, kann man aber auch die Frage stellen: Warum muss man das tun? Man kann natürlich Philosophie als reine Geisteswissenschaft oder Philosophiegeschichte oder in Form einer von jeder inhaltlichen Problemstellung verödeten analytischen Sprachkritik betreiben. Aber eine unvoreingenommene Betrachtung der gesamten Geschichte der Philosophie, deren Instrumentarium im Unterschied zur modernen analytischen Philosophie des Geistes nicht nur „eine durch Introspektion angereicherte logische Argumentation“ (Koch 2004, S. 229) ist, zeigt unbestreitbar, dass die Entwicklung der klassischen Philosophie des Geistes seit jeher mit der experimentellen Hirnforschung verbunden war und sogar, wie kein geringerer als der Begründer der Synapsentheorie Sherrington ausdrücklich im Hinblick auf Aristoteles betont hat, über Jahrhunderte hinweg eine heuristische forschungsleitende Funktion gehabt hat.

Umgekehrt könnte man zwar auch in den Neurowissenschaften auf der rein naturwissenschaftlichen Beschreibungsebene bleiben. Denn das Gehirn und das periphere Nervensystem ist ein Gegenstand wie andere Gegenstände der Naturwissenschaften auch, der in der üblichen verobjektivierbaren Weise der Naturwissenschaften darstellbar ist. Nun hat aber das Gehirn in seiner Funktion eine Sonderstellung unter den Körperorganen. Denn seine Funktion besteht nicht primär in der sinnlosen Produktion von chemischen oder elektrischen Phänomenen, sondern sie besteht in der Steuerung des Verhaltens eines Organismus. Betrachtet man diese eigentliche Funktion des Nervensystems, dann hat man bereits die rein naturwissenschaftliche Ebene verlassen. Denn die internen Zustände, die für diese Leistung nötig sind, lassen sich nicht in eine physikochemische Sprache übersetzen. Das gilt auch für jene Zustände, die noch nicht vom reflektierenden oder selbstreflexiven Bewusstsein erfasst werden. So war es auch aus praktischen medizinischen Gründen nötig, einen Bewusstseinsbegriff zu entwickeln, dessen stufenweise Realisierung beim Patienten operational feststellbar ist und mit den psychologischen Beobachtungsbegriffen vom hellwachen Bewusstsein bis zum tiefen Koma übereinstimmt. Bewusstseinsstörungen, Ausfälle kognitiver Leistungen und emotionaler Fähigkeiten zeigen, dass Bewusstsein und Wille keine Alles-oder-nichts-Phänomene sind, was noch durch einen anderen Aspekt der experimentellen Hirnforschung nahe gelegt wird. Denn Bewusstseinsfunktionen bleiben auch bei größeren Zerstörungen des Gehirns durch Krankheiten oder Verletzungen erhalten, weil sie metaorganische globale Funktionen sind, die nicht in einer Eins-zu-eins-Relation an bestimmte neurale Zustände gekoppelt sind.

Von diesem empirischen operational definierbaren Bewusstseinsbegriff der klinischen und experimentellen Psychologie unterscheidet sich jedoch der in der traditionellen Philosophie verwendete Begriff des selbstbewussten Geistes, der als die Grundlage sowohl der theoretischen als auch praktischen Philosophie angesehen werden muss. Bei diesem philosophischen Begriff des Geistes, der in seinen traditionellen Differenzierungen, reproduktive und produktive Einbildungskraft, Verstand und Vernunft, bereits in der antiken Tradition vorgeformt und in der Gegenwart durch den Begriff der Intentionalität auch mit der sonst traditionell wenig belasteten gegenwärtigen „Philosophy of mind" verbunden worden ist, handelt es sich nicht um den introspektiven Begriff einer vorwissenschaftlichen Alltagspsychologie. Denn der methodische Zugang der klassischen Erkenntnistheorie war seit jeher leistungsanalytisch, d. h., es wurde ganz im Sinne der so genannten „transzendentalen" Methode Kants nach den Bedingungen der Möglichkeit der tatsächlich vorliegenden Leistungen sowohl in erkenntnistheoretischer als auch in ethischer Hinsicht gefragt. Das in diesem Buch vertretene Konzept der Beziehung von Gehirn zum Geist und freien Willen geht daher nicht von einer metaphysischen oder pseudometaphysischen Hypostasierung (Verdinglichung) der beiden Grundbegriffe der Neurophilosophie, Geist und freier Wille, sondern von der Grundannahme aus, dass alle Lebensfunktionen des (menschlichen oder tierischen) Individuums, von den vegetativen bis zu den höchsten geistigen Tätigkeiten, vom Gehirn geleitet oder geleistet werden (Oeser/Seitelberger 1988 S. XI). Geistige Tätigkeiten, mentale Phänomene oder Prozesse sind reale emergente Eigenschaften komplexer Nervensysteme. Die Entstehung des selbstbewussten menschlichen Geistes als Urheber moralisch relevanter Entscheidungsprozesse hat ihre naturwissenschaftliche Grundlage in der Evolutionstheorie, wie bereits Darwin unter Berufung auf Kant betont hat. Für ihn war gerade der „Sinn für Moral" die wichtigste von all den Eigenschaften, durch die sich der Mensch von den niederen Tieren unterscheidet. Wir sind daher mit unserem Gehirn nicht allein auf dieser Welt. Die Betrachtung anderer Lebewesen auf dieser Erde, die durch ihre Ausstattung mit einem Nervensystem mit uns verwandt sind, kann uns auch über unsere eigene Entwicklung Aufschluss geben. Die Erforschung des Bewusstseins und der Gefühle der Tiere gehört daher ebenfalls zur Neurophilosophie, ganz abgesehen davon, dass die experimentelle Hirnforschung bis heute noch auf ethisch bedenklichen Tierversuchen beruht, was ebenfalls nur durch die Evolutionstheorie, jedoch nur erkenntnistheoretisch und nicht moralisch, zu rechtfertigen ist. Wenn die Neurophilosophie schließlich auch nicht vor dem Halt macht, was in Metaphysik und Theologie „die letzten Dinge“ genannt wird, dann hat auch dieser Blick ins Jenseits einen rationalen Grund. Denn der Mensch ist das einzige hirnbegabte Lebewesen auf dieser Erde, das nicht nur die Erkenntnis von der Unausweichlichkeit des eigenen Todes besitzt, sondern sich auch Gedanken darüber macht, was danach kommt.

Wenngleich „Neurophilosophie“ trotz ihrer faktischen mehr als 2000-jährigen Vergangenheit noch immer nicht als eigene systematische wissenschaftliche Disziplin angesehen werden kann, werden doch bereits die groben Umrisse und die folgenschweren Perspektiven eines Unternehmens sichtbar, das noch einer endlosen Detailarbeit bedarf. Wobei immer klar sein muss, dass die naturwissenschaftlichen Erkenntnisse, die den Ausgangspunkt dieses Unternehmens bilden, immer nur vorläufige und revisionsbedürftige Annahmen sind.

1. Perspektiven und Konsequenzen der gegenwärtigen Hirnforschung

Es gilt die weit verbreitete Meinung, dass die Fortschritte der Naturwissenschaft dem Menschenbild nur Kränkungen zugefügt haben: So hat Kopernikus den Menschen aus dem Zentrum des Weltalls gerückt und Darwin hat ihn aus dem Tierreich hervorgehen lassen. Die letzte und am tiefsten gehende Kränkung scheint uns jedoch die Hirnforschung beschert zu haben. Die Ergebnisse, die auf diesem Weg erreicht worden sind, wurden daher auch, wie ein bedeutender Hirnforscher bemerkt hat, nicht als eine Liste positiver Beiträge zum Selbstverständnis des Menschen angesehen, sondern vielmehr als eine „Liste schwerer Straftaten" (Sperry), die den Sinn unseres Daseins in Frage stellen.

Während wir uns mit dem Verlust der zentralen Stellung im Weltall bereits abgefunden haben und gerade der Umstand, dass der Mensch die höchste Stufe der organischen Stufenleiter erstiegen hat, anstatt von Anfang an auf sie gestellt zu sein, ihm sogar die Hoffnung geben kann, dass ihm, wie Darwin sagt, „in ferner Zukunft eine noch höhere Bestimmung vorbehalten ist" (Darwin 1875, S. 380), stellen die heutigen neurowissenschaftlichen Erkenntnisse die vielleicht größte Herausforderung dar, mit der die Philosophie seit jeher konfrontiert worden ist. Denn sie bestätigen nicht nur das Menschenbild Darwins, sondern stellen auch ihre konsequente Weiterentwicklung dar.

Der Mensch stammt aus dem Tierreich

War schon der Verlust der zentralen Stellung im Weltall, die sich als Konsequenz aus dem kopernikanischen Weltbild ergab, ein Schlag gegen das Selbstverständnis des Menschen, so war die Übertragung der biologischen Evolutionstheorie auf den Menschen ein weiterer Höhepunkt der Selbsterniedrigung, der sich bereits in vergleichenden Darstellungen der Menschenaffen (Abb. 1) zu Linnés Zeiten anbahnte.

Der Höhepunkt des Affen-Menschen-Vergleiches ist jedoch der Pithecometra-Satz von Thomas Henry Huxley, der besagt, dass der Unterschied

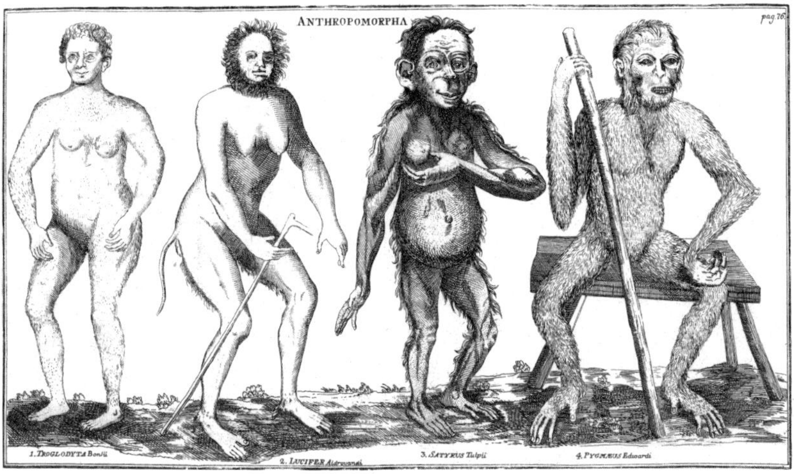

Abb. 1: Darstellung von Menschenaffen (aus Hoppius 1760).

zwischen den niederen und höheren Affen größer ist als der zwischen den höheren Affen und den Menschen. Solche Vorstellungen haben seinen Zeitgenossen Spencer zu der Aussage verleitet, dass der Unterschied zwischen Laplace und einem Hottentotten größer ist als zwischen einem Hottentotten und einem Affen. Genetik und Hirnforschung bestätigen zwar diese enge phylogenetisch erklärbare Verwandtschaft, denn etwa 98 Prozent unserer Gene stimmen mit denen der Schimpansen überein (vgl. Wuketits 2002, S. 89). Zum Beispiel besitzen Affen und Menschen entsprechend dem alten Pithecometra-Satz die gleiche neurale Repräsentation des Gesichtes und der Hand. Doch gibt es auch, vor allem was die Sprachfähigkeit anbelangt, wesentliche Unterschiede zwischen Affen- und Menschenhirn (vgl. unten Kapitel 9).

Bei den frühen Evolutionstheoretikern überwogen jedoch die positiven Bewertungen dieses so fatalen Verwandtschaftsverhältnisses. Denn das 19. Jahrhundert war in Bezug auf den Fortschritt der Menschheit mit Hilfe vor allem der wissenschaftlichen Erkenntnis von strahlendem Optimismus erfüllt. Darwin selbst, der in der Evolution der Lebewesen bekanntlich den „lamarckistischen Unsinn der Höherentwicklung" total abgelehnt hat, hat im Bereich der so genannten „soziokulturellen" Evolution an den Fortschritt in der Entwicklung des Menschengeschlechts geglaubt. Ja, er hat sogar in dem Umstand, dass der Mensch die höchste Stufe der organischen Stufenleiter erstiegen hat, anstatt von Anfang an auf sie gestellt zu sein, einen Trost für all diejenigen gesehen, für die der Gedanke der „Abstammung des Menschen von einer niedriger organisierten Form" in hohem Grade „widerwärtig" war. Damit erweist sich Darwin nicht nur als Kind seiner fortschrittsgläubigen Zeit, sondern er liefert auch als Erster eine Begründung für den Fortschritt in der Entwicklung des Menschengeschlechts. So jedenfalls wurde er von seinen Zeitgenossen verstanden. Sir John Lubbock, einer der Begründer der Prähistorie, sieht das „künftige Glück des Menschengeschlechtes" als die „notwendige Folge der Naturgesetze" (Lubbock 1874) an, und der Vulgärmaterialist Büchner dreht mit einer großartigen Geste die antike Lehre vom „Goldenen Zeitalter" um: Für ihn liegt dieses Paradies nicht hinter, sondern vor uns, und ist nur durch „eigene Kraft und Anstrengung" zu erreichen. Und er zitiert die berühmten Worte Claparedes: „Besser ein veredelter Affe als ein heruntergekommener Adam" (Büchner 1891). Darwins Grundkonzept war, dass die Entwicklung der sozialen Instinkte für den Menschen der Urgeschichte eine Notwendigkeit des Überlebens war. Seine Argumentation ist sehr einfach: Kein Stamm könnte als solcher existieren, wären Mord, Verrat usw. allgemein – folglich werden solche Verbrechen innerhalb desselben Stammes mit unauslöschlicher Schande gebrandmarkt (Darwin 1875, S. 151). Mit dem Fortschreiten der Zivilisation verbinden sich nach Darwin kleine Stämme zu größeren Gemeinschaften, so dass sich die sozialen Tugenden auf die ganze Nation erstrecken. Und er schildert als Endzustand der Menschheit einen Zustand, in dem sich der soziale Instinkt und die Sympathie „auf die Menschen aller Nationen und Rassen" ausgebreitet haben.

Diese optimistische Bewertung des evolutionären Menschenbildes setzt sich auch im 20. Jahrhundert fort. Man sprach zwar noch vom Menschen als einem „Volltreffer der Evolution" und im Gegensatz zur Auffassung von einem „Mängelwesen" (A. Gehlen) wurde der Mensch als vielseitiger „Generalist" angesehen, der als *Animal rationale* oder als biologische Art *Homo sapiens* unter allen Lebewesen eine Sonderstellung besitzt. Aber weit gehend setzten sich zum Teil auch bei den Naturwissenschaftlern düstere Menschenbilder durch. Ausgedrückt durch die Bezeichnungen: „der nackte Affe", (D. Morris) – ein unbehaarter Primate, stets auf der Suche nach Lustgewinn – oder „der Mörderaffe" (R. A. Dart, Ardrey) – ein aggressiver Fleisch fressender Primate, machtgierig, gewalttätig gegen seine Artgenossen, fähig zum organisierten Töten und Schöpfer grauenvollster Marterwerkzeuge und globaler Vernichtungswaffen. In diesem Sinne erweist sich der Mensch nicht als „Volltreffer", sondern als „Irrläufer" der Evolution. Gerade wegen seines hochempfindlichen Nervensystems und seiner das Bewusstsein hervorbringenden höheren Hirnfunktionen verdient er nicht nur die Bezeichnung „Homo sapiens", sondern auch die Bezeichnung „Homo patiens“ (Victor Frankl), das an seinen Krankheiten leidende Lebewesen. Und schließlich kann der Mensch wegen der Störanfälligkeit seines hochkomplexen zentralen Nervensystems als „Homo demens“ (Edgar Morin) angesehen werden (vgl. E. Winkler, J. Schweikart 1982).

Aber auch Darwin, der noch von dem strahlenden Optimismus der frühen Evolutionstheoretiker erfüllt war, hat vor einer naiven evolutionistischen Fortschrittsideologie gewarnt, denn die auf die Menschheitsgeschichte übertragene Evolutionstheorie behauptet keineswegs die Notwendigkeit einer absolut parallelen Entwicklung von Wissen, Moral und Religion. Vielmehr gibt es für Darwin Beispiele genug, „dass der Erkennungsgewinn des Menschen die Ursache einer zeitweiligen, jedoch lange andauernden moralischen Degeneration“ sein kann. Das aber ist, wie ein ungenannter Kritiker Darwins bereits im >Spectator< vom 12. März 1871 bemerkt hat, eine „neue Theorie des Sündenfalls des Menschen“, über deren Orthodoxie sich Darwin selbst nicht im Klaren war. Denn damit scheint die jüdisch-christliche Lehre von der moralischen Entartung des Menschen infolge seiner Jagd nach Erkenntnis auch evolutionistisch gerechtfertigt zu sein.

Die moderne Paläoanthropologie ist aber noch einen Schritt weitergegangen, indem sie auch den Mythos von einem ursprünglichen Unschuldszustand des Menschen beseitigte und bereits unseren Ahnen oder Vorläufern, *Australopithecus*, *Homo erectus* und dem Neandertaler, Mord, Totschlag und Kannibalismus nachwies. Nach Auffassung mancher radikaler Anthropologen ist gerade der Homo sapiens aus einem mörderischen infragenerischen Kampf als größter aller Totschläger hervorgegangen (R. A. Dart).

Fest steht jedenfalls heute, dass die früher als zeitlich hintereinander verstandene Abfolge der Hominiden ein Irrtum war. Vielmehr haben diese Arten über Tausende Jahre hinweg nebeneinander existiert. Unter diesen Aspekten bekommen natürlich die alten Theorien von der ursprünglichen Raubtiernatur des Menschen, die schon Hobbes vertrat, wieder neue Aktualität, die bereits durch die jüngsten geschichtlichen Ereignisse, wie sie die zwei mörderischen Weltkriege mit ihren Millionen von Toten darstellen, bestätigt zu sein scheint.

Das „Ich“ ist nicht zu retten

Weder der Verlust der zentralen Stellung im Weltall noch unsere niedrige Abkunft aus dem Tierreich konnte aber unsere Überzeugung von der Leistungsfähigkeit des Menschen, die eine neue geistige Welt geschaffen hat, erschüttern. Dabei stellt vor allem die wissenschaftliche Erkenntnis eine artspezifische Hirnleistungspotenz dar und macht das Charakteristische an der Erkenntnisfähigkeit des Menschen aus, in dem er sich von allen anderen Lebewesen unterscheidet. Kein Evolutionsbiologe oder Verhaltensforscher würde heute bezweifeln, dass es weder Schweinen noch Affen gelingen kann, die Integralrechnung oder die Quantenphysik zu entwickeln, oder poetische Leistungen in der Art von Homers Odyssee oder Goethes Faust zu vollbringen.

Es waren jedoch nicht diese geistigen Leistungen, sondern die Einheit und Identität des menschlichen Bewusstseins, an denen die neurowissenschaftlich begründeten Zweifel einsetzten. War noch der Satz von Descartes: „Cogito ergo sum“ der Ausdruck von der unerschütterlichen Selbstgewissheit des denkenden Ich, so stellte sich bereits der Zweifel ein, wenn gefragt wurde, wo dieses „Ich“ bleibt, wenn es nicht denkt, fühlt oder empfindet. Schon David Hume vermutete, dass dieses „Ich“ sich in Nichts auflöst, wenn es nicht mehr tätig ist. Er nahm an, dass es wie eine Bühne ist, auf der die einzelnen Sinnesempfindungen auftreten. Gibt es keine Sinnesempfindungen, dann ist auch diese Bühne weg.

Einen Schritt weiter in der Selbstzerstörung des menschlichen Geistes ging Ernst Mach. Dieser hatte sich dem Problem des Ich oder des Selbstbewusstseins nicht über eine Analyse der Sprache, sondern die Analyse der Sinnesempfindungen genähert. Das Resultat schien zunächst katastrophal in doppelter Hinsicht zu sein. Weder das Ich war zu retten noch die reale Welt der Dinge an sich. Das „Ich“ und die „Welt“ lösten sich auf in einen Haufen von einzelnen mehr oder weniger zusammenhängenden Elementen, die man entweder als psychische Einheiten oder Empfindungen oder als physikalische Einheiten betrachten konnte. Am deutlichsten ist die Konsequenz dieser Auffassung für das menschliche Selbstbewusstsein anhand jenes bekannten Bildes ersichtlich, mit dem Mach die Selbstanschauung des Ich illustriert (Abb. 2).

Richtig daran ist auch vom heutigen Kenntnisstand der Neuropsychologie, dass im Erleben des Selbst als des eigenen Ich diese Ich-Vorstellung als Bewusstseinsinhalt mit der Wahrnehmung des eigenen Leibes zusammenfällt. Obwohl auch der eigene Leib zur Außenwelt oder Umwelt des Gehirns gehört, ist er doch durch die sensomotorische Rückkoppelung von der übrigen Außenwelt klar als der dem Gehirn zugehörige Trägerorganismus abgegrenzt. Fehlt diese Rückkoppelung durch reale Abtrennung eines Teiles des Leibes, so wird dieser Teil auch nicht mehr dem eigenen Selbst zugeordnet. Der amputierte Arm ist ein Teil der bloß äußeren Dingwelt.

Abb. 2: Ernst Mach löst die Aufgabe, das „Ich" selbst zu betrachten, auf folgende Weise (1885): „Liege ich z. B. auf einem Ruhebett und schließe das rechte Auge, so bietet sich meinem linken Auge das Bild der beistehenden Figur. In einem durch den Augenbogen, die Nase und den Schnurrbart gebildeten Rahmen erscheint ein Teil meines Körpers, soweit er sichtbar ist, und dessen Umgebung" (aus Oeser 1987).

Das Gleiche gilt bei krankhaften Störungen oder Verletzungen der Leitungsbahnen. In diesem Fall erscheinen uns auch die mit dem übrigen Leib verbundenen Körperteile, die davon betroffen sind, eigentümlich fremd und nicht zum eigenen Ich gehörig.

Was jedoch an diesem Bild der optischen Sinneswahrnehmung des eigenen Leibes konsequenterweise fehlt, ist die Selbstwahrnehmung des Kopfes. Wir haben den Eindruck, die äußere Welt, zu der auch der eigene Leib gehört, durch die Löcher unserer Augenhohlen zu sehen. Aber genau dort, wo ich mein eigenes Ich lokalisiere, das Zentrum aller meinen Erkenntnisoperationen endet die optisch erfassbare Selbstanschauung. Es geht jedoch nicht um die Wahrnehmung des Kopfes, der ja wenn schon nicht optisch so doch haptisch durch Betasten mit der Hand erfassbar ist, sondern um die Selbstwahrnehmung des Gehirns, das selbst unempfindlich ist.

Aus der Begrenzung unseres Gesichtsfeldes, das unseren eigenen Kopf oder unser Gehirn nicht enthält, hat Wittgenstein geschlossen, dass „das Subjekt nicht zur Welt gehört“, sondern die „Grenze der Welt“ ist (Tractatus 5.632). Und das Gefühl der Unüberbrückbarkeit der Kluft zwischen Bewusstsein und Gehirnvorgang hat er auf folgende Weise ausgedrückt: „Wie kommt es, dass das nicht in die Betrachtungen des gewöhnlichen Lebens hineinspielt? Die Idee dieser Artverschiedenheit ist mit einem leisen Schwindel verbunden – der auftritt, wenn wir logische Kunststücke ausführen. Wann tritt, in unserem Fall, dieses Gefühl auf? Nun, wenn ich z. B. meine Aufmerksamkeit in bestimmter Weise auf mein Bewusstsein lenke und mir dabei staunend sage: Dies solle durch einen Gehirnvorgang erzeugt werden! – indem ich mir gleichsam an die Stirn greife“ (Philosophische Untersuchungen § 412). Auch die empirischen neurowissenschaftlichen Untersuchungen unserer Tage scheinen zu bestätigen, dass „nach allem, was sich wahrnehmungsmäßig über das Bewusstsein ausmachen lässt, es in unserer räumlichen Welt gespenstischer als ein Gespenst einhergeht. Unsichtbar, ungreifbar ist es ein Ding ohne jeglichen Umriss, es ist überhaupt kein ‚Ding‘. Es bleibt unbestätigt durch die Sinne und bleibt es so für immer“ (Sherrington 1940, 1964). Daran ändern auch die modernen Hirnaktivierungsstudien mit Hilfe der bildgebenden Verfahren nichts, die im Gegenteil zeigen, dass es keine zentrale Stelle im Gehirn gibt, in der die neuronalen Prozesse zusammengefasst werden.

Der freie Wille ist eine Illusion

Geht man von der Voraussetzung aus, dass es ohne Bewusstsein bzw. Selbstbewusstsein keinen freien Willen gibt, es sich aber herausgestellt hat, dass sich das selbstreflexive Bewusstsein bei näherer Betrachtung in lauter unzusammenhängende Elementarereignisse auflöst, dann scheint auch Kants klassische Vorstellung vom Menschen als „frei handelndes Wesen" ihren Sinn zu verlieren. Hinzu kommen noch jene viel diskutierten und schon mehrfach wiederholten Experimente des kalifornischen Neurophysiologen Benjamin Libet, der nachweisen konnte, dass die bewusste Intention, zu handeln, im Verhältnis zum Beginn der Gehirnaktivität, dem Bereitschaftspotential, mit dem die Handlung einsetzt, eine halbe Sekunde zu spät kommt. Das aber kann doch nur bedeuten, dass das Gehirn bereits das „entschieden" hat, was dem bewussten Willen zugeschrieben wird. Gäbe es den freien Willen, dann müsste doch die bewusste Absicht der bewussten Handlung und der damit verbundenen Gehirnaktivität unmittelbar vorausgehen. Der freie Wille ist daher nur eine Illusion, die das Gehirn dem gespensterhaften Ich „perfiderweise" dadurch verleiht, dass sie den bewussten Willensentschluss vor dem Einsetzen der Bewegung zurückdatiert. Libet selbst, der eigentlich Dualist (s. Kap. 2) war und ursprünglich mit seinen Experimenten die Willensfreiheit beweisen wollte (vgl. Roth 2003, S. 176), war auch nach diesem negativen Ergebnis seiner Untersuchung nicht von der völligen Machtlosigkeit des Willens überzeugt und billigte ihm zumindest eine „Vetorolle" zu: „Prozesse, die mit individueller Verantwortung und Willensfreiheit verbunden sind, operieren vermutlich nicht in der Weise, dass sie eine willentliche Handlung initiieren, sondern indem sie willens bestimmte Ergebnisse selektieren und unter ihre Kontrolle stellen" (Libet 1985, S. 528; vgl. Walter 1999, S. 304).

Aber auch diese letzte Hoffnung ist geschwunden, als man erkannte, dass bewusst im Stirnhirn geplante Handlungen nur dann zur Ausführung kommen, wenn sie die „Schleife" von der Großhirnrinde über die tiefer gelegenen Hirngebiete des Thalamus und der Basalganglien durchlaufen haben und hierbei die Basalganglien der beabsichtigten Handlungen „zugestimmt" haben (vgl. Roth 2003, S. 174). Weder gibt es also einen freien Willen, der entscheidet und Handlungen in Gang setzt, noch einen, der kontrolliert, ob sie ausgeführt werden sollen. Alles ist das Werk bewusstloser Gehirnmechanismen. Daher scheint auch niemand für sein Tun und Lassen verantwortlich zu sein.

Der Glaube an Gott ist ein Hirngespinst

Eine Rettung aus all dieser Hoffnungslosigkeit, in die wir offensichtlich durch den Erkenntnisfortschritt der Naturwissenschaften und vor allem der Hirnforschung gestürzt worden sind, hat man immer wieder in der Religion gesehen. Der Glaube an Gott hat das Menschenbild seit Jahrhunderten geprägt. Denn dieser Glaube an ein höheres Wesen hebt den Menschen weit über das Tierreich. Der Begründer der Evolutionstheorie, Darwin, hat zwar nicht davor zurückgescheut, zu behaupten, dass auch Tiere gegenüber dem Menschen zumindest so etwas Ähnliches wie religiöse Gefühle besitzen. Doch sieht er nur darin eine komplizierte Verbindung von Liebe, vollständiger Unterordnung, Furcht und Verehrung, die nicht wie beim Menschen dazu führt, dass ein Tier über solche Fragen nachdenken kann wie: „woher es komme oder wohin es gehe, oder was das Leben und was der Tod sei und so fort“ (Darwin 1875, S. 108).

Gerade die Einsicht in die Unausweichlichkeit des eigenen Todes, die man keinem Tier zuschreiben kann, bildet die Grundlage für die Hoffnung, dass mit dem Tod des Leibes noch nicht alles zu Ende ist und dass es im Jenseits jemanden gibt, der den gerechten Lohn und die gerechte Strafe für die guten und bösen Taten austeilt, die man im diesseitigen Leben vollbracht hat. Im Namen Gottes wurden Hungernde gespeist, Kranke gepflegt, Verzweifelte getröstet, riesige Tempel und Kathedralen gebaut, aber auch blutige Vernichtungskriege geführt und Terroranschläge unternommen. Neurowissenschaftler haben sich daher auch die berechtigte Frage gestellt: Was geht in den Gehirnen religiöser Menschen vor, ob sie nun kontemplative Mystiker oder religiöse Fanatiker sind, ob sie bloß beten und meditieren oder ob sie durch ihre religiösen Gefühle zu Terroranschlägen gereizt werden. Denn nach all dem, was wir heutzutage von den so genannten „höheren Hirnfunktionen“ wissen, ist auch der Glaube an Gott eine Leistung des Menschenhirns, das sogar das eigene Selbstbewusstsein übersteigen kann und geradezu notgedrungen in allen Kulturen und zu allen Zeiten die Idee eines höheren Wesens entwickelt hat. Religion erweist sich auf diese Weise sowohl als Segen und Trost wie auch als Risiko für die gesamte Menschheit.

2. Der körperlose Geist
Die dualistische Perspektive

Der Ursprung des Dualismus von Leib und Seele liegt im religiös-mythischen Bereich. Dabei spielt vor allem die Hoffnung auf ein Weiterleben der Seele nach dem Tod, die den Verlust einer geliebten Person lindern soll, eine entscheidende Rolle. Seit den Anfängen der Menschheit hat jedoch diese Vorstellung vom körperlosen Weiterleben im Jenseits auch einen Furcht erregenden Charakter. Denn es sind ja nicht nur die geliebten oder zumindest freundlich gesinnten Personen, sondern auch die verhassten, totgeschlagenen, ermordeten Feinde, die auf diese Weise weiter existieren und vielleicht auch Rache üben können. Dieses Gefühl einer Bedrohung oder auch nur einer Kontrolle aus dem Jenseits ist charakteristisch nicht nur für die Frühzeit der Menschheit, sondern auch für die so genannten „primitiven" Naturvölker, deren Leben von den Geistern ihrer toten Ahnen beherrscht ist.

Hinzu kommt noch die bedrückende Frage, was die körperlose Seele im Jenseits zu erwarten hat. Schon bei Homer und in anderen Mythen vom Hades oder der jenseitigen Unterwelt taucht die Vorstellung von der Belohnung und Bestrafung der Seele für ihre im Diesseits vollbrachten guten und bösen Taten auf. Doch auch der Zustand der überlebenden Seele normaler Menschen, die niemals etwas wirklich Böses getan haben, ist bei Homer schrecklich und niederdrückend. Die Mutter des Odysseus ist nur ein solcher Fall. Sie wird nicht für ein Verbrechen bestraft. Sie leidet nur deshalb, weil sie tot ist. Wenn in der griechischen Philosophie von der unsterblichen Seele die Rede ist, dann ist jedoch nicht die ganze Seele, sondern nur ein bestimmter Teil von ihr gemeint. Platon unterscheidet im Timaios drei Seelenteile, den „erkennenden", den „mutigen" und den „begierigen" Teil und lokalisiert den erkennenden Teil im Gehirn (Tim. 69 d). Auf diese Weise schreibt er dem Gehirn eine Führungs- und Kontrollfunktion zu. Denn sein Hauptanliegen ist es, die Herrschaft des unsterblichen vernünftigen Seelenteiles im Kopf über die niedrigeren sterblichen Seelenteile in Brust und Unterleib zu erklären.

Eine ähnliche Auffassung vertritt Aristoteles, der zwar der „zephalozentrischen" These Platons (Gehirn als Zentrum) die „kardiozentrische"

These (Herz als Zentrum) gegenübergestellt hat, aber dieser Vernunftseele allein Unsterblichkeit zubilligt. Das Herz ist zwar für Aristoteles ganz eindeutig das Zentralorgan, aber er betrachtet es lediglich als den Wohnsitz der Ernährungs- und Wahrnehmungsseele (*Anima vergetativa* und *Anima sensitiva*). Denn die höchste Funktion der Seele, die aktive Vernunft oder der aktive Geist (*Intellectus agens*), bedarf nach seiner Auffassung für die Ausübung ihrer Tätigkeit keiner physiologischen Basis, d. h. keiner physiologischen Werkzeuge und keines physiologischen Prozesses.

Die denkende Substanz: Descartes' Irrtum

Der Aristotelische Dualismus eines von allen Körperfunktionen abgespaltenen aktiven Geistes blieb auch im Mittelalter aufrecht. Nur wurde im Sinne des christlichen Glaubens auch die Unsterblichkeit der individuellen Geistseele angenommen. In der Neuzeit war es vor allem Descartes, der einen radikalen Dualismus im Rahmen einer metaphysischen Zwei-Substanzen-Lehre vertrat. Sein Ausgangspunkt war jedoch nicht die Erforschung des Gehirns, die er erst nachträglich zur Unterstützung seiner philosophischen Ideen heranzog, sondern seine Meditationen über die unbezweifelbare Existenz des Ich, das er als denkende Substanz (*Res cogitans*) der ausgedehnten Substanz (*Res exensa*) gegenüberstellte. Der berühmte Satz über die Existenz des denkenden Ich war nach Descartes' unbestreitbarer Einsicht so unwiderlegbar wahr, dass er auch durch größten Zweifel nicht zu erschüttern war. Er habe bemerkt, so schreibt er, „dass diese Wahrheit ‚ich denke, also bin ich' so fest und sicher wäre, dass auch die überspanntesten Annahmen der Skeptiker sie nicht zu erschüttern vermöchten, so konnte ich sie meinem Dafürhalten nach als das erste Prinzip der Philosophie, die ich suchte, annehmen". Descartes machte auch unmissverständlich klar, was er mit diesem Satz meint: „Ich erkannte daraus, dass ich eine Substanz sei, deren ganze Wesenheit oder Natur bloß im Denken bestehe und die zu ihrem Dasein weder eines Ortes bedürfe noch von einem materiellen Dinge abhänge, so dass dieses Ich, das heißt die Seele, wodurch ich bin, was ich bin, vom Körper völlig verschieden und selbst leichter zu erkennen ist als dieser und auch ohne Körper nicht aufhören werde, alles zu sein, was sie ist" (Descartes 1961, S. 31 Damasio 1994, S. 330).

Gerade darin liegt aber nach der Meinung des bekannten Neurowissenschaftlers Antonio R. Damasio Descartes' Irrtum: „In der abgrundtiefen Trennung von Körper und Geist, von greifbarem, ausgedehntem, mechanisch arbeitendem, unendlich teilbarem Körperstoff auf der einen Seite und dem ungreifbaren, ausdehnungslosen, nicht zu stoßenden und zu ziehenden, unteilbaren Geiststoff auf der anderen; in der Behauptung, dass Denken, moralisches Urteil, das Leiden, das aus körperlichem Schmerz oder seelischer Pein entsteht, unabhängig vom Körper existieren. Vor allem: in der Trennung der höchsten geistigen Tätigkeiten vom Aufbau und der Arbeitsweise des biologischen Organismus" (Damasio 1994, S. 330).

Im Unterschied zu dem klassischen Dualismus von Platon und den gemilderten von Aristoteles übt Descartes' Irrtum noch heute seinen Einfluss aus. Seine Vorstellung von einem körperlosen Geist ist nach Damasio wohl die Grundlage gewesen, auf der man Mitte des 20. Jahrhunderts die Metapher vom Geist als Softwareprogramm entwickelt hat. Ließe sich der Geist tatsächlich vom Körper trennen, dann könnte man ihn wohl auch ohne Rückgriff auf die Neurobiologie verstehen, dann käme man ohne die Hilfe von neuroanatomischen, neurophysiologischen und neurochemischen Erkenntnissen aus. Es ist interessant und paradox, dass viele Kognitionswissenschaftler, die meinen, sie könnten den Geist ohne Rekurs auf die Neurobiologie erforschen, die Vorstellung, sie seien Dualisten, weit von sich weisen. Die cartesianische Vorstellung eines körperlosen Geistes liegt nach Damasio möglicherweise auch der Auffassung jener Neurowissenschaftler zugrunde, die behaupten, Geist lasse sich ausschließlich durch Gehirnereignisse erklären, so dass man den Rest des Organismus sowie die physische und soziale Umwelt getrost ausklammern könne – einschließlich des Umstands, dass ein Teil der Umwelt das Ergebnis vorausgehender Handlungen des Organismus ist.

Die modernen Versionen des Dualismus: Der Homunculus im Gehirn

Der Ursprungsort des modernen Dualismus ist die klassische Lokalisationstheorie, die nicht nur bestimmte eng begrenzte Zentren für Sinneswahrnehmungen, Körperbewegungen und Sprache annahm, sondern auch wie schon Descartes nach dem Ort des selbstbewussten Ich in einer bestimmten Hirnregion suchte, das für alle diese Leistungen verantwortlich ist. Bei dieser Suche spielte das alte, aber noch immer wirksame mechanistische Modell des Sehaktes, dem jedoch eine erkenntnistheoretisch naive Abbildtheorie zugrunde liegt, eine entscheidende Rolle. Eine charakteristische Darstellung stammt aus dem monumentalen, aber populär gehaltenen Werk von Fritz Kahn aus dem Jahre 1929 und gibt den damaligen Stand der Lokalisationstheorie wieder:

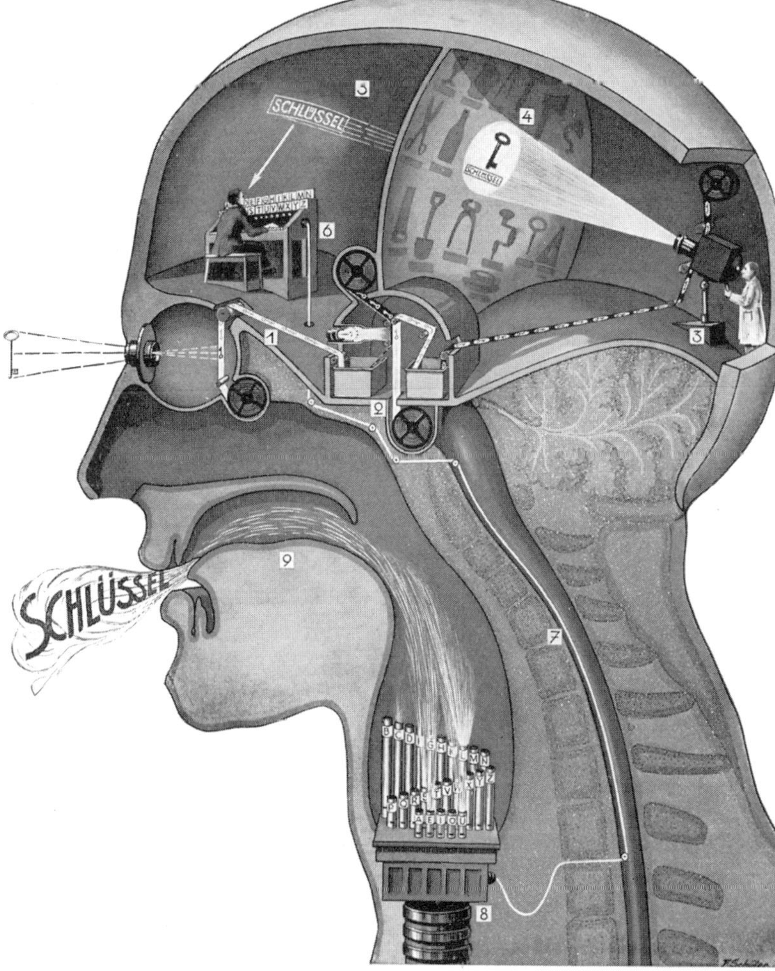

Der Sehakt

Das Bild des Schlüssels gelangt durch das Linsensystem des Auges auf die lichtempfindliche Netzhaut des Augenhintergrundes und belichtet diese. Das Lichtbild wird durch den Sehnerven (1) ins Gehirn zum Sehhügel (2) geleitet. Hier wird das Bild entwickelt, wahrgenommen, und auf eine zweite Nervenleitung übertragen, die Sehstrahlung, die das Lichtbild ins Hinterhirn zum optischen Bewußtseinszentrum (3) leitet. Dieses projiziert das Bild auf das Erinnerungszentrum (4), in dem unsere Erinnerungsbilder als dunkle Erinnerungen eingetragen sind. Das Bewußtseinszentrum sucht hier das kongruente Erinnerungsbild und findet es als Schlüssel, worauf die Bewußtseinszelle den Schlüssel als bekannt wiedererkennt. Mit dem Aufleuchten des Erinnerungsbildes (4) taucht automatisch auch das Wortbild „Schlüssel" im optischen Sprachzentrum (5) in uns auf. Wollen wir den Gegenstand mit Namen nennen, so setzen wir von hier aus über das motorische Sprechzentrum (6) hinweg das Wortbild Schlüssel durch die Nervenleitung (7) um in die entsprechenden Bewegungen des Kehlapparates (8) und formen die hier entstehenden Töne mit Hilfe des Mundes (9) zum Klang: Schlüssel.

Abb. 3: Der Sehakt nach Kahn (1929).

Der Sehvorgang beginnt mit der Umwandlung des Außenweltreizes in eine Nervenerregung auf der Netzhaut. Diese Nervenerregung wird von dort durch die Nervenfaserbahn zum Sehhügel geleitet und von dort zum Sehzentrum der Hirnrinde. An dieser Stelle tritt nun im Abbildmodell des Sehaktes eine viel kritisierte, aber in diesem Modell unvermeidbare Konsequenz auf: Das Bewusstsein wird als *Homunculus* im Gehirn dargestellt. „Dieser Mensch, nur dieser Mensch kann mit Hilfe des Apparates ein Bild entwerfen und es betrachten, kann sich freuen oder ärgern, erregt werden oder gelangweilt sein“ (Kahn 1929, Band IV, S. 80). Um ein Bild zu entwerfen, braucht aber dieser *Homunculus* eine Projektionswand. Diese wird von den Neuronen des Erinnerungszentrums gebildet, das eine Verbindung zum sensorischen Sprachzentrum hat, von wo aus das „Wortbild“ zum motorischen Sprachzentrum umgeschaltet wird. Dort sitzt wieder ein *Homunculus*, der durch die motorischen Nervenbahnen die Sprechmuskeln des Kehlkopfes und des Mundes in Bewegung setzt.

Wie lässt sich nun dieser *Homunculus* vermeiden, ohne die reale Existenz des Bewusstseins zu leugnen, die, wie schon Descartes im 17. Jahrhundert gezeigt hat, über jeden Zweifel erhaben ist? Im Prinzip wurde eine korrekte Antwort bereits durch die naturalistische Interpretation der Kant'schen Erkenntnistheorie gegeben, die sich sowohl auf die Ergebnisse der Neurophysiologie als auch der Evolutionstheorie stützt. Die Antwort lautet: Dieser *Homunculus* ist lediglich die Konsequenz einer unzulässigen Vermengung zweier Beschreibungsebenen, durch die das introspektive Ich als *Homunculus* im verobjektivierten Hirn projiziert wird. Diese Einsicht wurde bereits im 19. Jahrhundert von dem Neokantianer Friedrich Albert Lange vertreten, der in seiner Geschichte des Materialismus bereits klargestellt hat, dass dieser *Homunculus* im Menschenkopf nur die Personifizierung eines Vorganges ist, die genauso überflüssig und sinnlos ist, wie es sinnlos ist, die Vorstellung eines Dinges außerhalb des Schädels noch einmal als verkleinertes Bild in das ebenfalls nur vorgestellte Gehirn zu verlegen. Darüber hinaus hat aber eine solche Annahme, wie ein bekannter Hirnforscher der Gegenwart, Gerald Edelman, auf plausible Weise verdeutlicht hat, noch eine weitere üble Konsequenz: Im Kopf des Homunculus muss es „einen weiteren Homunculus geben und so weiter, bis ins Unendliche“ (Edelman 1992, S. 123).

Das Ich und seine Gehirnhälfte: Die Rückkehr des Dualismus und seine Überwindung

Bereits der alte Hippokrates hat festgestellt: „Das Gehirn ist zweihälftig“. Diese Eigentümlichkeit, die das Menschenhirn mit dem der höheren Säugetiere gemein hat, brachte den Hirnphysiologen Eccles zur Auffassung, dass der „selbstbewusste Geist“ oder das Ich nicht das ganze Gehirn, sondern nur eine Hälfte bewohnt. Eine solche Auffassung bedeutet nicht nur die Rückkehr zu einer statischen Lokalisationstheorie der Gehirnfunktionen, sondern auch die Rückkehr zu einem wie Eccles selbst betont, „ausgesprochenen Dualismus“, der allerdings in dieser strengen Form zu einer Reihe von seltsamen Konsequenzen führt. Die Ansätze dazu liegen in den Anfängen der statischen Lokalisationstheorie. Im Allgemeinen wird bereits Paul Broca (1861) die Entdeckung zugeschrieben, dass das menschliche Hirn funktionell asymmetrisch organisiert ist. Er erkannte bereits, dass Rechtshändigkeit mit dem Sprachzentrum in der *linken* Hirn-Hemisphäre verbunden ist. Diese Auffassung wurde durch spätere Untersuchungen zum Teil bestätigt. Entscheidend jedoch für die moderne Hirnforschung waren die berühmten „Split Brain“-Experimente von Sperry und Mitarbeitern, welche ergaben, dass die beiden Hirnhälften nach Balkendurchtrennung (s. u.) höchste kognitive Funktionen unabhängig voneinander durchführen können. Diese Operationen wurden selbstverständlich nicht mutwillig aus bloßem Erkenntnisinteresse durchgeführt, sondern dienten einem therapeutischen Zweck. Es handelte sich um Patienten, die an fast ununterbrochenen epileptischen Anfällen litten, die nicht einmal durch massive Medikation unter Kontrolle gebracht werden konnten. Die Durchtrennung des Balkens, des so genannten *Corpus callosum*, der beide Hirnhälften durch annähernd 200 000 Fasern verbindet, wurde in der Erwartung durchgeführt, dass die epileptischen Anfälle, die in einer Großhirnhemisphäre entstanden sind, wenigstens nicht auf die andere Hemisphäre übergreifen. Während frühere Untersucher des menschlichen Gehirns nach Durchtrennung des Balkens so wenig Ergebnisse erzielten, dass man spaßhaft behauptete, die einzige Funktion des *Corpus callosum* bestünde darin, die beiden Hirnhälften vor dem Auseinanderfallen zu bewahren, waren die Erfolge mit den Epilepsiepatienten besser als erwartet: Es kam zu einer beträchtlichen Verminderung der Krampfanfälle in beiden Hemisphären, was auf eine reziproke Anregung jeder Hemisphäre hindeutet.

Auch die Kognitionsexperimente, die von Sperry und seinen Mitarbeitern mit den „Split Brain“-Patienten durchgeführt wurden, lieferten Ergebnisse, die man nach den bisherigen Untersuchungen nie hätte voraussagen können. Sperry vermied durch eine verfeinerte Versuchsanordnung die Mängel früherer Arbeiten. Durch blitzartiges Präsentieren eines Signals von nicht mehr als einer Zehntelsekunde Dauer auf eine der beiden Gesichtsfelder und durch später noch verfeinerte Techniken wurde das ganze Ausmaß der arbeitsteiligen Funktion der beiden Hirnhemisphären deutlich. Es zeigte sich nämlich eine ziemlich eindeutige Spezialisation der rechten Hemisphäre auf nicht sprachliches synthetisch-konstruktives räumliches Verständnis und der linken Hemisphäre auf sprachliche Leistungen und analytisches Denken, insbesondere Rechnen mit Zahlen und Symbolen. Diese Funktionslisten wurden noch erweitert und durch Untersuchungen anderer Art ergänzt, etwa durch das Studium der Verhaltensdefizite bei einseitigem Hirnschaden oder der Folgen einseitiger Hirnaktivierung durch Elektroschock. Die Dominanz der einen Hirnhälfte über die andere bei verschiedenen Funktionen konnte auch durch simultane Stimulierung von verschiedenen auditorischen und visuellen Reizen auf beide Ohren bzw. beide Gesichtsfelder bestätigt werden. Als allgemeines Resultat ergab sich, dass die beiden Hemisphären in ihren Eigenschaften in einer komplementären Beziehung stehen. Den ganzheitlichen, geometrisch-räumlich-visuellen und musikalischen Leistungen, dem Sinn für Muster, Bilder und visuelle Ähnlichkeiten der rechten Hemisphäre stehen die sprachlich-verbalen, arithmetisch-computerähnlichen Leistungen der linken Hemisphäre gegenüber.

Wichtiger aber als diese inhaltlich bestimmten Leistungen der Hemisphären, wichtiger als das „Was" ist das „Wie", d. h. auf welche Art und Weise diese Leistungen erbracht werden. Die „Split Brain"-Untersuchungen haben in dieser Fragestellung ein eindeutiges und allgemein akzeptiertes Resultat geliefert: Die linke Hemisphäre operiert analytisch-sequentiell und die rechte synthetisch-holistisch (ganzheitlich) oder gestalthaft. Die linke ist sozusagen für die Bäume zuständig und die rechte für den Wald. In den Großhirnhemisphären sind also nicht verschiedene inhaltliche Leistungen als solche lokalisiert, sondern verschiedene Verarbeitungsweisen entsprechend dem Funktionieren des einheitlichen Modulsystems, das die Großhirnrinde darstellt. Die „Plastizität" der Großhirnrinde gilt auch für die Hemisphärenspezialisation. Sie ist jedoch durch genetische Determination weit gehend eingeschränkt. Von Lenneberg (1967) wurde die Theorie vertreten, dass bei der Geburt und in früher Kindheit die beiden Hemisphären in Bezug auf die Sprache gleichwertig sind und sich erst später bis zur Pubertät unter entsprechender Abnahme der Plastizität die Lateralisierung ausbildet und irreversibel wird. Diese Theorie muss jedoch nach weiteren Untersuchungen in zweifacher Hinsicht modifiziert werden. Erstens gibt es nach Levy (1973) Hinweise dafür, dass die Trennung der hemisphärischen Funktionen genetisch kodiert ist, wenngleich die individuelle Entwicklung erst Wesentliches dazu beiträgt, und zweitens muss nach D. Kimura (1967) angenommen werden, dass die Sprachdominanz der linken Hirnhälfte schon im Alter von vier oder fünf Jahren begründet ist. Jedoch ist der Aufbau des Gehirns nicht durch genetische Instruktionen, die zu einer gewissen Asymmetrie in der Ausbildung der Hirnhälften führen (Wada et al. 1975), unwiderruflich determiniert. Viele Beispiele zeigen nämlich, dass es eine plastische Umsiedlung in frühen Lebensaltern gibt. Das bedeutet, dass die so genannten „Sprachzentren", die aufgrund von genetischen Instruktionen aufgebaut werden, keine auf sprachliche oder sonstige Leistungen spezialisierte Mikrostruktur besitzen. Die Plastizität nimmt zwar stetig ab, so dass Erwachsene bei schweren Läsionen oder trotz Entfernung der linken Hemisphäre ein tragisches sprachliches Unvermögen aufweisen. Aber eine geringfügige Erholung sehr primitiver sprachlicher Fähigkeiten ergibt sich auch bei erwachsenen Patienten mit linksseitiger Hemisphärenektomie (Herausschneiden einer Gehirnhälfte), was allerdings nur dadurch zu erklären ist, dass ein gewisser Transfer von Funktionen der linken Hemisphäre in die rechte schon vor der Operation stattgefunden hatte. Für die plastische Umsiedlung von Funktionen der einen Hemisphäre in die andere muss allerdings in jedem Fall ein Preis bezahlt werden, auch dort, wo der Transfer in einem frühen Lebensalter geschieht. Wie McFie (1961), Sperry (1974) und Teuber (1974) festgestellt haben, entwickeln sich die sprachlichen Leistungen, wenn sie in die rechte Hemisphäre gestopft werden, auf Kosten der anderen dort vorhandenen kognitiven Funktionen und leiden selbst an dem unzureichenden neuralen Territorium.

Diese bereits 1961 von McFie aufgestellte Hypothese von der „Überfüllung" liefert einen Hinweis auf die Evolution der Hirnleistungen und damit des Bewusstseins selbst. Denn die Hemisphärenspezialisation ergibt sich so gesehen als eine Notwendigkeit aus dem hohen Anspruch an neuralem Raum für bestimmte Hirnleistungen. Die bilaterale Repräsentation aller Funktionen in beiden Hemisphären wäre ein Überfluss, der dem Ökonomieprinzip der natürlichen Evolution widerspricht. Durch Trennung der Funktionen wird jene Leistungssteigerung erreicht, die kennzeichnend für die Hominidenevolution ist. Diese Trennung der Funktionen und die daraus entstehenden Leistungen bilden die Voraussetzung für das, was „Bewusstsein" genannt wird. Es gibt also, wie Seitelberger im Gegensatz zu Eccles feststellt, „weder einen neuroanatomischen Ort noch eigene neurophysiologische Substrate des Bewusstseins". Bewusstsein ist eine mit der

Höhe der Komplexität der Informationsverarbeitung immanent verbundene Modalität. Deshalb ist das Bewusstsein als komplexe Eigenschaft des ganzen Hirns und nicht nur einer Hemisphäre zu betrachten. Die scheinbar so eindeutige Verbindung, die Eccles zwischen „selbstbewusstem Geist" und sprachdominanter Hemisphäre sieht, ist allein auf den Modus Operandi zurückzuführen, der für sprachliche Leistungen notwendig ist, die ohne Bewusstsein überhaupt nicht stattfinden können.

Das Bewusstsein als artspezifische Leistung des Menschenhirns ist selbst keine bewusst geplante Aktivität – denn wer sollte es planen? –, sondern es taucht vielmehr ungeplant und ungewollt aus den Kaskaden neuronaler Ereignisse auf und versickert wieder in diese. Entscheidend ist auch hier jene durch alle Phänomene dieser Welt hindurchziehende Zeithierarchie. Während die Zeit der Übertragung einer Erregung von einem Neuron zum anderen ungefähr 0,001 Sekunden beträgt, kommt es auf der Ebene des Bewusstseins zu beträchtlichen zeitlichen Verzögerungen. Nur dann, wenn die Komplexität der neuronalen Ereignisse so angestiegen ist, dass es zu einem Bereitschaftspotential von mehreren Zehntel Sekunden kommt, gelingt es dem Bewusstsein, sich zu konzentrieren oder zu verdichten und aktiv in den Prozess einzugreifen. Diese lange „Inkubationszeit" des Bewusstseins lässt erkennen, dass an ihr viele Tausende von Neuronen in aufeinander folgender Aktivität beteiligt sind. Das Bewusstsein arbeitet, wie die neuronale Analyse von Willkürbewegungen gezeigt hat, „entfernt und langsam über einen ausgedehnten Rindenbereich" (Eccles in: Popper/Eccles 1987, S. 439). Je komplexer die Leistungen sind, desto „schärfer" und „klarer" muss das Bewusstsein werden, das sich als notwendige Eigenschaft komplexer Neuronenaktivität des gesamten Gehirns aufbaut.

Die alte Analogie vom Bewusstsein als Scheinwerfer, die Eccles C. G. Jung und Popper zuschreibt, findet hier ihre Bestätigung. Schon Aristoteles hat den *Intellectus ages* mit dem Licht, das die zu erkennenden Gegenstände erleuchtet, verglichen, und in direktem Bezug zum Hirngeschehen stellt Kant fest, dass das Chaos der Empfindungen, deren wir uns nicht bewusst sind, ein unermessliches Feld von dunklen Vorstellungen bildet, das nur an wenigen Stellen durch den Verstand „illuminiert" wird. Es sind daher „nur wenige Punkte, die auf der großen Karte des Gemütes dem Bewusstsein offen liegen". Für Eccles sind jedoch diese Punkte als Liaison-Hirn, das sich in der linken Hemisphäre befinden soll, genau lokalisierbar, wobei die sog. Brodmann'schen Felder 39 und 40 die wichtigsten sind. Als Konsequenz aus dieser Hypothese ergibt sich aber, dass eine Balkendurchtrennung zur totalen Isolation der rechten Hemisphäre vom Selbstbewusstsein führt, was Eccles auch drastisch genug durch folgendes Gedankenexperiment demonstriert: „Unter den üblichen Bedingungen der Dominanz der linken Hemisphäre besitzt das bewusste Subjekt die willkürliche Kontrolle des rechten Vorderarms und der Hand, aber nicht der linken, doch der linke Unterarm und die Hand können geschickte und offensichtlich zweckhafte Bewegungen ausführen. In unserem Gedankenexperiment ergreift die linke Hand unabsichtlich ein Gewehr, feuert es ab und tötet einen Menschen! Ist dies Mord und durch wen?" (Eccles in: Popper/Eccles 1987, S. 397). Die Antwort, die Eccles darauf konsequent aus dem Kontext seiner eigenen Überlegungen geben müsste, lautet, dass dieser Mord das Werk nicht des selbstbewussten Geistes ist, der nach der Balkentrennung keine Verbindung zur rechten Hirnhälfte hat, die die linke Hand kontrolliert, sondern das Werk eines „anderen Geistes", der eher dem eines nichtmenschlichen Primaten gleicht, der keine Sprache besitzt und in der rechten Hemisphäre angesiedelt ist. Diese Vorstellung ist eine Konzession von Eccles an Sperry und Bogen, die postulierten, dass auch die rechte Hemisphäre ein Bewusstsein besitzt, allerdings ohne Sprachfähigkeit. Tatsächlich zeigten auch die viel schwereren Fälle einer totalen Entfernung der linken Hemisphäre, dass noch ein restliches Selbstbewusstsein vorhanden ist und manchmal sogar eine bessere Sprachfähigkeit übrig blieb als bei den „Split Brain"-Patienten Sperrys, wo die rechte Hemisphäre durch die dominante linke Hemisphäre überschattet ist.

Für die eindeutige Lokalisation des selbstbewussten Geistes im Liaison-Hirn der linken Hemisphäre sind diese Resultate, wie auch Eccles zugeben muss, rätselhaft. Trotzdem hält er an seiner Hypothese fest, die vielmehr der Ausdruck einer vor jeder wissenschaftlichen Argumentation liegenden persönlichen existentiellen Erfahrung des Leib-Seele-Dualismus ist, welche jeder normale Mensch an der Schwelle des Erwachsenseins in mehr oder weniger ausgeprägter Form macht. Für Eccles war es, wie er selbst schreibt, eine überwältigende Erfahrung, die genau mit dem 18. Lebensjahr datierbar zur Folge hatte, dass er sich sein ganzes Leben mit Neurobiologie und Philosophie beschäftigte (Eccles in: Popper/Eccles 1987, S. 430). Der Dualismus ist also in uns angelegt nicht von Geburt an, sondern als Resultat unserer Entwicklung, als „ursprünglich erworbene Erfahrung". Wir kommen nicht als Dualisten zur Welt, sondern werden zu Dualisten im Laufe unserer Kindheits- und Jugendgeschichte in dem Maße, in dem sich unsere reflektorischen Leistungen ausbilden.

Es ist daher kein substantieller Dualismus, sondern ein funktioneller Dualismus zweiter Art, der sich durch extreme Informationsverdichtung ergibt und sowohl zur Spaltung von Subjekt und Objekt als auch zur

Selbsterkenntnis des Subjekts führt. Die extreme Verdichtung des Informationsverarbeitungsmechanismus im Gehirn besteht darin, dass nicht nur die ursprünglichen primären Informationen des sensorischen Inputs, sondern auch deren Weiterleitung in derselben Weise nochmals verarbeitet wird. Dadurch wird der gesamte Verarbeitungsprozess auf eine höhere Ebene gehoben, auf der für eine ungeheure „Verschwendung“ neuronaler Aktivität größere Sicherheit, verbunden mit einem hohen Ausmaß von Flexibilität, eingehandelt wird. Bewusstsein ist ein eigenes, aber bloß funktionales System, das vom neuralen System erzeugt wird und auf dieses rückwirkt. Nach der dualistischen Hypothese von Eccles dagegen entsteht der selbstbewusste Geist nicht erst durch die komplexe Neuronenaktivität, sondern ist bereits immer vorhanden und sucht aktiv nach neuronalen Mustern, indem er die kortikalen Moduln (siehe Abb. 7) abtastet. Der gespensterhafte Eindruck solcher Vorstellungen wird noch verstärkt, wenn Eccles von „offenen“ Moduln des Liaison-Hirns spricht, „in die der selbstbewusste Geist eindringt, daraus herausliest und die dynamischen Muster der individuellen neuronalen Leistungen beeinflusst“ (Eccles in: Popper/Eccles 1987, S. 444). Schlafen bedeutet dann, dass die Moduln geschlossen sind; Träumen, dass der selbstbewusste Geist aus den aktiven Moduln ungeordnete bizarre Erfahrungen herausliest. Bewusstlosigkeit ist der Zustand, in dem der selbstbewusste Geist nichts aus den Moduln herausliest, entweder, weil sie alle total geschlossen oder, wie bei einem epileptischen Anfall, in abnormer Aktivität sind, so dass der selbstbewusste Geist ohne Wirkung abtastet. Und was geschieht im Tod? Jede zerebrale Aktivität steht für immer still und der selbst bewusste Geist tastet vergeblich die Felder des Liaison-Hirns ab.

Mit dieser Hypothese einer von den neuronalen Zuständen abgekoppelten autonomen Existenz des selbstbewussten Geistes versucht Eccles, eine wissenschaftliche Garantie für das Leben nach dem Tod zu geben. Er fällt zwar damit philosophisch gesehen in eine Gespenstermetaphysik und neurobiologisch in eine neue „Hirnmythologie“, doch ist sein unerschütterliches Festhalten an der Existenz einer unsterblichen Seele des Menschen ein Zeichen dafür, dass nicht alle Hirnforscher zwangsläufig gottlose Materialisten sein müssen.

Das bewusste mentale Feld: Eine nichtdualistische Lösung?

Eine nichtdualistische Lösung des Gehirn-Geist-Problems wurde kürzlich von Benjamin Libet mit der „Theorie des bewussten mentalen Feldes" (Libet 2005, S. 200 ff.) vorgeschlagen. Er versteht seinen Vorschlag als eine Ausweitung von Sperrys Theorie des „Mentalen" als einer emergenten Eigenschaft des „physischen" Gehirns. In Übereinstimmung mit Popper, Lindahl und Århem (1993) stellt er sich dieses bewusste mentale Feld (BMF) in Analogie zu bekannten physikalischen Kraftfeldern vor. Ein solches Feld würde zwar durch neuronale Aktivitäten des Gehirns erzeugt werden, es wäre aber nach Libets eigenen Angaben eine phänomenologisch unabhängige Kategorie. Denn es kann nicht in Begriffen irgendwelcher beobachtbarer physikalischer Ereignisse oder irgendeiner bekannten gegenwärtigen physikalischen Theorie beschreibbar sein, sondern es wäre nur introspektiv der Person zugänglich, die diese subjektiven Bewusstseinserlebnisse hat. In dieser Hinsicht würde das bewusste mentale Feld sich von allen bekannten physikalischen Feldern unterscheiden, deren Existenz und Eigenschaften der physikalischen Beobachtung zugänglich sind.

Wie aber kann dann das vorgeschlagene bewusste mentale Feld mit seiner Eigenschaft einer einheitlichen subjektiven Erfahrung als ein wirkliches und prüfbares Merkmal der Gehirnfunktion nachgewiesen werden? Nach Libet würde man die Natur des von ihm vorgeschlagenen Feldes völlig missverstehen, wenn man es mit den in den Neurowissenschaften üblichen Begriffen von neuronalen Übertragungs- und Integrationsprozessen beschreiben wollte. Denn als mentales Feld gehört es einer anderen phänomenologischen Kategorie an und ist, obwohl mit den neuronalen Prozessen eng verbunden, nicht auf diese reduzierbar. Ein solches Feld müsste vielmehr „eine Kommunikation innerhalb der Gehirnrinde ohne neuronale Verbindungen und Bahnen ermöglichen" (Libet 2005, S. 212). Damit spricht sich jedoch Libet nicht für eine mentale Telepathie aus, für die es in seiner Theorie keinen Platz gibt. Vielmehr beruft er sich wie auch Eccles auf Sperrys „Split Brain"-Experimente, die schon zeigen konnten, dass nicht einmal eine Hirnhemisphäre mit der benachbarten Hemisphäre kommunizieren kann, wenn die sie verbindenden Nervenbündel gekappt sind. Was jedoch entscheidend ist, ist die Tatsache, dass auch die „Split Brain"-Patienten sich noch immer als dieselbe einzelne Person fühlten, die sie vor dem chirurgischen Eingriff waren. Das aber spricht nach Libet dafür, dass das mutmaßliche bewusste mentale Feld tatsächlich die beiden getrennten Hemisphären überbrücken kann, wenn es nicht noch andere neuronale Verbindungen unterhalb der Hemisphären gibt, welche für die einheitliche Persönlichkeit verantwortlich sein könnten.

Um aber über die Wirksamkeit dieses mentalen Feldes Klarheit zu bekommen, entwirft Libet einen Versuchsplan, der jedoch wegen der nach heutiger Ansicht daraus resultierenden ethischen Bedenken kaum zu akzeptieren ist. Er besteht im Prinzip in einer pharmakologischen oder chirurgischen Isolation einer Scheibe der Hirnrinde, deren elektrische Reizung ein introspektiv berichtbares, subjektives Erlebnis im Gehirn der Versuchsperson auslösen müsste, an der diese Operation durchgeführt worden ist. Damit wäre nicht nur die Existenz eines solchen mentalen Feldes bewiesen, sondern auch eine Erklärung dafür gefunden, wie der bewusste Wille die Funktionen von Nervenzellen beeinflussen kann. Denn, wenn die Reizung der isolierten kortikalen Scheibe einen introspektiven Bericht des Patienten auslösen kann, dann muss dieses mentale Feld in der Lage sein, ohne neuronale Verbindungsbahnen die geeigneten Gehirnregionen zu aktivieren, die für den sprachlichen Bericht nötig sind. Damit wäre natürlich auch ein handfester experimenteller Nachweis für das gegeben, was in der modernen Philosophie des Geistes „mentale Verursachung" genannt wird. Zugegebenermaßen ist jedoch die Realisierung eines solchen Tests wegen der ethischen Bedenken und der ganz offensichtlichen Risiken so gut wie aussichtslos. Da eine wegen ihrer Reversibilität zwar harmlose ringförmige pharmakologische Blockade in einem kleinen Ausschnitt der Hirnrinde einerseits zu unkontrollierbaren Diffusionserscheinungen führen und andererseits sich die Möglichkeit einer Reizung verringern würde, wäre aus rein fachlicher Sicht die chirurgische Isolation natürlich vorzuziehen. Die chirurgische Isolation einer Scheibe von kortikalem Gewebe wiederum würde aber zu einem dauernden Verlust ihrer normalen neuronalen Funktionen führen. Deswegen müsste von vornherein eine solche Operation auf jene Patienten beschränkt sein, denen man aus therapeutischen Gründen pathologisches kortikales Gewebes entfernen muss, bei dem fast immer auch vom Chirurgen ein kleiner Teil von brauchbarem normalem Gewebe mit eingeschlossen wird. Aber selbst dann wird sich schwerlich jemand finden, der bei vollem Bewusstsein ein derartiges Horrorexperiment über sich ergehen lässt, bei dem er mit seinem eigenen nur durch die Blutbahn noch verbundenen Hirnteil kommunizieren soll. So hat sich auch der Zugang zu solchen Patienten für Libet als ein „entmutigendes Unternehmen" herausgestellt (vgl. Libet 2005, S. 223).

Gleichgültig, ob diese Theorie des bewussten mentalen Feldes unter diesen schwierigen Umständen experimentell überprüft werden kann oder nicht, die Erkenntnis von neuronalen Strukturen und Funktionen kann nach

Libets Auffassung „nie an sich bewusstes Erleben erklären oder beschreiben“ (a. a. O. S. 230). Die Untersuchung des Gehirns kann zwar zeigen, was die Nervenzellen tun, aber darin ist nichts, was auf ein subjektives Erleben hindeuten würde. Außerdem hält es Libet für möglich, dass einige geistige Phänomene gar keine direkte neuronale Grundlage haben, und es ist für ihn ebenfalls nicht ausgeschlossen, dass der bewusste Wille nicht immer den Naturgesetzen der physischen Welt gehorcht. Wie aber kann Libet nach diesen zugegebenermaßen bloß spekulativen Vorstellungen von der Eigenart des bewussten mentalen Feldes der Charakterisierung seiner Theorie als Dualismus entgehen? Die Antwort Libets auf diesen Vorwurf lautet, dass das bewusste mentale Feld nicht ohne das Gehirn existiert. Damit gehört es eindeutig nicht zur Kategorie einer getrennten Substanz wie im cartesischen Dualismus. Es ist eine emergente Eigenschaft eines geeigneten Systems neuronaler Aktivitäten, das jedoch nicht anhand der Eigenschaften seiner Komponenten, aus denen das System besteht, beschreibbar ist. Wenn man diese Auffassung dualistisch nennen will, sollte man sich nach Libet jedoch im Klaren sein, dass diese Art von Dualismus kein cartesischer ist und in einem gewissen Sinne für alle komplexen physischen Systeme gilt.

3. Das geistlose Gehirn
Die reduktionistische Perspektive

Der Gegensatz zum klassischen Dualismus war ein materialistischer Monismus, der alle seelischen und geistigen Phänomene auf bloß körperliche Aktivitäten und letzten Endes auf physikalische Prozesse und Eigenschaften zurückführte. Sein Ursprung reicht historisch gesehen weit in die antike Philosophiegeschichte auf Parmenides, Leukipp, Demokrit, Epikur und Lukrez zurück (vgl. Lange 1873; Popper u. Eccles 1987, S. 24 ff.). Trotz der Unterschiede zwischen einer kontinuierlichen (Parmenides) und atomaren Raumerfüllung (Leukipp und Demokrit) war die gemeinsame Grundidee dieses klassischen Materialismus, dass „Materie" etwas im Raum Ausgedehntes ist und als das eigentliche und letzte Wirkliche betrachtet werden muss, auf das alles andere zurückgeführt werden kann. Doch diese simple Form des Materialismus hatte die Konsequenz, dass die Materie oder diese ausgedehnte Substanz, welche den ganzen Raum (Descartes) oder nur Teile des Raumes (Hobbes und die Atomisten) ausfüllt, nur durch direkten Kontakt in Bewegung geraten kann, d. h. nur von Druck- und Stoßgesetzen beherrscht wird. Stoß oder Druck wurde so zum Erklärungsprinzip aller kausalen Wirkung.

In der Neuzeit hatte Robert Boyle die Atome in die Chemie eingeführt. Sie haben nach seiner Auffassung verschiedene Gestalt, und diese Gestalt ist auf die Festigkeit oder Lockerheit der Verbindungen von Einfluss. Durch heftige Bewegung werden zusammenhängende Atome voneinander gerissen, oder andere zusammengeführt, die, ganz wie in der alten Atomistik, mit ihren rauen Flächen, durch Vorsprünge, Zacken usw. aneinander haften. Bei einer Änderung in der chemischen Verbindung dringen die kleinsten Teilchen eines dritten Körpers in die Poren ein, welche in der Verbindung zweier anderer Körper bestehen. Nur darin unterschied sich die Atomistik Boyles von der antiken, dass er eine Zersplitterung der Materie durch die Bewegung annahm, wobei er den Ursprung der Bewegung der Atome im Dunkeln ließ.

Das Ende des alten Klotz- oder Kieselsteinmaterialismus

Mit der Weiterentwicklung der Physik in der Neuzeit hat sich jedoch dieser alte „Klotz-“ oder „Kieselsteinmaterialismus“ selbst überwunden. Schon die Gravitationstheorie Newtons ging über dieses klassische Konzept des Materialismus hinaus. Doch war Newton selbst im Unterschied zu seinen Anhängern weit davon entfernt, die Gravitation als Anziehung in Form einer Fernwirkung als Grundkraft aller Materie zu erklären. Eine Kraft, die ohne all materielle Vermittlung die ganze Welt regieren soll, war für ihn eine so große Absurdität, „dass kein philosophisch denkender Kopf darauf verfallen könne“ (Brief an Bentley 1693). An einer Stelle seiner >Principia< (I, 11) spricht er sogar von einem *spiritus*, durch dessen Antrieb die Gravitation hervorgebracht werden soll. Die mathematische Darstellung der Gravitationstheorie im Sinne einer abstrakten Punktemechanik führte dann auch in der Chemie zu einer radikalen Umwandlung der Atomistik, bei der die Vorstellung von einer Ausdehnung von letzten elementaren Teilchen oder Substanzen bereits völlig verschwunden war. So fasste bereits Gay-Lyssac die Atome – nach Analogie verschwindender Größen der Differentialrechnung – im Vergleich zu den Körpern, die sich aus Atomen zusammensetzen, als unendlich klein auf. Und Ampère und Cauchy betrachteten die Atome als im strengsten Sinn ohne alle Ausdehnung (vgl. Lange 1877, S. 193).

Noch deutlicher ist die Selbstüberwindung des Materialismus durch die physikalische Entdeckung erkennbar, dass die Atome keineswegs, wie ihr Name besagt, die letzten unteilbaren Elemente der Wirklichkeit sind, sondern selbst wiederum in Elektronen und Photonen unterteilt werden können und dass auch diese unter Umständen nicht stabil sind und in noch weitere Elementarteilchen zerfallen, die überhaupt nicht mehr als materiell in irgendeinem Sinn von Substanz oder Dinghaftigkeit zu verstehen sind. So kann man, wie bereits Popper festgestellt hat (vgl. Popper u. Eccles 1977), die heutige physikalische Theorie der Materie nicht mehr länger materialistisch nennen, wenn sie auch viel von ihrem ursprünglichen Charakter behalten hat. Sie spricht immer noch von Teilchen, obwohl diese nicht mehr kleine Materiestückchen, sondern Strukturen mit ganz unerwarteten Eigenschaften sind. Das Universum erscheint uns heute nicht als Ansammlung von Dingen, sondern, wie besonders Whitehead betonte, als eine Menge von in Wechselwirkung stehenden Ereignissen oder Prozessen.

Der Materialismus in der Biologie und Hirnforschung

Während sich in der Physik und somit auch in der Chemie der Materialismus selbst überwunden hat, spielt er in der Biologie seit jeher eine andere Rolle. Ursprünglich war er zwar bis in die Neuzeit an eine mechanistische Atomistik gebunden, wie die berühmte Rede von Dubois Reymond über die „Grenzen der Naturerkenntnis" zeigt, in der er von der Verbindung zwischen bestimmten Bewegungen bestimmter Atome im Gehirn und den psychischen Phänomenen, wie Schmerz, Lust und Bewusstsein sprach und gleichzeitig darin für die naturwissenschaftliche Erklärung eine absolute Grenze sah, die durch keinen denkbaren Fortschritt jemals überschrittenen werden kann. Gerade diesen Schritt hatte aber bereits Julien Offray de la Mettrie in seiner berühmten Schrift >L'homme machine< (1748) in Fortsetzung der mechanistischen Hirntheorie von Descartes versucht (vgl. Oeser 2002). Allerdings war sein Materialismus ein Materialismus der organischen Materie, deren Bewegungsprinzip er nicht auf dasjenige der Atome zurückführen wollte. Der Materialismus des berühmtesten aller Materialisten ist also an ein eigenes organisches Prinzip gebunden und unterscheidet sich daher grundsätzlich von einem physikalistischen Materialimus, wie ihn noch Dubois Reymond charakterisierte. Deshalb bezeichnet Popper de la Mettrie auch viel zutreffender als einen Vitalisten und möchte ihn sogar im Gegensatz zu Malebranche, der einen Parallelismus vertrat, als einen Interaktionisten auffassen (vgl. Popper u. Eccles 1977, S. 255). Denn de la Mettrie bestritt nicht, dass es sowohl bei Menschen als auch Tieren Bewusstsein gibt, sondern lehrte nur mit aller Bestimmtheit, dass die Seele vom Körper abhängt.

Auch die weitere Entwicklung des so genannten Materialismus, bei dem die kosmologischen und physikalischen Fragen immer mehr an Interesse verloren, während die anthropologischen in den Vordergrund traten, war auf die organische Materie bezogen. Insbesondere richteten sich die Untersuchungen auf das Menschenhirn, das man als das eigentliche Organ der Seele ansah (vgl. Oeser 2002). Es wurde mit großem Fleiß anatomisch durchforscht, gemessen, gewogen, analysiert, mikroskopisch betrachtet, in seinen Krankheitsformen studiert und mit Tiergehirnen verglichen, die Experimenten unterworfen wurden. Das Auftreten des Bewusstseins blieb jedoch immer noch ein Rätsel. Daran änderte auch zunächst die Evolutionstheorie nichts, die erst überhaupt eine Rechtfertigung dafür lieferte, Struktur und Funktionsweise des Menschenhirns an Tierexperimenten zu erforschen. Denn sogar Darwin selbst sah darin ein Problem, das erst in einer fernen Zukunft, wenn überhaupt, durch den Menschen gelöst werden könnte. So sagt er in seinem berühmten Werk über die Abstammung des Menschen: „Zu untersuchen, in welcher Weise die geistigen Fähigkeiten zuerst in den niedrigsten Organismen sich entwickelt haben, ist eine ebenso hoffnungslose Untersuchung als die, wie das Leben zuerst entstand" (Darwin 1871, S. 86).

Aus diesem Grund hatte man schon längst vor, aber auch noch nach Darwin in dem sog. Hylezoismus (Belebtheit der Materie) oder Panpsychismus (Allbeseeltheit) eine Lösung gesehen, die darin bestand, dass man sowohl die Eigenschaft des Lebendigen als auch des Seelischen von Anfang an in der anorganischen Materie angelegt sah. In subtiler Form ist diese Auffassung sowohl durch die Monadenlehre von Leibniz als auch von der Zwei-Attributen-Lehre der einen Substanz des Spinoza vertreten worden; auch Schopenhauers Identifizierung von Wille und Bewegungsimpuls geht in die gleiche Richtung. Doch haben auch Naturwissenschaftler wie der Astronom Zöllner der anorganischen Materie an sich Empfindungen oder präpsychische Eigenschaften zugeschrieben. In jüngerer Zeit waren es vor allem Biologen, wie C. H. Waddington und Bernhard Rensch, die diese Position vertreten haben. Wie aber bereits Friedrich Albert Lange in seiner noch immer lesenswerten >Geschichte des Materialismus< erkannt hat, wird mit dem Panpsychismus das eigentliche Problem nicht gelöst, sondern nur verschoben. Das Bewusstsein wäre zwar auf diese Weise von Anfang an mit der Materie verbunden, aber seine Einheit in ihrem Verhältnis zu der Vielheit der Empfindungen stellt dann noch immer ein Rätsel dar. Deswegen hat sich auch in die ihrem Ursprung nach „materialistisch" eingestellte Lokalisationstheorie der Hirnfunktionen eine dualistische Lösung in Form jenes bereits erwähnten Homunculus eingeschlichen, der diese Einheit des Bewusstseins herstellen soll. Will man diesen Homunculus vermeiden, dann stellt sich wiederum das heutzutage so genannte „Bindungsproblem", das aus der distributiven Organisation des Gehirns und dem Fehlen eines singulären Koordinationszentrums resultiert (vgl. Singer 2003, S. 42).

Was heißt Identität von Gehirn und Geist?

Die moderne Form der materialistischen Perspektive ist die Identitätstheorie. Sie spielt sowohl in der gegenwärtigen Philosophie als auch in der Neurowissenschaft eine Rolle. In der philosophischen Diskussion ist sie als semantische Identitätstheorie oder als eliminativer Materialismus bekannt. Unter den Neurowissenschaftlern wird sie als ein Reduktionismus mentaler Phänomene nicht nur auf neurale Phänomene, sondern in letzter Konsequenz auch auf chemo-elektrische Ereignisse, wie das „Feuern von Neuronen“ verstanden.

Ausgangspunkt für die semantische Identitätstheorie war das 1949 erschienene Buch >The Concept of Mind< von Gilbert Ryle. In ihm versucht Ryle zu zeigen, dass der Dualismus der traditionellen Philosophie nur das Produkt einer unterlassenen oder falschen Analyse des mentalistischen Vokabulars ist. Da aber der alte ontologische Materialismus heutzutage wissenschaftlich nicht mehr vertretbar ist, blieb lediglich ein methodologischer Reduktionismus übrig, der nur mehr dem Namen nach als „Materialismus“ bezeichnet werden kann, da er nicht mehr auf die Struktur der Materie selbst eingeht, sondern nur mentale Ereignisse semantisch auf eine andere Erklärungsebene zurückzuführen versucht. Ein solcher, bloß eliminativer Materialismus (Feyerabend, Rorty, P. S. Churchland) besteht letzten Endes nur aus dem Postulat der zukünftigen Elimination aller mentalistischen Ausdrücke und ihrer Ersetzbarkeit durch die Terminologie der Neurowissenschaften. Für die empirische Forschung, die über das Verhältnis von Gehirn und Bewusstsein konkrete Aussagen machen will, sind jedoch solche Aussagen völlig unproduktiv, im schlimmsten Fall sogar forschungshemmend. Denn eine „starke“ Auffassung von Identitätstheorie, die eine strikte Identität zwischen psychischen und physischen Zuständen behauptet, in dem Sinn, dass jedem einzelnen psychischen Zustand ein physischer entspricht, ist deswegen nicht sinnvoll, weil sie, wenn sie überhaupt jemals gelingen sollte, unvorstellbar kompliziert wäre. Es blieben daher lediglich die schwachen Formen einer physikalistischen Identitätstheorie übrig, die entsprechend dem Fortschritt der Neurobiologie immer wieder neu formuliert werden müssen. In diesem Sinne hat schon R. Sperry mit Recht betont, dass insbesondere nach der Veröffentlichung der Resultate seiner neurobiologischen Laborexperimente, die dem Bewusstsein als Emergenzphänomen eine kausale Rolle im Hirngeschehen zubilligten, eine Flut von semantischen Transformationen der Identitätstheorie einsetzte, um diese an den jeweiligen Stand der Hirnforschung anzupassen.

Die vom Ergebnis her bedeutendste Transformation der Identitätstheorie ist die so genannte „Supervenienztheorie“ (Modellentwurf der Beziehung zwischen psychischen und physischen Eigenschaften). Auf das Leib-Seele- oder Gehirn-Bewusstsein-Problem angewendet bedeutet Supervenienz eine Abhängigkeit (Dependenz) mentaler Eigenschaften von physikalischen Eigenschaften derart, dass sich die mentalen Eigenschaften eines Systems nicht verändern können, ohne dass sich auch die physikalischen Eigenschaften ändern. Eine solche Dependenz, die eine Abhängigkeit hinzukommender Eigenschaften von bereits vorhandenen zugrunde liegenden Eigenschaften ist, impliziert jedoch ausdrücklich „nicht Reduzibilität mittels eines Gesetzes oder einer Definition“ (Davidson 1981), sondern führt zu verschiedenen aufeinander nicht zurückführbaren Beschreibungsebenen. So aufgefasst ist die Supervenienztheorie mit dem Emergenz-Konzept des Bewusstseins vereinbar und liefert dazu eine korrekte nicht reduktionistische semantische Theorie. Denn die sprachlogisch und wissenschaftssystematisch festgelegten Beschreibungsebenen entsprechen inhaltlich den Emergenzstufen einer universalen Evolutionstheorie, in die auch die Entstehungsgeschichte des menschlichen Bewusstseins eingebettet ist. Die Supervenienztheorie kommt damit zu jenem Punkt, an dem sie ihren eigentlichen Ursprung aus der physikalistischen Identitätstheorie bereits völlig verlassen hat. Anstatt Identität zwischen mentalen und physikalischen Zuständen oder Ereignissen zu behaupten und sich in endlose Schwierigkeiten bei der Definition des richtigen Typs von Identität (partikulare oder allgemeine strikte Identität) zu verstricken, wird in der fortgeschrittensten Version der Supervenienztheorie die Identitätsthese überhaupt aufgegeben (Haugeland 1982). Damit gibt es auch keine lokale Supervenienz von mentalen Vorgängen auf einzelne Gehirnvorgänge, sondern nur eine globale Supervenienz.

Das Elend des neurowissenschaftlichen Reduktionismus

Die großen Erfolge der experimentellen Hirnforschung in den letzten Jahrzehnten hatten im Gegensatz zu dem resignierenden „Ignorabimus“ von Dubois-Reymond die Überzeugung entstehen lassen, dass auch die Erforschung des Bewusstseins ein naturwissenschaftlich lösbares Problem sein könnte, das man auch experimentell angehen kann. So sagt Francis Crick, der Entdecker der DNA-Struktur, der sich später ganz der Neurobiologie zugewandt hat: „Zwischen der Wissenschaft (= Science i. S. von Naturwissenschaft) und dem Bewusstsein gibt es keine unüberwindliche Barriere“ (Crick 1994, S. 316).

Mit einer solchen reduktionistischen Ansicht verbindet sich dementsprechend eine massive Kritik an dem Alleinvertretungsanspruch der Philosophie in Sachen Bewusstsein: „Die Ansicht, nur Philosophen könnten dieses Problem behandeln, ist völlig haltlos. Die Bilanz der Philosophen in den letzten zweitausend Jahren ist derart armselig, dass ihnen eine gewisse

Bescheidenheit besser anstünde als die hochtrabende Überheblichkeit, die sie gewöhnlich an den Tag legen" (Crick 1994 S. 316). Die reduktionistische Hypothese, die Crick selbst „erstaunlich" (astonishing) nennt, besagt, „dass alle Aspekte des Verhaltens des Hirns auf die Aktivitäten der Neuronen zurückzuführen sind". Es gibt daher auch kein separates „Ich", das unabhängig vom Feuern der Neuronen irgendetwas erkennen könnte. Dieser viel versprechende Reduktionismus geht daher nicht von der Frage nach der allgemeinen Natur des Bewusstseins oder dem Selbstbewusstsein, sondern von einer experimentell bereits gut untersuchten speziellen Fragestellung aus – in diesem Fall vom visuellen Bewusstsein.

Die Grundannahme dabei ist, dass die verschiedenen Aspekte von Bewusstsein – wie beispielsweise Schmerz und visuelles Bewusstsein – einen grundlegenden gemeinsamen Mechanismus verwenden oder vielleicht ein paar wenige solcher Mechanismen. Wenn man daher die Mechanismen eines einzigen Aspekts verstehen würde, dann hätte man Grund zu der Hoffnung, damit auch dem Verständnis aller anderen Aspekte nahe gekommen zu sein. Beschränkt man jedoch diese Mechanismen auf das „Feuern der Neurone", dann kommt man zu der Hypothese von den „Bewusstseinsneuronen" (Crick 1994, S. 293). Nach Meinung von Crick scheint es sich dabei hauptsächlich um die größeren Pyramidenzellen in Schicht 5 der Hirnrinde zu handeln, deren Dendriten bis in die oberste Schicht des Kortex (Hirnrinde) reichen und die in Salven feuern. Ohne zu merken, ist jedoch dieser scheinbar so radikale Reduktionismus allein schon mit der Verwendung des Begriffes „Bewusstseinsneurone" in die Homunculusfalle geraten. Einzelnen Neuronen die Fähigkeit des Bewusstseins zuzuschreiben kann man bestenfalls als eine irreführende Metaphorik, aber auch nicht annäherungsweise als Lösung des Problems ansehen. Daher muss die Suche nach dem Bewusstsein auf einer komplexeren Ebene angesiedelt werden. So gibt auch Crick zu, dass die Pyramidenzellen der Schicht 5 nicht in allen Arealen irgendeine Form von Bewusstsein erzeugen, wann immer sie feuern. Dazu könnte etwas mehr vonnöten sein.

Nun haben aber bereits Mikroelektroden-Ableitungen an Makakenaffen gezeigt, dass bei visueller Aufmerksamkeit auf ein bestimmtes Objekt in einem Teil der Sehrinde sich nicht nur eine Erhöhung der Aktivität der Nervenzellen ergibt, sondern auch eine Synchronisation eintritt, die dazu führt, dass sich die beteiligten Neuronen vorübergehend zu einer Funktionseinheit zusammenschließen. Diesen neuromodulatorischen Prozessen liegen kurzfristige Veränderungen in den Synapsenstärken zugrunde, auf denen erst die bewussten Wahrnehmungsinhalte, Vorstellungen und Gedanken beruhen. Wie schon der Begründer der Neuronentheorie Ramón y

Cajal behauptet hat, ist derjenige, der ein Problem gelöst hat, ein anderer geworden. Denn sein Gehirn hat sich bis in die molekularen Strukturen hinein verändert.

Ist mit dieser Einsicht in die molekularen und zellulären Vorgänge, die bei Bewusstseinszuständen vor allem mit den so genannten bildgebenden Verfahren auch beim Menschen beobachtet werden können, das Gehirn-Bewusstsein-Problem im Sinn einer reduktionistischen Identitätstheorie gelöst? Kein Hirnforscher könnte das wirklich behaupten, abgesehen davon, was denn, wenn man nicht eine bloß semantische Identitätstheorie vertritt, überhaupt real und experimentell belegbar „Identität" heißen soll. Denn zugegebenermaßen liegt das Problem genau zwischen den bereits ziemlich gut verstandenen neuronalen und molekularen Mechanismen einerseits und dem Erleben der Bewusstseinszustände andererseits. Die entscheidende und auch in der experimentellen Hirnforschung explizit gestellte Frage lautet daher: „Was genau passiert beim Zusammenspiel von Millionen und Milliarden von Nervenzellen, so dass bewusstes Erleben entsteht?" (Vgl. Roth 2003, S. 135)

Die Antwort darauf kann nur im Sinn einer „kategorialen Transformation" (Seitelberger) gegeben werden. Das heißt, Bewusstsein ist nicht eine andere Form neurophysiologischer Hirntätigkeit, sondern die Manifestation eines kategorial verschiedenen Wirklichkeitsbereiches, eben des Geistes oder Mentalen, dessen eigene Qualität und Inhalte zwar durch – vielleicht besondere – neurale Tätigkeiten vermittelt, aber durch sie nicht zureichend begründet und erklärbar sind. In der Gehirn-Bewusstsein-Beziehung handelt es sich aber nicht um einen Zwei-Substanzen-Dualismus, sondern um eine innere kategoriale Dualität des einen Individuums in seiner realen sowohl objektiven wie subjektiven Erscheinungsform. In nur scheinbar paradoxer Formulierung kann man sagen, dass sich das „Ich" als Einheit nur in dualer Weise durch das Erlebnis der Welt und des Selbst im eigenen Bewusstsein erfahren kann. Denn die distributive Organisation des Gehirns und das Fehlen eines singulären Koordinationszentrums lassen eine Lösung des Bindungsproblems (vgl. Singer 2003, S. 42) auf der neuroanatomischen und neurophysiologischen Ebene nicht zu. Das Bindungsproblem besteht darin, dass die vielen gleichzeitig ablaufenden Sinnesfunktionen parallel an die zahlreichen ausführenden Zentren weitergegeben werden, ohne dass vorher die Informationen an einem Ort zusammengeführt werden. Wie dennoch ganzheitliche Wahrnehmung und koordinierte Bewegungen zustande kommen, ist unklar. Ein Ansatz zur Schließung dieser angeblich „fundamentalen Erklärungslücke" liegt jedoch bereits in dem den neuralen Vorgängen generell innewohnenden funktionalen Charakter der Information, die nur als Tätigkeit erfassbar ist. Die Aktivität zahlreicher verteilter Neuronengruppen könnte dann durch eine präzise zeitliche Sychronisation der entsprechenden Aktivitätsmuster zusammengeführt werden, ohne dass dazu ein bestimmter zentraler Ort nötig wäre. Dieser rein funktionale Charakter der Information, der von der Urform unbestimmten Gewahrwerdens bei den niederen Organismen über die Stufenfolge immer höher organisierter Lebewesen und ihren kognitiven und emotionalen Fähigkeiten bis zur Autonomie der menschlichen Person reicht, gewinnt im mentalen Selbstbewusstsein als Führungsinstanz und Exekutivorgan des Individuums bedingte Selbständigkeit. Es kann daher letzten Endes nur die Evolutionstheorie mit ihrer Grundannahme, dass unsere Wahrnehmungen deswegen zutreffend sind, weil sie uns zu den richtigen koordinierten Reaktionen auf die Umwelt führen, theoretische Modelle liefern, die das Entstehen von Bewusstsein aus dem neuronalen Geschehen erklären können.

4. Maschinelle Intelligenz
Die technologische Perspektive

Nachdem sich die materialistische Perspektive sowohl physikalisch als auch philosophisch gesehen im wahrsten Sinn des Wortes selbst aufgelöst hat, ist eine neue Perspektive aufgetreten, die sich zwar von der nicht nur hoffnungslosen, sondern auch sinnlosen Vorstellung einer Identität von Materie und Geist abgewendet, aber trotzdem mentale Eigenschaften mit bestimmten „nichtphysikalischen" Eigenschaften des materiellen Gehirns gleichgesetzt hat. Solche nichtphysikalischen Eigenschaften des Gehirns sind seine funktionalen Eigenschaften. Dafür, dass ein physikalisches System nichtphysikalische Eigenschaften haben kann, gibt es ein gutes Beispiel: die Rechenmaschine, die sowohl physikalische als auch funktionale Eigenschaften, wie z. B. ein bestimmtes Programm, hat.

Die Rechenmaschine und das Gehirn

Mit dem Hinweis auf das Programm einer Rechenmaschine ist ein Analogiemodell des menschlichen Geistes angesprochen, das bereits in den Anfängen der modernen Computertechnologie von A. Turing, J. von Neumann und N. Wiener diskutiert worden ist. Der heuristische Wert dieser Methode, die Leistungen des menschlichen Bewusstseins mit den Funktionen einer informationsverarbeitenden Maschine zu vergleichen, ist beim gegenwärtigen Stand der Informationstechnologie unbestreitbar. Denn die Simulierung menschlicher Erkenntnisleistungen in Automaten bedeutet, dass diese Erkenntnisleistungen selbst in detaillierter Reflexion erfasst worden sind. Die berühmte Frage Turings, ob eine Maschine denken kann, enthält jedoch eine Falle: Eine Widerlegung der positiven Antwort auf diese Frage kann nämlich nur darin bestehen, dass ein beobachtbares menschliches Verhalten oder eine Leistung angegeben werden muss, zu der ein informationsverarbeitender Automat grundsätzlich nicht fähig ist. Kann man aber ein derartiges Verhalten in detaillierter Weise angeben, so hat man damit schon eine abstrakte Anweisung für den Bau einer Maschine, die diese Leistung vollbringen kann, vorgelegt, gleichgültig, ob deren technische Realisierung tatsächlich durchführbar ist oder nicht. Funktionale Analysen sind daher nur eine Methode, in verobjektivierter Weise mehr vom Erkenntnissubjekt selbst zu erfahren. Sie nützen auch der Hirnforschung, da man mit ihrer Hilfe auf Mechanismen stoßen kann, die denen im Gehirn vorhandenen vielleicht ähnlich sind.

Ein klassisches Beispiel dafür sind die Neuronennetzwerke von McCulloch und Pitts, die der modernen Hirnforschung einen entscheidenden Auftrieb gegeben haben und andererseits eine der Wurzeln der Automatentheorie bildeten. In ihrer bekannten Arbeit >A logical calculus of ideas immanent in nervous activity< (1943) stilisierten diese beiden Autoren die verschiedenen funktionalen Beziehungen zwischen Neuronen als die Grundoperationen des Aussagekalküls Konjunktion (Verbindung), Disjunktion (Trennung) und Negation und legten damit die Grundlage für die Auffassung, dass das Gehirn propositional, d. h. in Form von Aussagekalkülen, funktioniert. In den Anfangsjahren war diese Auffassung so stark, dass manche Leute, die in Wirklichkeit an Computer dachten, die Worte „Neuron" und „Synapse" benutzten und Diagramme zeichneten, die ursprünglich für die Darstellung echter Nervennetzwerke in tierischen Gehirnen entwickelt worden waren. Doch es bestehen gute Gründe dafür, dass diese Vorstellung eines Nervennetzwerks als eines Automaten mit fester Struktur, der auf einer diskreten Zeitskala synchron arbeitet, zu einfach ist (Braitenberg 1987).

Die Befreiung vom verfluchten Wirrwarr der organischen Materie: Künstliche Intelligenz

Im Rahmen eines solchen Analogiemodells einer maschinellen Intelligenz, die dem menschlichen Geist nicht nur ähnlich, sondern zumindest funktional mit ihm identisch ist, hat sich eine empirisch-experimentelle Kognitionspsychologie entwickelt, die gänzlich auf dem Informationsverarbeitungsparadigma, wie es in der Computerwissenschaft entstanden ist, beruht. Die dadurch möglich gewordene Wechselwirkung zwischen Psychologie und Informatik drückt sich in der Entstehung einer neuen Disziplin, der Künstlichen Intelligenz-Forschung aus, in der psychologische Theorien natürlicher menschlicher Intelligenz für die Konstruktion intelligenter Computersysteme genutzt werden. Das war jedoch nur dadurch möglich, dass der Computer, der ja ursprünglich wirklich nur ein Rechner war, zu einem universellen Symbolverarbeitungssystem weiterentwickelt worden ist. Das geschah auf der Software-Ebene durch die Konstruktion so genannter höherer Programmiersprachen.

Mit der Entstehung einer eigenen Computer-Linguistik war auch der Bezug zur Sprachwissenschaft hergestellt, die selbst wiederum mit der Philosophie durch eine allgemeine Theorie der Zeichen, der „Semiotik", mit ihren drei Dimensionen Syntaktik, Semantik und Pragmatik, verbunden worden ist. Aus diesem interdisziplinären Dreieck philosophisch-psychologischer Kognitionstheorie, Linguistik und Informatik, die sich mit dem menschlichen Geist, der Sprache und dem Computer als Gegenstände beschäftigen, waren zunächst die Erforschung des Gehirns und somit die Neurowissenschaften ausgeschlossen. Ja, das Paradigma der seriellen Symbolverarbeitung wurde auf Grund einer sprachanalytischen Philosophie des Geistes als Modell des menschlichen Geistes schlechthin angesehen und diente dazu, sich von dem „verfluchten Wirrwarr der organischen Materie" (Minsky), wie er sich im komplexen Menschenhirn realisiert, unabhängig zu machen. Die Mehrzahl der Psychologen, wenn sie sich nicht gerade als Neuropsychologen deklarieren, sind auch heute noch einer funktionalistischen Einstellung verpflichtet, wonach mentale und kognitive Leistungen unabhängig von ihrer physiologischen Basis beschreibbar seien. Auch bei den Vertretern der symbolverarbeitenden Künstlichen Intelligenz-Forschung gilt noch immer die Überzeugung, mentale Prozesse ließen sich völlig unabhängig von ihrer materialen Realisierung im Gehirn algorithmisch darstellen. Diese Einstellung hatte zur Folge, dass die Hirnforschung lange Zeit von den Kognitionswissenschaften nicht beachtet wurde.

Denn eine Konsequenz aus diesem starken Funktionalismus, der tatsächlich in der extremsten Form der Künstlichen Intelligenz-Forschung vertreten wird, ist, dass am Bewusstsein oder Geist „nichts wesentlich Biologisches ist" (Searle 1986, S. 27). Die Programme, die menschliche Intelligenz ausmachen, könnten von Computern unbestimmt vieler verschiedener Hardware-Typen realisiert werden, und das Hirn ist zufällig ein Computer mit solch einer Hardware. Jedes beliebige materielle System mit dem entsprechenden richtigen Programm hätte nach dieser Auffassung im gleichen Sinn Bewusstsein, Intelligenz und Geist wie ein Mensch.

Das simulierte Gehirn: Künstliche neuronale Netzwerke

Funktionalisten im Sinn eines solchen starken Funktionalismus, der mentale und funktionale Eigenschaften unabhängig von ihrer materiellen Realisierung für identisch ansieht, verwenden das folgende Argument: Im Grunde könnte man die Unterschiede zwischen einem Roboter und einem Menschen auf Kleinigkeiten des physikalischen und chemischen Aufbaus reduzieren. Man könnte sogar einen Roboter herstellen, der bis hin zur Neuronenebene mit uns übereinstimmt. Er könnte sogar, abgesehen vom Gehirn, einen Körper aus Fleisch und Blut haben. Der Unterschied wäre, dass die Neuronen des Roboters aus elektronischem Material hergestellt wären, während unsere aus Kohlenstoff, Wasserstoff, Proteinen usw. bestehen; doch von der Neuronenebene aufwärts würden alle Leitungen und Schaltungen genau übereinstimmen. Sofern man kein „Wasser- und Kohlenstoff-Chauvinist" ist, der glaubt, dass Kohlenstoff und Wasserstoff als Grundlage organischer Materie von sich aus mehr Bewusstsein haben, warum sollte man dann nicht sagen, dass dieser Roboter eine Person ist, deren Gehirn zufällig mehr Metall und weniger Wasserstoff und Kohlenstoff enthält (vgl. Putnam 1982, S. 133 f.)? Die Grundidee dabei ist, dass eine entsprechend „lebensechte" materielle Struktur den Eindruck erwecken soll, man habe „Leben synthetisiert" als notwendige Voraussetzung für die Entstehung des menschlichen Geistes. Solche Vorstellungen sind schon frühzeitig aus der Geschichte der Hirnforschung in der Nachfolge von Galvanis Lehre von der tierischen Elektrizität bekannt (vgl. Oeser 2002).

Abgesehen davon, dass die Simulierung kognitiver Leistungen in informationsverarbeitenden Systemen gerade nicht den Weg eines fiktiven künstlichen Menschen gegangen ist, mit dem unnötigerweise nicht nur menschliches Erkenntnisverhalten, sondern auch die äußerliche Struktur simuliert werden soll, gibt es einen klassischen Einwand gegen das Bewusstsein von Maschinen, der historisch auf die Zeit der Erfindung der ersten Rechenmaschine durch Babbage zurückzuführen ist und von Lady Lovelace formuliert worden ist: „Die analytische Maschine erhebt keinen Anspruch, etwas selbst hervorzubringen. Sie kann nur das tun, was wir ihr zu vollbringen befehlen" (Turing 1965; vgl. Oeser 1976, Bd. 2, S. 70). Dass dieser Einwand unabhängig von der technologischen Entwicklung ist, lässt sich an der Analogie von Computerprogramm und menschlichem Geist demonstrieren. Geht man von der allgemein akzeptierten Definition eines Computerprogramms aus, die besagt, dass ein solches Programm vollständig durch seine formale, d. h. syntaktische Struktur bestimmt ist, dann ist klar, dass bloße Syntax für Semantik nicht ausreicht. Nun ist es gerade die charakteristische Eigenschaft des menschlichen Bewusstseins, mit semantischen Inhalten, d. h. mit Bedeutungen, zu operieren. Denn Bewusstsein wird definiert durch seine Intentionalität, d. h. durch seine Eigenart, auf etwas gerichtet zu sein, was es selbst nicht ist. Daraus ergibt sich die Schlussfolgerung, dass kein Computerprogramm aus eigener Kraft einem System Bewusstsein oder Geist verleihen kann. Oder anders ausgedrückt: Wirkliche Intentionalität ist eine Eigenschaft des Lebendigen. Daher ist auch der Versuch gemacht worden, künstliche neuronale Netzwerke zu konstruieren, die der menschlichen Erkenntnisfähigkeit besser entsprechen als die symbolverarbeitenden Systeme.

Die Vorstellung, einen Roboter herzustellen, dessen Neuronen aus elektronischem Material bestehen, war ja in gewisser Weise bereits ein Grundgedanke der klassischen Automatentheorie von McCulloch und Pitts. Doch stellt ihre Einschränkung auf propositionale Strukturen, ungeachtet ihrer komplizierten mathematischen Formulierungen, eine grobe Vereinfachung dar, wenn man sie zur Modellierung wirklicher Neuronennetzwerke heranzieht. Das hat bereits John von Neumann geahnt, wenn er darauf hinweist, dass die Natur in der Organisation und Funktion des zentralen Nervensystems zeigt, dass sie nicht nur willens, sondern auch in der Lage ist, weiter in Richtung auf Komplexität zu gehen, als es in der Automatentheorie mit Hilfe des digitalen Expansionssystems möglich ist. Das aber bedeutet dann, dass die „Logik eine Pseudomorphose zur Neurologie hin" vollziehen muss. Eine solche grundsätzliche Umorientierung ist nach mehrmaligen Ansätzen heutzutage unter dem Titel „neuronale Netzwerke", „parallel verteilte Prozessoren" oder „Neuroinformatik" als eine Alternative zur klassischen symbolverarbeitenden Künstlichen Intelligenz-Forschung aufgetreten und hat sich rasch in nur wenigen Jahren zu einem umfangreichen interdisziplinären Forschungsgebiet entwickelt. Für die gegenwärtige Diskussion des Gehirn-Bewusstsein-Problems ist dieses Gebiet deswegen relevant, weil es sich hier um eine wesentlich differenziertere Art von Funktionalismus handelt, als derjenige, der durch die traditionelle Analogie von Computer und Gehirn nahe gelegt worden ist.

Geht man jedoch, im Sinne einer realistischen Modellierungsstrategie, wie sie von den Neurobiologen mit Recht gewünscht wird, von den umfangreichen experimentellen Befunden der Neurowissenschaften aus, dann besteht die Gefahr, dass die dadurch entstehende Simulation der Tätigkeit des natürlichen Nervensystems nicht viel besser verstanden wird als das Nervensystem selbst. Wollte man jedoch trotzdem im Sinne einer realistischen Implementierungsstrategie diese neuronalen Verknüpfungsstrukturen des realen Menschenhirns auf künstliche neuronale Netzwerke abbilden, dann steht man vor zwei praktisch unlösbaren Aufgaben:

1. Man müsste die gesamte Evolution der natürlichen Nervensysteme wiederholen, um jenen Komplexitätsgrad zu erreichen, der sich funktional

in der massiven Parallelität der tatsächlichen Operationen des menschlichen Gehirns abspielt.

2. Da beim Menschenhirn der Ontogenese viel mehr überantwortet ist als bei allen anderen lernfähigen Nervensystemen, müsste man in der Implementierung (Einbauung eines Programms) nicht nur das genetisch bedingte, in der Struktur des Menschenhirns verkörperte Wissen, sondern auch das gesamte ontogenetisch erworbene Wissen berücksichtigen. Das aber ist ein Problem, das sich selbst in der Beschränkung auf spezifisches Expertenwissen bereits in der traditionellen künstlichen Intelligenzforschung als praktisch unlösbar erwiesen hat.

Verzichtet man jedoch in konnektionistischen Netzwerkmodellierungen auf die Idee einer übermächtigen künstlichen Intelligenz mit vollständiger Wissensrepräsentation zugunsten der praktisch erreichbaren Zielsetzung, brauchbare Computermodelle für eingeschränkte spezielle Aufgaben zu erstellen, dann ist auch eine vereinfachte Implementierung möglich. Diese Vereinfachung muss aber durch eine neue „computationale" Theorie des menschlichen Geistes begründet werden, die nicht mehr von dem Funktionalismus der klassischen symbolverarbeitenden künstlichen Intelligenzforschung ausgeht, die mentale Zustände mit formal-syntaktischer Symbolverknüpfung identifiziert, sondern diese vielmehr als emergente Eigenschaften von internen Aktivierungszuständen betrachtet, die zu passenden äußeren Verhaltensweisen führen. Auf diese Art entsteht nicht nur eine auf die Prinzipien menschlicher Wahrnehmung und Erkenntnis reduzierte vereinfachte Implementierungstheorie, sondern auch ein vereinfachtes Computermodell des empirisch in seiner Komplexität undurchschaubaren Menschenhirns. Diese vereinfachten Computermodelle partieller menschlicher kognitiver Leistungen können dann auch rückwirkend von heuristischem Wert für die experimentelle biologische Hirnforschung sein. Dies gilt vor allem für jenen Ansatz, der unter der Bezeichnung „Computational Neuroscience" von der Annahme ausgeht, dass das Gehirn ein dynamisches System ist, das nicht nur berechenbar ist, sondern selbst als ein berechnendes System in einem realistischen und nicht nur analogisch-metaphorischen Sinn verstanden werden kann. Die Möglichkeit dazu liefert die moderne mathematische Theorie der dynamischen Systeme.

Das berechnende Gehirn: Computational Neuroscience

Das ursprüngliche konkrete Anwendungsgebiet der Theorie dynamischer Systeme war und ist natürlich die Physik. Bei einem dynamischen System, wie etwa dem Planetensystem oder dem System eines Pendels handelt es sich um einen periodischen Vorgang, den man anschaulich durch eine geometrische Zeichnung wiedergeben kann, die sozusagen ein direktes verkleinertes Abbild des zeitlichen Bewegungsablaufes im Ortsraum darstellt. Ein klassisches Beispiel ist die Darstellung der Schwingungen eines Fadenpendels, bei dem die Kugel stets zu der gleichen Höhe zurückkehrt, von der aus sie fallen gelassen worden ist (vgl. Oeser 1979, Bd. 2, S. 156). Neben dieser „gewöhnlichen" leicht anschaulich erfassbaren Darstellungsweise macht man aber in der Physik von einer abstrakten Darstellungsweise Gebrauch, die auf eine ungewöhnliche Art und Weise anschaulich ist. Es handelt sich um den so genannten „Phasenraum" oder „Zustandsraum". Bei diesem Phasenraum können die Koordinaten irgendwelche Größen sein, welche die Eigenschaften des Systems beschreiben, wie z. B. Geschwindigkeit und Ort, die in diesem Fall nicht separat über der Zeit, sondern direkt gegeneinander aufgetragen werden können. Einem periodischen Vorgang wie der Pendelbewegung entspricht in diesem Phasenraum, der die Bewegungszustände wiedergibt, eine geschlossene Kurve. Und jeder Punkt auf dieser Kurve stellt einen bestimmten Bewegungszustand dar. Bei einem idealen reibungslosen Pendel wird diese Kurve ein Kreis sein. Ein reales Pendel wird aber wegen des unvermeidlichen Reibungswiderstandes irgendeinmal still stehen, wenn es nicht immer wieder angetrieben wird. In diesem Fall ist seine Bahnkurve im Phasenraum spiralenförmig, die immer in demselben Punkt endet. Dieser Fixpunkt höchster Stabilität wird als „Attraktor" bezeichnet, weil er das sich bewegende System in diesen Endzustand hineinzieht. Eine andere Form von Stabilität ist der so genannte Grenzzyklus, der dann entsteht, wenn das reale nicht reibungsfreie Pendel immer wieder angetrieben wird, so dass es immer wieder zu einer bestimmten geschlossenen Bahnkurve im Zustands- oder Phasenraum zurückkehren kann.

Da es sich bei der Theorie der dynamischen Systeme um eine mathematische Theorie handelt, die überall anwendbar ist, je nachdem welche realen Zustände man einsetzen will, lässt sie sich auch auf das Verhalten lebender Systeme übertragen. Dies ist bereits mehrfach geschehen. So wurde das mathematische Modell des Grenzzyklus nicht nur erfolgreich bei Räuber-Beute-Systemen angewendet, sondern auch zur molekulargenetischen Erklärung der Evolution benützt. Wenn schon auf der fundamentalen Ebene der biologischen Grundlagentheorie, der Evolutionstheorie, die mathematische Theorie der dynamischen Systeme erfolgreich angewendet werden kann, dann ist es nicht zu verwundern, dass sie auch zur Erklärung der Hirnfunktionen eingesetzt wird. Hinzu kommt noch die besondere Eigenart des neuronalen Systems, dass es sich nicht nur um ein berechenbares, sondern auch um ein berechnendes System handelt. Worin besteht der Unterschied zwischen berechenbaren und berechnenden Systemen? Die Bahn eines Planeten ist berechenbar, aber der Planet selbst, der seine Bahn verfolgt, berechnet diese Bahn nicht und auch nicht seine wechselnde Geschwindigkeit, sondern gehorcht lediglich einer durch die Umwelt und seiner eigenen physikalischen Struktur vorgegebenen kausalen Dynamik. Dagegen führt das Gehirn als ein aktives lebendiges System von Neuronen, die nach bestimmten Regeln „feuern", fundamentale Operationen durch, die sich am adäquatesten als mathematische Berechnungen darstellen und mit Hilfe einer Rechenmaschine, d. h. eines Computers auch durchführen lassen.

Da es sich aber beim menschlichen Gehirn um ein natürliches System handelt, das tatsächlich auf Grund seiner emergenten mentalen Eigenschaften selbst rechnen kann, muss man zunächst nach den evolutionären Entstehungsbedingungen mathematischer Leistungen wie Gestaltenwahrnehmen, Zählen, Abschätzen usw. fragen, aus denen dann Geometrie, Arithmetik, Wahrscheinlichkeitsrechnung und andere Disziplinen entstanden sind. Im Rahmen einer evolutionären Erkenntnistheorie ist das bereits schon längst geschehen. Es waren gerade auch Mathematiker und Physiker, wie Mach und Boltzmann, die sich damit beschäftigt haben, und nicht nur Biologen und Verhaltensforscher, die den elementaren mathematischen Leistungen bei Insekten, Tauben und Affen nachgegangen sind. Aber was soll die Taubenarithmetik und Affengeometrie zur Erklärung des menschlichen Kulturphänomens Mathematik beitragen? Die Antwort darauf ist, dass die grundlegenden mathematischen Leistungen und Fähigkeiten tief in der Evolution lebender Wesen verwurzelt sind – das heißt, dass sie elementare Ordnungsleistungen zur Bewältigung der Realität sind. Die weitere Entwicklung der Mathematik bzw. ihrer einzelnen Gebiete aus den elementaren Formtypen alltäglichen Handelns, die der Mensch mit den Tieren gemeinsam hat, erfolgt dann in konstruktiven Begründungsschritten, die sich immer mehr von der Sinneswahrnehmung entfernen.

Wenn man daher neuronale Systeme als natürliche berechnende Systeme verstehen will, so muss man davon ausgehen, dass die berechnenden und repräsentierenden Fähigkeiten des Nervensystems kein Resultat irgendeines Designprozesses sind, sondern auf die Dynamik der Evolution zurückzuführen sind. Denn es war die Evolution, die die Fähigkeit zur Repräsentation als überlebensförderndes Konzept entwickelt hat. Mit Hilfe des so genannten „neurocomputationalen“ Ansatzes kann man bereits auf der Mikroebene der Neuronen einen Funktionalismus einführen, der ein Erklärungsmodell liefert, wie Bedeutung im Gehirn entsteht, indem man nur die funktionale Input-Output-Beziehung simuliert (vgl. Peschl 1994, S. 61). Damit wird man auch der fundamentalen Einsicht der funktionalen Neuroanatomie gerecht, die im Unterschied zur klassischen statischen Lokalisationstheorie das Gehirnzentrum nicht mehr als den fixen Ort ansieht, sondern nur als die lokale Organisation des Eintretens und Austretens des Erregungsflusses und der dort stattfindenden primären oder endgültigen Operationen (vgl. Oeser/Seitelberger 1988/95).

Computationale Erklärungen haben den Vorteil, dass sie operational handhabbar sind. Sie sind auf dem Computer simulierbar und damit manipulierbar. Damit lässt sich auf konkret-operationale Weise Informationsverarbeitung im Gehirn im Sinn eines mathematischen Modells als Berechnung verstehen. Doch dieses technologische Modell hat ebenfalls seine Grenzen, vor allem dann, wenn es auf die Tätigkeit einzelner Neurone oder Neuronengruppen beschränkt bleibt. Daher stellt natürlich auch der von der *Computational Neuroscience* zur Verfügung gestellte Mechanismus letzten Endes nur eine grobe, wenn auch nützliche Vereinfachung dar, die zumindest auf einem abstrakten und operationalisierbaren Niveau eine im Prinzip adäquate Beschreibung der Vorgänge liefern kann, wie sie in neuronalen Systemen wirklich ablaufen könnten. Allerdings scheint sich diese Vorstellung nur auf jene einfachen Wahrnehmungsprozesse zu beschränken, von denen man annehmen kann, dass sie in ihrem Ablauf weit gehend mechanisch funktionieren und zu einem für alle Lebewesen einer Art gleichen oder zumindest sehr ähnlichen Resultat führen. Aber wie verhält es sich mit den subjektiven Gefühlen, Emotionen und Willensentscheidungen, die nicht von vornherein voraussagbar oder berechenbar sind? Auch hier kann die mathematische Theorie dynamischer Systeme hilfreich sein. Denn es gibt neben den beiden Grundtypen dynamischer Systeme, die sich entweder durch Fixpunktstabilität oder Grenzzyklenstabilität auszeichnen, einen dritten Typ, der von einem „seltsamen Attraktor“ beherrscht wird: das deterministische Chaos.

Das Gehirn, ein deterministisches Chaos

Als Spezialfall von dynamischen Systemen hat auch das „deterministische Chaos“ seinen Ursprung in der Physik. Zunächst wurden im Rahmen der klassischen Mechanik zwar immer nur jene Systeme behandelt, die sich durch ein besonders stabiles Verhalten auszeichnen. Die Nichtberechenbarkeit und Nichtvoraussagbarkeit, wie sie bei den Glücksspielen auftrat, wurden als „Schwäche des menschlichen Geistes“ (Laplace) betrachtet, die im Prinzip jedoch lösbar sein sollten. Doch zeigte sich eine Art von Nichtvoraussagbarkeit, die sich aus unvermeidbaren, nicht nur linear, sondern auch exponentiell ansteigenden Messfehlern ergab. Solche dynamischen Probleme, bei denen, wie im Billardspiel oder bei den Molekülen von Gasen, nach wenigen Stößen die anfänglich vorhandene Ungenauigkeit um Zehnerpotenzen ansteigt, mussten, weil sie selbst für den Laplace'schen Geist nicht analytisch zu lösen waren, als „Bosheiten der Natur“ angesehen werden. Ein weiteres Beispiel ist die gegenseitige Störung der Planetenbahnen, die zwar auf lange Sicht der Stabilität unseres Sonnensystems nichts anhaben können, jedoch im Prinzip darauf verweisen, dass nicht Instabilität, sondern Stabilität von Systemen die Ausnahme ist.

Das erkannt zu haben ist das Verdienst von Henri Poincaré, der gerade an der klassischen Frage nach der Stabilität des Sonnensystems als erster Naturwissenschaftler jenes Verhalten eines Systems beschrieb, das heutzutage als „deterministisches Chaos“ bezeichnet wird. Denn er hatte zwar in Übereinstimmung mit den klassischen Beweisführungen, die von Lagrange, Laplace und Poisson geliefert wurden, gezeigt, dass es spezielle Situationen gibt, die dauerhafte Lösungen zulassen, aber auch, dass solche komplizierten Systeme von drei und mehr Körpern im Allgemeinen nicht stabil sind. Poincaré hatte zwar das „deterministische Chaos“ erstmals beschrieben, er konnte es jedoch nicht wirklich darstellen. Eine chaotische Umlaufbahn eines Planeten um ein Doppelsternsystem mit zwei gleich schweren Sonnen würde in der klassischen geometrischen Darstellungsweise eher einem Wollknäuel gleichen, der sich in unregelmäßiger Folge einmal um einen Stern und dann um den anderen wickelt. Poincaré war jedoch schon weitsichtig genug, dass er bereits den Ablauf des Wetters und das Verhalten eines „Gases“ aus harten elastischen Kugeln auf solche unstabile Verhaltensweisen zurückführte, bei denen sich keine detaillierten Prognosen liefern lassen, da ihre Entstehung kritisch von den Anfangsbedingungen abhängt.

War damit das klassische methodologische Forschungsprogramm der Physik, alles zu berechnen bzw. berechenbar zu machen, am Ende? Die

Antwort darauf lautet: Nein. Denn gerade im Rahmen dieser konkreten naturwissenschaftlichen Fragestellungen, die sich auf das Problem der Symmetriebrüche in komplexen Systemen beziehen, von denen das so genannte „Chaos“ das hervorragendste, allgegenwärtige Beispiel in allen möglichen Wissensgebieten ist, hat sich die Chaostheorie als ein Teilgebiet der Theorie der dynamischen Systeme entwickelt. Die mathematische Chaostheorie widerspricht jedoch dem Determinismus nicht. Denn auch chaotische Systeme sind „determiniert“ in dem Sinne, dass sie durch Differential- oder Differenzgleichungen vollständig beschreibbar sind. Was bei ihnen jedoch nicht mehr möglich ist, ist eben ihre Voraussagbarkeit: Deswegen spricht man bei solchen Systemen von einem „deterministischen Chaos“. Der Vorteil dieser Theorie ist es, dass auch in physikalischen Theorien das Problem der Komplexität und der daraus resultierenden Nichtvoraussagbarkeit ebenso positiv behandelt werden kann wie in der Biologie, und zwar durch beschreibende Theorien. Denn wenn im Bereich der anorganischen Natur wegen ihrer komplexen Dynamik Voraussagen in ihrem Detail nicht mehr möglich sind, wie z. B. dort, wo in komplexen Systemen Nicht-Linearitäten auftreten, dann gehen auch die physikalischen Theorien in eine Beschreibung des Besonderen über. Diese Beschreibung muss jedoch keineswegs bloß qualitativ sein, vielmehr lässt es die heutige Rechentechnik mit den modernen Computern zu, dass analytisch nicht lösbare nichtlineare Gleichungen iterativ, d. h. rein numerisch Schritt für Schritt gelöst werden können, sozusagen mit Hilfe einer „Experimentalmathematik“. Dies entspricht einer exakten Beschreibung nichtkomprimierbarer zeitlicher Ereignisfolgen, wie sie in den allgemeinen mathematischen Gesetzen der klassischen deterministischen Mechanik dargestellt werden können. Damit tritt nun auch in den exakten Naturwissenschaften die Beschreibung in einer neuen quantifizierten Weise wieder auf, und der traditionelle Unterschied von qualitativ beschreibender und quantitativ messender so genannter „exakter“ Naturwissenschaft verliert seinen Sinn.

Diese Art der quantitativen Beschreibung des Komplexen lässt etwas im mathematischen Modell „sichtbar“ werden, was in jeder qualitativen Beschreibung verdeckt bleibt, nämlich die deterministische Ordnung im Chaos, die durch die Lösungsbahnen von „seltsamen Attraktoren“ dargestellt werden kann. Wenn es um die zeitliche Entwicklung solcher komplexer, d. h. auf Änderungen der Anfangsbedingungen empfindlich reagierender Prozesse und ihrer Lösungsbahnen geht, dann spricht man von der Theorie des deterministischen Chaos. Geht es mehr um die Strukturen, die diese chaotischen Prozesse hinterlassen, dann spricht man von fraktaler

Geometrie, deren bizarrer Reichtum von Formen in einem geradezu grotesken Gegensatz zu der Einfachheit ihres sie erzeugenden Codes oder Algorithmus steht. Solche „fraktale Merkmale“ kann man überall entdecken – sowohl in Landschaften, Gebirgen, Flüssen, Küstenlinien und Wolken als auch in Pflanzen, Gefäßsystemen, Tierorganen und selbstverständlich auch im menschlichen Körper. Lunge, Darm, Herz und Hirn und folglich auch das menschliche Denken und seine Produkte sind fraktale Gebilde. Wer wagt, das schon zu bezweifeln, wenn man bereits festgestellt hat, dass sich bei intelligenten Menschen sehr viel mehr chaotische Hirnwellen finden als bei Menschen mit niedrigem Intelligenzquotienten und sich im Rahmen der Künstlichen Intelligenz-Forschung erwiesen hat, das chaotische Programme mit „verwickelter“ Rekursivität (Rückläufigkeit) kreativer sind als die mit gewöhnlicher Rekursivität. Deshalb entdeckt man auch gerade bei den großen Dichtern und Musikern fraktale Spuren. Und von da aus ist es nicht mehr weit zu der Feststellung, dass auch Sozial- und Wirtschaftssysteme chaotisch-fraktale Gebilde sind und Börsencrashs und politische Krisen ebenso mit den Mitteln der Chaostheorie erklärt werden können, wie ein Herzinfarkt, Psychosen oder ein Wetterumschlag. Ganz offensichtlich betreibt nicht nur der Mensch zeit seines Lebens, sondern die gesamte Natur in ihrer Entwicklungsgeschichte Chaosmanagement. Denn, wie bereits angedeutet, geschieht auch die Evolution der Lebewesen „am Rande des Chaos“.

Darüber hinaus existieren auch experimentelle Hinweise auf chaotisches Verhalten neuronaler Systeme im Tierversuch. In Tierstudien konnte für einzelne Zellen chaotisches Verhalten nachgewiesen werden, so in motorischen und visuellen Arealen bei Affen sowie im Hörsystem bei Katzen oder im Riechsystem bei Kaninchen, das eines der am besten untersuchten Systeme ist (vgl. Elbert et al. 1994, S. 30–32). Hier spielen hochgradig irregulär erscheinende Aktivitätsmuster des Riechkolbens eine Rolle bei der Geruchserkennung. Trainiert man Kaninchen, Gerüche wieder zu erkennen, so lässt sich über Computersimulationen dieser Vorgänge plausibel machen, dass seltsame Attraktoren dabei eine Rolle spielen: Im entspannten Zustand ist die Hirnaktivität chaotisch: komplex und scheinbar zufällig, aber gelenkt von unterschwelligen Ordnungsprinzipien. Wenn das Kaninchen lernt, neue Gerüche zu erkennen, bildet sich ein neuartiger Attraktor aus; alle anderen werden leicht modifiziert. Diese immer neu auftretende Ordnung in der Unordnung hat einen Vorteil für das Kaninchen: Unter natürlichen Bedingungen muss es ja für kleinste Stimuli empfänglich sein und innerhalb kürzester Zeit Gerüche erkennen, elektrophysiologisch gesprochen: andere Aktivitätsmuster bilden, chaostheoretisch ausgedrückt: in einen bestimmten Attraktor „fallen" (vgl. Walter 1999, S. 217). Dieser (Wieder-)Erkennungsvorgang erfordert keinen Vergleich aller gespeicherten Gerüche, kein Suchen in einem Register; es ist ein Vorgang der Mustererkennung durch zeitlich ausgedehnte Musterbildung.

Diese experimentellen Nachweise von chaotischem Verhalten an relativ einfachen Tiergehirnen legen es natürlich nahe, dass auch das hochkomplexe Menschenhirn ein deterministisch-chaotisches System sein könnte, das eine fraktale Struktur besitzt, das heißt im Großen wie im Kleinen durch Wiederholung der gleichen Struktur gekennzeichnet ist. Dass solche Strukturen gerade für organische Systeme charakteristisch sind, hat schon Leibniz vorausgeahnt, wenn er feststellt, dass „die Maschinen der Natur, d. h. die lebendigen Körper, noch Maschinen in ihren kleinsten Teilen bis ins Unendliche sind" (Monadologie § 64). In heutiger Terminologie der Neuronentheorie ausgedrückt: Jede einzelne Nervenzelle ist sowohl eine Recheneinheit als auch ein Kommunikationsapparat für sich. Nicht das Gehirn ist ein Computer, sondern es besteht vielmehr aus Milliarden von Computern, von denen jeder eine interne, höchst komplexe Struktur und chemoelektrische Funktion hat und die alle zusammen ein Netz von Interaktionen bilden, die nicht voraussagbar sind.

Grundsätzlich muss man davon ausgehen, dass die Gehirnaktivität nichtstationär ist, d. h. sich dauernd wie das Wetter ändert. Allein dadurch sind schon lineare deterministische Prognosen nicht möglich. So zeigt sich bereits auf einer relativ geringen Komplexitätsebene, bei dem Feuerverhalten einzelner isolierter Neuronen, chaotisches Verhalten im Sinne einer ausgeprägten Nichtlinearität. Zwar beweist chaotisches Verhalten der Elemente eines Systems noch nicht, dass das System selbst chaotisch ist, aber der extrem hohe Vernetzungsgrad des neuronalen Systems mit positiven und negativen Rückkopplungsschleifen macht es sehr wahrscheinlich, dass Chaos auftritt. Denn die Rückkopplungsschleifen sind das empirische Korrelat zur Rekursion in den mathematischen Gleichungen, die chaotische Abbildungen erzeugen. Sie sind vor allem im Neokortex ausgebildet, dem Teil des Gehirns also, der für kognitive und bewusste Vorgänge unverzichtbar ist. Auf jeden Fall sind jedoch die plötzlichen Ausbrüche elektrischer Erregung bei epileptischen Anfällen als Chaos anzusehen, die in ihren Anfangsphasen geistige Zustände in gesteigerter Weise auftreten lassen. Wie überhaupt krankhafte Zustände, wie Migräneanfälle, Ohrgeräusche und Schizophrenie vielleicht gerade wegen ihres chaotischen Charakters zu kreativen Prozessen in Wissenschaft und Kunst führen können.

5. Der neuronale Geist
Die organismische Perspektive

Geht man davon aus, dass es mit der technischen Konstruktion einer maschinellen Intelligenz zwar gelungen ist, einige Aspekte der funktionalen Eigenschaften und Leistungen des menschlichen Gehirns zu simulieren, nicht aber ein autonomes Bewusstsein hervorzubringen, so stellt sich doch die Frage, wie es dann die Neurone, die Elementarorgane des Gehirns, also die selbst bewusstlosen Nervenzellen schaffen, Bewusstsein und Erkenntnis hervorzubringen.

Die Tätigkeit der Neurone

Die primäre Leistung der Neurone besteht in der Wahrnehmung der äußeren Umwelt, die jedoch keine Abbildung ist. Zwischen der physikalisch-chemischen Wirklichkeit der Umwelt wie der unseres Körpers und den durch sie in Gang gesetzten wirklichen Gehirnvorgängen besteht keine Wesensgleichheit: Sonnenstrahlung, Atemluft, Schallwellen und Gravitation sind völlig verschieden von den ihnen entsprechenden neurophysiologischen Prozessen. Jeder von uns glaubt zwar von sich selbst, dass er direkt in der Welt, die ihn umgibt, lebt, ihre Gegenstände und Ereignisse genau fühlt und in einer realen Zeit lebt. Die gegenwärtige Neurowissenschaft hat jedoch klargemacht, dass jeder von uns der Welt mit einem Gehirn begegnet, das mit dem, was „draußen" ist, über einige Millionen gebrechliche sensible Nervenfasern verbunden ist. Diese sind unsere einzigen lebendigen Verbindungen zur Realität. Diese sensiblen Nervenfasern heben bestimmte Reizmerkmale hervor und vernachlässigen andere. Es werden uns daher nur schmale Ausschnitte aus der Gesamtwirklichkeit der materiellen Welt zugänglich, indem nur bestimmte physikalisch-chemische Merkmale, z. B. elektromagnetische Wellen eines begrenzten Frequenzbereiches, in den Sinnesorganen von den Rezeptoren aufgenommen, zu nervösen Signalen bzw. Signalmustern umgewandelt und erst in dieser Form als Nachricht verarbeitet werden. Das zentrale Neuron ist im Vergleich zu den afferenten (zum Gehirn leitenden) Nervenfasern ein Fabulierer; es ist niemals vollkommen glaubwürdig (Mountcastle 1975; vgl. Eccles S. 311). Das heißt, dass das Nervensystem grundsätzlich nur mit Entsprechungen und Abstraktionen von Wirklichkeit und keineswegs mit dem Weltwirklichen selbst zu tun hat. Im Nervensystem sind alle Informationen und ihre Verarbeitungsprodukte in Signale verschlüsselt, die wieder aus verschiedenen Folgen wechselnder Gruppierungen einer einfachen Elementarerregung, nämlich eines Spannungspulses bestehen, dem so genannten Aktionspotential.

Der Informationsdurchsatz des menschlichen Nervensystems ist überaus groß. Der Großteil des Inputs geht jedoch in nichtbewusste Steuerungsvorgänge ein und nur ein selektiv verdichteter Bruchteil gelangt zum Bewusstsein. Diese extreme Informationsverdichtung erhöht die Wahrscheinlichkeit für treffsichere Input-Output-Beziehungen. Das Gehirnsystem handelt sich also anstelle exakter Determination der Einzelsignale mehr Sicherheit durch massive Parallelität von Informationsverarbeitungsprozessen ein. Diese Art von Informationsverdichtung steht offenbar auch in enger Beziehung zu den zentralnervösen Korrelaten der Lernvorgänge und des rationalen Abstraktionsvermögens. Der hohe Informationsdurchfluss ermöglicht angesichts der Komplexität des Organbaues eine unvor-

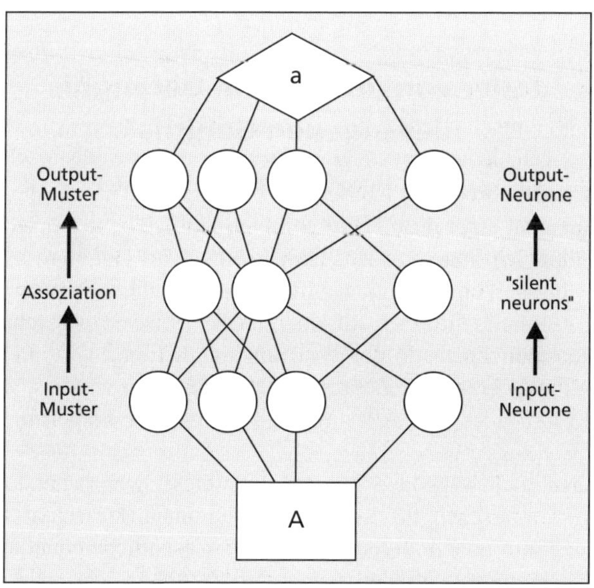

Abb. 4: Neuronales Netzwerk (aus Oeser/Seitelberger 1995).

stellbare Vielfalt von möglichen verschiedenen örtlich-zeitlichen Erregungsmustern, deren exakte Beschreibung nur in höchst begrenztem Umfang möglich, in vollständiger Form aber offenbar aussichtslos ist.

Im Prinzip ist jedoch die Primärstruktur der Informationsverarbeitung auf der neuronalen Ebene bekannt. Es ist das neuronale Netz, das auch in der Evolution der Lebewesen als früheste zentralnervöse Organisation auftrat. Unter einem „neuronalen Netz" versteht man unterschiedlich große Gruppen von Nervenzellen in lückenloser gegenseitiger Verbindung. Der jeweilige Input ergeht an jedes einzelne Element und wird infolge der dichten Verschaltung von allen gemeinsam und gleichzeitig bearbeitet; d. h., der individuelle Beitrag jeder einzelnen Nervenzelle ist in der resultierenden Verteilung der Stärke (Gewichtung) der Verbindungen zwischen den Nervenzellen enthalten. Dieses Gefüge der Beziehungen zwischen den Netzwerkelementen stellt eine relativ stabile, symbolfreie Repräsentation des jeweiligen Inputinhaltes zur weiteren Verarbeitung bereit. Neuronale Netzwerke besitzen einen hohen Grad an Plastizität und somit Lernfähigkeit und verfügen über ein Gedächtnis. Solche Netzwerke vielfältigster Bauart und Größe finden sich im Nervensystem von den Ganglien der Eingeweide und der Sinnesorgane über die mannigfaltigen Typen der zentralnervösen grauen Massen bis zum gewaltigen Netzschichtensystem der Großhirnrinde.

Jeder von uns lebt im Gefängnis des eigenen Gehirns

Die erkenntnistheoretische Konsequenz aus dieser Theorie der Tätigkeit der Neuronen hat einer ihrer Hauptvertreter deutlich genug ausgesprochen: „Jeder von uns lebt innerhalb des Universums – des Gefängnisses – seines eigenen Gehirns. Von ihm gehen Millionen gebrechliche sensorische Nervenfasern aus, die in Gruppen auf einzigartige Weise dazu geschaffen sind, die energetischen Zustände der Welt um uns herum zu sammeln: Hitze, Licht, Kraft und chemische Zusammensetzungen. Das ist alles, was wir jemals direkt davon wissen: Alles Weitere ist logische Folgerung" (Mountcastle 1975; vgl. Eccles S. 332).

Doch eine noch so genaue Beschreibung dieser weit gehend gleichartigen mikroanatomischen Strukturen der Neuronennetze reicht zur Erklärung der nicht nur quantitativen, sondern im Wesentlichen qualitativen Unterschiede in den Erkenntnisleistungen des Menschen oder anderer höherer Lebewesen nicht aus, die mit einem Nervennetz ausgestattet sind. Es wäre

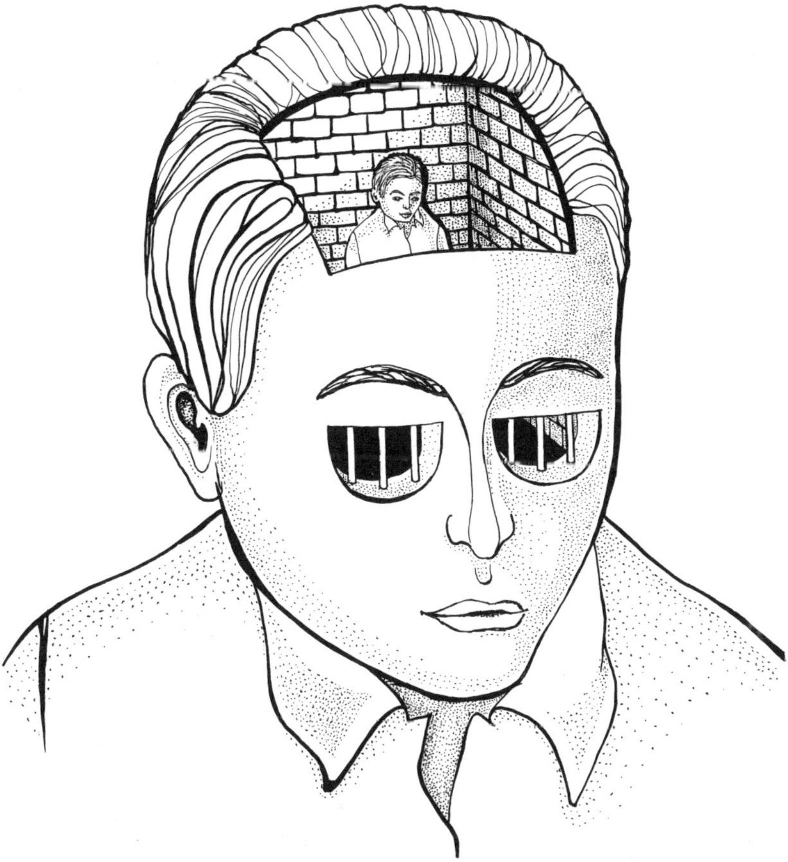

Abb. 5: Das Gehirn als Gefängnis (aus Oeser 1987).
Die moderne Hirnforschung hat gegenüber der alten Sinnesphysiologie die dominierende Rolle des zentralen Verarbeitungssystems hervorgehoben: Die Rezeptoren sind nach heutiger Auffassung nur schmale Schlitze, die lediglich bestimmte energetische Zustände der Umgebung sammeln können. Alles Weitere ist die konstruktive Leistung der höheren Hirnfunktionen.

nicht nur wegen der Komplexität ein hoffnungsloses, sondern auch unsinniges Unternehmen, die materiell-organischen Bedingungen der höheren Erkenntnisleistungen nur auf der Ebene dieser neuronalen Mikrostrukturen zu suchen. Es sind vielmehr die im Laufe der Evolution entstandenen makroanatomischen Hirnstrukturen, die die Voraussetzung für die unterschiedlichen Erkenntnisleistungen bilden, die heute durch Vergleich in einer ansteigenden Reihe von rezenten Lebewesen feststellbar sind. Will man daher Erkenntnistheorie auf neurobiologischer Grundlage betreiben, so muss man den Gesamtbereich der Hirnforschung und vor allem die funktionale Neuroanatomie berücksichtigen. Ohne eine zusätzliche, aber wesentliche Betrachtungsweise auf der – systemtheoretisch gesehen – höheren Makroebene der globalen, hierarchisch überlagerten Makrostrukturen, wie sie sowohl in ihren funktionalen Leistungen als auch anatomischen Strukturen in Erscheinung treten und phänomenologisch beschrieben werden können, ist es nicht möglich, die höheren bewussten Erkenntnisleistungen des Menschen, wie Gedächtnis, Lernen, Denken und Sprache, zu erfassen, die sich alle auf der obersten und größten Integrationsebene, nämlich der Großhirnrinde abspielen.

Die modulare Struktur der Großhirnrinde

Die Großhirnrinde wird auch heute noch wie eine Landkarte (nach Brodmann, vgl. Abb. 6) mit genau lokalisierten Zentren für bestimmte komplexe Funktionen, wie Sinnesempfindungen, Hören, Sehen, Sprechen, Bewegungen sowie für einzelne höhere Hirnleistungen, z. B. Lesen, Rechnen etc., dargestellt. Tatsächlich konnte man im Laufe der Geschichte der Hirnforschung solche regional fixierten Struktur-Funktions-Beziehungen entdecken und immer genauer analysieren (vgl. Oeser 2002). Die Tatsache, dass in der Großhirnrinde gewisse Funktionen „lokalisiert“ werden können, hat aber ihre Ursache nicht allein in der funktionellen Spezifität der betreffenden Hirnanteile, sondern vor allem in der lokalen Organisation einer bestimmten Input- oder Outputkonzentration. Deshalb sind solche Rindenregionen, in denen bestimmte Teile des Informationsflusses ein- oder austreten und primär bzw. endgültig bearbeitet werden, nicht wie früher als statische Zentren zu verstehen, sondern besser als „modale Rindenfelder“ zu bezeichnen, wobei nur eine funktionale Lokalisation von Hirnleistungen – mit gewisser Randunschärfe und möglicher Veränderung der Grenzen – anzunehmen ist.

Das weist auf eine Homogenität der allgemeinen Arbeitsweise der Großhirnrinde hin, die u. a. auch die lange Zeit rätselhaft gebliebene so genannte Plastizität der Hirnleistungen und ihre Restitutionsfähigkeit (vgl. Oeser 2002) nach schweren ausgedehnten Verletzungen erklären würde. Tatsächlich konnte in der Großhirnrinde durch die Hirnforschung der letzten Jahrzehnte eine Struktur identifiziert werden, die den Eigenschaften einer anatomischen und einer funktionalen Lokalisation als Träger dienen

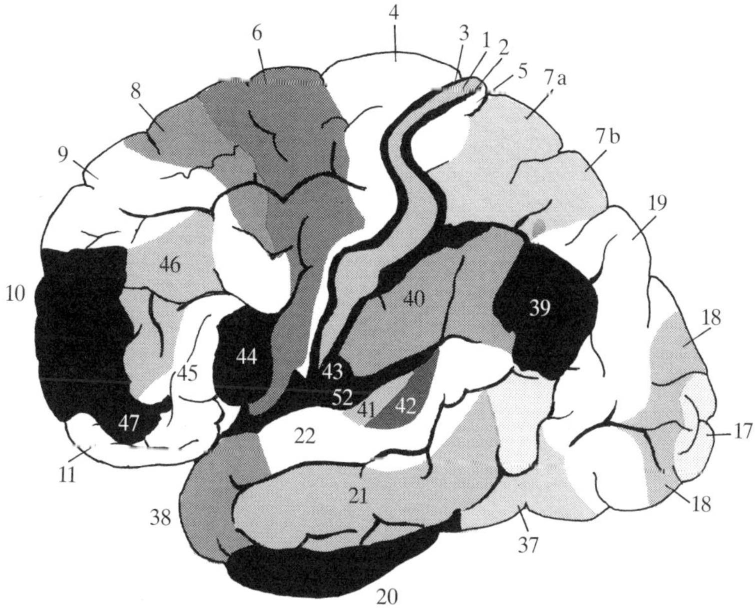

Abb. 6: Großhirnrindenkarte nach Brodmann (aus Oeser/Seitelberger 1995).

kann: der so genannte kortikale Modul (vgl. Abb. 7). Der Modul ist ein zylindrisches Gebilde, das senkrecht zur Rindenoberfläche angeordnet ist und bei 3 mm Höhe einen Durchmesser von 0,5 mm hat. Er enthält bis zu mehreren tausend Nervenzellen in einem bestimmten Schaltplan, gemäß dem der Input regelhaft verteilt und der Signaldurchsatz zum Output hin ebenso in bestimmter Form geordnet wird. Der Modul ist aber keine starre technomorphe Struktur, kein Mosaiksteinchen der Großhirnrinde, sondern eine funktionale Einheit: So können einzelne Nervenzellen an der Tätigkeit von zwei benachbarten Moduln beteiligt sein. Die menschliche Großhirnrinde besteht aus 2 bis 4 Millionen solcher Moduln. Jeder Modul ist mit denen seiner Umgebung sowie mit entfernteren Moduln der gleichen Hemisphäre und über den Hirnbalken auch der kontralateralen Großhirnhemisphäre verbunden. Von Rindenfeld zu Rindenfeld variieren Feingestalt und Fortsatzarchitektur der beteiligten Nervenzellen. Der Grundplan des Moduls bleibt aber unverändert. Daraus geht hervor, dass die Arbeitsweise der Großhirnrinde an jeder Stelle prinzipiell gleichartig ist, dass aber die örtlich differenzierten Gruppen von Moduln für bestimmte Modifikationen der Bearbeitungsprogramme eingerichtet sind. Der für die loka-

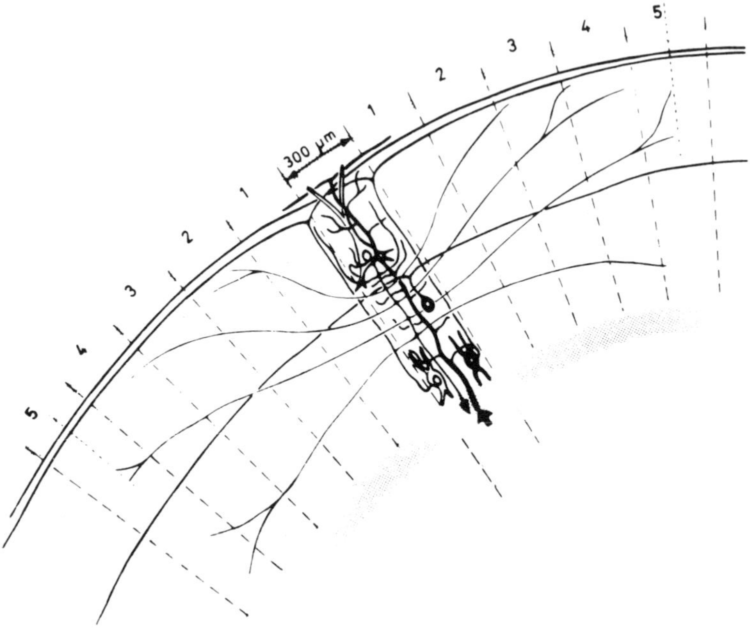

Abb. 7: Schematische Darstellung des kortikalen Moduls und seiner Verbindungen in der Großhirnrinde (nach Szentágothai aus Oeser/Seitelberger 1995).

len Funktionen der Großhirnrinde wesentliche Umstand besteht aber in der Verschiedenheit des Inputs, den die Moduln aus den tieferen Hirnanteilen sowie zum größten Teil aus intrakortikalen Verbindungen, d. h. aus anderen Rindengebieten erhalten. Für die Leistungshöhe der menschlichen Großhirnrinde ist die Zahl ihrer Moduln, somit ihre Größenausdehnung, die hohe Feindifferenzierung ihrer arealen, also gruppenaufweisenden Gliederung sowie das Maß und Muster ihrer Interkonnektivität, d. h. ihrer Verbindungen, von entscheidender Bedeutung.

Aus diesen Merkmalen der modularen Struktur der Großhirnrinde ist bereits zu entnehmen, dass in ihr nicht spezialisierte Funktionen wie in einem Mosaik angesiedelt sind, sondern dass es sich um eine Struktur handelt, die eine unglaublich breite und dichte Verteilungsfunktion und eine Vielfalt differenzierter Verarbeitungsweisen von Information ermöglicht – und zwar dadurch, dass der primäre Erregungszustand eines Moduls, also einer lokalen Nervenzellgruppe, in vielfacher Verzweigung bzw. „Degeneration" des Inputs an andere Gruppen weitergegeben wird. Von denen wird er nach erfolgtem Arbeitsgang entsprechend modifiziert wieder vielfach verteilt und u. a. auch an die Primärgruppe selbst wieder zurückgespielt, um dort als Sekundärerregung neuerlich bearbeitet zu werden. Jede Information an die Großhirnrinde wird somit in gleichartiger, aber differenzierter Weise vielfältig, umfassend und repetitiv bearbeitet, wobei auch die im System selbst bereits vorhandene – strukturell fixierte – Information in die Bearbeitung eingebracht wird. Durch diese umfassende repetitive Erregungsverteilung erfasst das zentrale Nervensystem Zustände seiner selbst, weil intern generierte Signale auf dieselbe Weise in den Informationsfluss eintreten können wie die externen Signale. Dieser Verteilungs- und Wiedereinspielprozess bildet die Grundlage für die Selbstkonstruktion des intentionalen Bewusstseins, das auf einer neuen dynamisch-funktionell aufgebauten Integrationsstufe steht. Denn die funktional beschriebenen „Reflexionsschleifen" und Verteilungsmuster sind nicht als neue Nervenbahnen, sondern als „Funktionsverdichtungen" (Seitelberger 1983) zu verstehen. Dadurch, dass in die menschliche Großhirnrinde alle Informationen, auch die aus der Sphäre der Vitalgefühle und Triebe einfließen, sind die umfassende Auswertung allen Inputs und die weitestgehende Ausschöpfung seines Informationsgehalts gewährleistet. Da über 80 % der Faserverbindungen der Großhirnrinde so genannte intrakortikale, d. h. Verbindungen zwischen ihren Moduln sind, stammt die in der Großhirnrinde bearbeitete Information zum größten Teil aus ihr selbst.

Dieses Funktionsmodell der Hirnrinde mit ihren multiplen parallelen Eingang-Ausgang-Bezügen lässt einfache hierarchische Schemata linearer Art zwar nicht mehr zu, wie es die statische Lokalisationstheorie des 19. Jahrhunderts darzustellen versucht hat. Trotzdem aber ist die massive Parallelität der neuronalen Prozesse mit einer funktionalen Hierarchie vereinbar. Die Grundzüge jener „Landkarte", die in mühevoller Kleinarbeit in die Topologie des menschlichen Großhirns eingezeichnet worden sind, müssen daher nicht gänzlich verwischt werden. Nur die Bedeutung dieser Landkarte ist eine andere geworden. Die einzelnen Orte bedeuten nicht mehr statische Einheiten, sondern veränderbare Schauplätze des neuronalen dynamischen Geschehens.

Der selbstbewusste Geist als aktive Hirnleistungspotenz

Wenn man die seit jeher in der traditionellen Philosophie als unbestreitbar und unzweifelhaft angenommene Existenz des selbstbewussten Geistes als artspezifische menschliche Hirnleistungspotenz ansehen will, dann muss man davon ausgehen, dass Selbstempfinden das Grundelement des Bewusstseins von Lebewesen überhaupt darstellt. Das gilt natürlich auch für den Menschen. Das in seiner Realität unabweisbare unser ganzes Leben begleitende Phänomen dafür ist der Schmerz. Schmerz ist kein auf die Umwelt und auf Gegenstandserkenntnis gerichteter Akt. Er liefert keine objektive Wahrnehmung, sondern informiert subjektiv über aktuelle oder drohende Schädigungen des eigenen Organismus in der emotionalen Form einer unangenehmen Empfindung. Nur Verletzungen der Körperoberfläche verbinden sich mit einer Sinnesmeldung über Ort und Intensität der Schädigung, die erst nach ungefähr einer Sekunde von der eigentlichen Schmerzempfindung gefolgt wird. Der Schmerz wird somit vom Individuum selbst gemacht. Er ist ein hochkomplexes mentales Konstrukt der Gehirnarbeit des Individuums, das auf diese nachdrückliche Weise Kenntnis von seinem eigenen körperlichen Zustand bekommt. Die positive Seite des Schmerzes besteht darin, dass er eine Schutzeinrichtung gegen die Bedrohungen der Umwelt darstellt. Mit der Schmerzempfindung geschieht also erstmalig und unabweisbar die Aufrichtung des Ich gegenüber der Welt und liefert damit auch die Grundlage zur Integration des Bewusstseins zum Selbstbewusstsein. Denn es ist mein Schmerz, den ich empfinde und niemand sonst. Die vom Schmerz ausgelösten Abwehrmechanismen werden zwar überwiegend nichtbewusst instrumentiert und reguliert, aber beim Menschen tritt noch eine bewusste intellektuelle Abwehr hinzu und damit auch die Möglichkeit einer individuellen subjektiven Kontrolle der Schmerzabläufe. Der Versuch, das Schmerzmuster, d. h. die unverwechselbare Struktur des zentralnervösen Erregungsablaufes, die eben Schmerz und nicht irgendetwas anderes bedeutet, nur unter dem Gesichtspunkt der raumzeitlichen Anordnung von Nervenimpulsen zu erklären, wäre, wie auch der Hirnphysiologe Sperry meint, „unglaublich sinnlos". Mentale Ereignisse ereignen sich eben nicht auf dieser Ebene, die zwar die notwendige, aber nicht hinreichende Bedingung darstellt.

Mit dem Schmerz als einem subjektiven mentalen Phänomen ist auch ein Erklärungsansatz für das ganzheitliche Phänomen des Selbstbewusstseins gegeben, das in einem komplexen System immer dann auftreten muss, wenn es selbst mit seinen eigenen intentionalen Elementen interagiert. Diese mentale Selbstreferenz (Selbstbezüglichkeit) hat auf der neuronalen Ebene eine Entsprechung in der in jedem Erkenntnis- und Entscheidungsprozess stattfindenden Selbstorganisation des Gehirns. Denn solche mentalen Prozesse besitzen eine grundlegende strukturverändernde Komponente, die nicht nur eine vorübergehende funktionale Musterbildung von Erregungskonstellationen darstellt, sondern eine Veränderung mikroanatomischer Strukturen der Neuronenverknüpfungen bedeutet, die bis in die molekularen Strukturen des Nervensystems zurückreicht. Daher hat Ramón y Cajal, der Begründer der Neuronentheorie, recht gesehen, wenn er behauptet hat, dass sich unser Gehirn in jedem Erkenntnisakt anatomisch und dynamisch weiterentwickelt (Ramón y Cajal 1933). Auf diese Weise ergibt sich auch eine strukturelle Erweiterung des zentralen Nervensystems im Rahmen der individuellen Ontogenese, die auf selbstorganisatorische Weise in der Auseinandersetzung mit kognitiven Problemen entsteht. Diese selbstorganisatorischen Prozesse im Gehirn sind epigenetischer Art, d. h., sie sind neue Ordnungsstrukturen, die über die bereits vorhandenen, genetisch bedingten Ordnungsstrukturen des Gehirns hinausgehen.

Da die neuronale Gehirntätigkeit von Signalen aus der sinnesvermittelten Umwelt moduliert wird, können alle Umweltmerkmale, die zum Gehirn Zutritt erhalten, auf seine strukturelle Entwicklung Einfluss ausüben. Eben diese Einflüsse gestalten zugleich die neuronale Organisation der kognitiven und intellektuellen Gehirnfähigkeiten, mit denen an riesigen Datensätzen hochkomplizierte logische Operationen und Wahrscheinlichkeitsoperationen durchgeführt werden. Die Resultate dieser Berechnungen können aber nun ihrerseits wieder über die elektrochemische Vermittlung die Genexpression modifizieren. Damit kann das Nervensystem in einzigartiger Weise auf seine strukturelle und funktionale Entwicklung mittels seiner eigenen Leistungsprodukte Einfluss nehmen. Man kann auch sagen, dass das menschliche Gehirn durch seine Fähigkeit der Bildung von Modellwirklichkeit sowie der Antizipation zukünftiger Ereignisse und Handlungsfolgen nicht nur seine eigenen Verhaltensprogramme schafft, sondern auch das zu ihrer Realisierung taugliche Gerät – nämlich das Gehirn – in einem Selbstorganisationsprozess besonderer Art entwickelt. Diese rekursive Entwicklungsspirale bewirkt auch eine Komplexität und Spezifität des individuellen Nervensystems, die weit über der jedes anderen Organs liegt: Sie ermöglicht, dass sich aus der genetischen Information für die Gehirnentwicklung – die zwar im Vergleich zu der anderer Organe groß, an sich jedoch relativ beschränkt ist – die außerordentlich differenzierten und komplexen Strukturen des Gehirns zur menschlichen Leistungspotenz entwickeln können. Man kann daher sagen, dass die genetisch vorgegebenen Architekturen des Gehirns, die in funktionaler Hinsicht sozusagen die phylogenetisch erworbenen Erwartungswerte über die Welt repräsentieren, während der Ontogenese an die realen Gegebenheiten angepasst werden (vgl. Oeser/Seitelberger 1995). Das aber bedeutet, dass das Gehirn kein von vornherein festgelegter Apparat, sondern ein Prozess ist, der als organisch verwirklichte, lebende Theorie seiner realen Umwelt angesehen werden kann.

Der Prozesscharakter des menschlichen Geistes: Der Bewusstseinsstrom

Ausgangspunkt dieser Überlegungen ist ein klassischer Terminus der Psychologie des 19. Jahrhunderts: der „Bewusstseinsstrom“ von William James, der mit seiner „physiologischen“ Psychologie, die er nicht als eine von der Philosophie „abgehackte Naturwissenschaft“ ansehen wollte, daher auch als ein Vorläufer der Neurophilosophie betrachtet werden kann. Diesem Begriff „Bewusstseinsstrom“ liegt ein nicht mehr hintergehbares biologisches Faktum zugrunde, das in der Natur des Lebens selbst liegt. Es besteht darin, dass ein biologischer Apparat, wenn er einmal angelaufen ist, ununterbrochen Tag und Nacht weiterläuft, bis er stirbt. Auch im Sinne des operational definierbaren medizinisch-psychologischen Bewusstseinsbegriffs, der unterschiedliche Grade der Wachheit und Aufmerksamkeit kennt, hört der Bewusstseinsstrom nie ganz auf zu fließen. Das gilt ebenso für die Zeit des Schlafens und der so genannten Bewusstlosigkeit. Es fehlt nur die Kontrolle und Planung: „Im Schlaf sind wir so planlos, wie das überhaupt möglich ist“ (Miller, Galanter, Pribram 1973, S. 65).

Will man aber auf der Ebene des intentionalen Bewusstseinsbegriffs leistungsanalytisch-funktional diesen Strom des Bewusstseins, in dem Erkenntnis stattfindet, untersuchen, so hat auch hier William James eine ebenso heute noch aktuelle wie unentbehrliche Entdeckung gemacht. Sie besteht in der Unterscheidung von „substanzartigen“ *Ruhe*stellen und „transitiven“ *Bewegungs*stellen des Bewusstseinsstromes: „Wie im Leben eines Vogels so herrscht auch hier ein beständiger Wechsel von flüchtiger Bewegung und Ruhe.“ Die Ruhestellen haben „substanzartigen“ Charakter. Sie sind ausgefüllt durch Vorstellungen, die für eine unbestimmte Zeit festgehalten werden und sich nicht verändern. Die Bewegungsstellen kann man dagegen die „transitiven“ Bestandteile des Bewusstseinsstroms nennen, die nichts anderes darstellen als die Übergänge zu den Ruhestellen und als solche überhaupt nicht erfassbar sind, weil das Festhalten dieser Übergangserlebnisse ihrer Vernichtung gleichkommt: „Lasst jemanden versuchen, einen Gedanken in der Mitte entzweizuschneiden und im Querschnitt zu betrachten, da wird er sehen, wie schwierig die introspektive Beobachtung der transitiven Verbindung ist“ (James 1920, S. 158).

Der Übergang von einer Vorstellung zur anderen, von einem Gedanken oder Bewusstseinszustand zum anderen, wird von dem jeweils erreichten Endziel dieses Veränderungsprozesses vollständig verdunkelt. Diese Übergangsbewegung festzuhalten gleicht dem vergeblichen Versuch, das Licht aufzudrehen, um zu sehen, wie die Dunkelheit aussieht. Trotzdem aber bleibt die Kontinuität des Bewusstseins aufrechterhalten. Jeder Bewusstseinszustand wird zwar von einem anderen ersetzt, weil er von außen her durch neue Sinneseindrücke angeregt worden ist. Dieser andere Bewusstseinszustand erfasst aber zusammen mit den neuen Vorstellungen, die ihn selbst entstehen lassen, seinen eigenen Vorgänger. Dadurch aber, dass das zuletzt vorhandene Selbst hinzugefügt wird, wird auch das vorletzte hinzugefügt usw. Denn wer den Besitzer besitzt, besitzt auch den Besitz. James beruft sich in diesem Zusammenhang direkt auf Kant: „Es ist, wie Kant sagt, geradeso, wie wenn elastische Kugeln nicht nur die Fähigkeit der Bewegung, sondern auch das Bewusstsein davon hätten und wie wenn eine erste Kugel ihre Bewegung und ihr Bewusstsein auf eine zweite übertrüge, welche letztere beides in ihr Bewusstsein aufnehmen und an eine dritte weitergeben würde, bis die letzte Kugel alles enthielte, was die anderen Kugeln enthalten hatten und es als ihr eigenes betrachtete“ (James 1920, S. 159). Auf diese Weise entsteht ein Prozess, in dem nicht nur Information übertragen, sondern auch verdichtet wird.

Die bis heute vor allem bei Psychologen weit verbreitete Vorstellung eines kontinuierlichen Bewusstseinsstroms wird zwar meistens – und so auch von Benjamin Libet – auf William James zurückgeführt, aber so kontinuierlich ist der Bewusstseinsstrom bei seinem ersten Entdecker nicht. Er ähnelt in seiner Struktur von diskontinuierlichen transitiven Übergängen, die nicht bewusst erfasst werden können, vielmehr jener Vorstellung, die in jüngster Zeit von Libet selbst vorgeschlagen worden ist. In der von ihm so genannten „Time-on-Theorie“ besteht der Bewusstseinsstrom „aus kurz dauernden Elementen unbewussten Denkens, die dahinsausen, um eine Reihe schwieriger Schritte bei einem komplexen Problem zu vollziehen“ (Libet 2005, S. 146).

William James, der nicht nur mit Recht als Vorläufer des Konnektionismus gilt, kann aber auch als Vorläufer der Theorie des deterministischen Chaos angesehen werden, für die er bereits die systematische Vorarbeit ge-

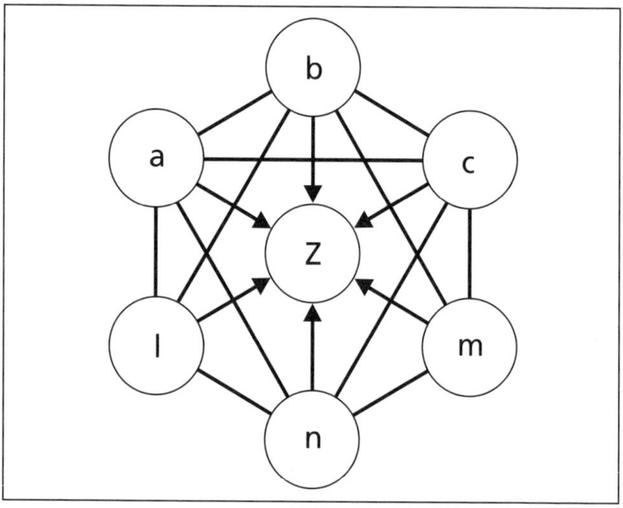

Abb. 8: Zellgruppenverbände (nach W. James 1920).

leistet hat. Denn er nimmt nicht nur im Sinne seiner Assoziationstheorie eine Verbindung einzelner Neurone, sondern explizit im Sinne der neuronalen Gruppentheorie „eine Ausstrahlung“ von Zellgruppe zu Zellgruppe an, von der er hofft, dass sie eines Tages von den Physiologen tatsächlich nachgewiesen werden kann. Die dabei gewählte Anordnung der Zellgruppen, die durch „zentripetale Pfeile“ auf ein Zentrum verweisen, macht auch deutlich, dass hier bereits der „Begriff“ von einem intendierten Gegenstand als eine Art von Attraktor gesehen wird, der erst durch die sich akkumulierenden Eigenschaften entsteht. Er ist nicht vor den einzelnen Eigenschaften und ihren Beziehungen da, sondern ist vielmehr nur eine „Lücke“, in der sich die relevanten Elemente und Beziehungen von selbst hineinziehen: „Die Gehirnerregungen müssen schließlich von selbst in die rechte Bahn gelangen, sonst tappen wir im Dunkeln“ (James 1920).

Besonders die Sehwahrnehmung demonstriert den langen Weg von Konstruktionsschritten, der von einem „Gewimmel von Lichtpunkten und Strichen“ in Area 17, dem „Chaos der Sinnesempfindungen“ – mit den Worten Kants ausgedrückt –, über mehrere topographische Projektionen auf andere Areale konstruktiv umgeordnet und in eine funktional höhere Verarbeitungsweise aufgenommen wird, um mit anderen Sinnesmodalitäten vergleichbar zu sein. Erst dann, wenn diese Schritte durchgeführt worden sind, beginnt das, was man Gegenstandserkenntnis oder Repräsentation nennen kann. Das, was am Anfang jedes Erkenntnisprozesses steht, sind also noch gar keine, wenn auch noch so simple Repräsentationen im Sinne von perzeptiven Einheiten, sondern lediglich invariante Elementarinformationen, die jede für sich vollkommen bedeutungslos sind und erst in ihrem Zusammenhang, der im Innern des Systems selbst hergestellt werden muss, etwas bedeuten können. „Repräsentation“ ist also immer als Informationsverdichtung zu verstehen, bei der die weitaus größte Anzahl potentieller Informationen unterdrückt wird. Das Gehirn selbst arbeitet also primär als eine ungeheure Informationsvernichtungsmaschinerie, in der systemrelativ und systemrelevant nur ein Bruchteil von elementaren Informationen als mögliche Bestandteile von Nachrichten aus der „Umwelt“ des Gehirns, zu der auch der eigene Körper gehört, zugelassen wird. Dazu ist jedoch noch lange kein Bewusstsein nötig. Das Gehirn besorgt diese Auswahl allein, indem es sich der gleichen Grundelemente und -mechanismen bedient, die auch in den „nichtdenkenden“ Teilen des Nervensystems (wie z. B. dem Rückenmark) und in niederen Nervensystemen, denen wir kein Bewusstsein zuzugestehen gewohnt sind, verwendet werden (vgl. Creutzfeldt 1986).

Damit stellt sich nun die Frage, was von den makroanatomischen Strukturen, die in der klassischen Lokalisationstheorie (Meynert) eine entscheidende Erklärungsgrundlage gebildet haben, übrig geblieben ist. Die Antwort darauf lautet: Sie liefern zumindest eine Topologie der kognitiven Funktionen, die evolutionär zustande gekommen ist. Der „Standort“ der kognitiven Funktionen ist eine naturgeschichtliche phylogenetische Realität, die sozusagen auf einem durch lange Zeit ersessenen Recht beruht. Wie rigoros das Gehirn nach einem topologischen Prinzip arbeitet, lässt sich besonders an der optischen Wahrnehmung erkennen. Nicht nur wird jeder neuronale Impuls, gleichgültig auf welche Weise er in den Kortex gelangt ist, nach dem Ort seiner Verarbeitung bewertet, sondern die Verarbeitung selbst geschieht in streng topologischer Weise in verschiedenen Projektionsstufen, wobei die ursprüngliche Zuordnung der rezeptiven Felder verloren geht, so dass unser Bewusstsein einerseits den topologischen Kriterien des Gehirns ausgeliefert ist – selbst das Wissen, dass im eigenen Gehirn eine Reizelektrode in der Sehregion sitzt, verhindert es nicht, zwanghaft eine visuelle Empfindung zu haben (vgl. Roth 1987) –, andererseits gerade auch die Freiheit besitzt, sich mit Hilfe der unspezifischen Verarbeitungsmechanismen von den festgelegten Sinnesempfindungen völlig zu entfernen.

Während also die Sinnesorgane mit den ihnen zugehörigen modalen Rindenfeldern sozusagen an der realen Außenwelt kleben, zu der sie Kontakt haben, befreit sich das interne kognitive System vom Zwang der Sinnesorgane durch seine unspezifischen Verarbeitungsmechanismen auf den intermodalen und supramodalen Leistungsstufen einer sich immer mehr steigernden konstruktiven „Einbildungskraft“, die schließlich auf der metamodalen Ebene des selbstreflexiven Bewusstseins, das in der philosophischen Tradition Vernunft genannt wird, jene unbeschränkte Freiheit gewinnt, die die Grundlage für eine Veränderung der Wirklichkeit ist, in der wir unsere imaginären kognitiven Welten realisieren.

6. Von der Wiege bis zur Bahre
Die entwicklungsgeschichtliche Perspektive

Es ist ein nicht nur in der Alltagsvorstellung bekanntes, sondern auch in der Philosophiegeschichte akzeptiertes Faktum, dass der selbstbewusste Geist des Menschen seine reale Entwicklungsgeschichte hat. Intuitiv sind solche Entwicklungsphasen in der Geschichte der Menschheit schon immer angenommen worden. So hat schon Aristoteles erstaunlich genaue Zeitangaben gemacht, die mit den heute erforschten Lebensstadien des Gehirns sehr gut übereinstimmen, wenn er sagt: „Der Körper (im vorgegebenen Zusammenhang müsste man sagen: das Gehirn) erreicht seine Blüte zwischen dem dreißigsten und fünfunddreißigsten Lebensjahr, die Seele aber um das neunundvierzigste Lebensjahr“ (vgl. Oeser 1987, S. 152).

Kant hat zwar das menschliche Selbstbewusstsein als die konkrete Realisierung einer alle Erkenntnis begründenden Vereinheitlichungsfunktion erkannt und dieses unbestreitbare Faktum auf höchst einfache und plausible Weise dadurch ausgedrückt, dass er sagt, dass das „Ich denke“ alle meine Vorstellungen begleiten muss, sonst wären es nicht meine Vorstellungen. Aber zugleich hat er auch darauf hingewiesen, dass dieses „Ich“ in der Entwicklung des Kindes „ziemlich spät“ und erst, nachdem es sprechen gelernt hat, auftaucht. Zuvor spricht das Kind von sich selbst nur in der dritten Person: „Karl will essen, gehen usw.“ Es scheint ihm, sagt Kant, „gleichsam ein Licht aufgegangen zu sein, wenn es den Anfang macht, durch das Ich zu sprechen: von welchem Tag an es niemals mehr in jene Sprechart zurückkehrt. Vorher fühlte es bloß sich selbst, jetzt denkt es sich selbst“. Die Erklärung dieses Phänomens, fügt Kant hinzu, „möchte dem Anthropologen ziemlich schwer fallen“ (Anthropologie § 1). Darüber kann jedoch heutzutage die Hirnforschung Auskunft geben, indem sie die Entwicklungsstadien des menschlichen Gehirns analysiert, welche die notwendigen Voraussetzungen zur Entstehung des Selbstbewusstseins bilden. Diese entwicklungsgeschichtliche Analyse beginnt jedoch nicht erst bei der Geburt, sondern bereits mit dem befruchteten Ei im Mutterleib, aus dem das neue Individuum und schließlich die neue menschliche Person entstehen. So gesehen hat auch die alte Vorstellung, dass sich das Leben des Menschen „von der Wiege bis zur Bahre“ erstreckt, ihre Gültigkeit verloren. Denn auch der Zeitpunkt des Eintritts des Todes ist unsicher geworden, seitdem es der modernen Intensivmedizin gelungen ist, einen hirntoten Leichnam am Leben zu erhalten.

Entwicklungsphasen des Gehirns

Das Gehirn ist bei der Geburt funktionell und strukturell unreif und entwickelt sich nur in der Wechselbeziehung zwischen seinen genetischen Anlagen und den äußeren Einflüssen aus der Umwelt und Mitwelt weiter. Diese Vorgänge sind zur Zeit der Geburt noch in vollem Gange und erstrecken sich über das erste Lebensjahr hinaus in die frühe Lebenszeit hinein, in gewissen Teilen sogar bis ins dritte Lebensjahrzehnt. Im Allgemeinen schreitet die Reifung des zentralen Nervensystems vom Rückenmark über das Mittelhirn und Zwischenhirn zum Endhirn bzw. zur Großhirnrinde fort. Besonders wichtig ist die Ausbildung der kurzen Nervenzellfortsätze, der Dendriten, welche die Masse der synaptischen Kontakte mit anderen Nervenzellen tragen und in den grauen Gebieten, wo sie dicht verflochten den interzellulären Raum ausfüllen, das so genannte Neuropil bilden. Das Volumenverhältnis zwischen Nervenzellkörpern und Neuropil ist das Maß für die Fortsatzdichte eines Rindengebietes und damit Indikator der neuronalen Interkonnektivität als Bedingung der Funktionshöhe einer Region in der Informationsverarbeitung. Dieses Maß, der so genannte Zellgrau-Koeffizient, ist beim Menschen am höchsten unter allen Lebewesen. Während bei der Geburt das Volumen mancher grauer Gebiete fast zur Gänze von Nervenzellleibern gebildet wird, besteht es ein Jahr später zu 95 % aus Dendriten. Dieses Wachstum ist aber vielerorts von der Stimulation durch den Reizeinstrom in den frühen nachgeburtlichen Entwicklungsphasen abhängig. Besonders für Sinnesleistungen und die darauf ruhenden kognitiven Fähigkeiten ist das auch experimentell bewiesen. Falls in der bestimmten kritischen Entwicklungsphase der spezifische Input (z. B. optische Signale, akustische Reize, Sprache) nicht eintritt, unterbleibt die histogenetische Reifung endgültig, das System degeneriert, die Funktion wird daher nicht voll entwickelt und bleibt für immer auf niedriger Stufe.

Eine derartige Verschränkung von Umwelt und Lebewesen existiert in diesem Ausmaß nur beim Menschen und hat ihren Sitz im Menschenhirn. Die positive Bedeutung der scheinbaren Benachteiligung des Menschen im Vergleich mit Tieren, die bei der Geburt bereits über ein kompetentes Ver-

Abb. 9: Entwicklung der Fortsätze einer Pyramidenzelle (aus Oeser/Seitelberger 1995).

halten verfügen, liegt darin, dass die Universalität des menschlichen Verhaltens, seine Freiheit hinsichtlich seiner Gestaltungsmöglichkeiten, zunächst eine sehr allgemeine, unspezifische Programmstruktur erfordert. Die zu erlernenden spezifischen, erst sekundär teilautomatisierten Unterprogramme, die in nahezu unbegrenzter Zahl denkbar und erwerbbar sind, ersetzen die begrenzten und genetisch fixierten, unflexiblen Verhaltensmuster der Tiere. Jeder Einzelne kann und muss im eigenen Adaptationsprozess die jeweils gegebenen Umweltparameter in der verlängerten postnatalen Reifezeit des Gehirns mittels des Schnellverfahrens der Histogenese und der selektiven Lernprozesse ad hoc in seine Verhaltensstrukturen und Reaktionsprogramme einbauen. Im individuellen Leben erfolgt somit eine gewisse Rücknahme der Entspezialisierung durch die frühe Anpassung an die Gegebenheiten der natürlichen und kulturellen Umwelt.

Im mittleren Lebensalter erfolgen vom Abschluss der Histogenese (Ausbildung des Gewebes) am Beginn des dritten Lebensjahrzehntes an bis in das siebente Lebensjahrzehnt keine spektakulären gestaltlichen Vorgänge. Die Gesamtzahl und lokale Dichte der Nervenzellen und ihrer Fortsätze wie auch die äußeren Maße und Formen des Gehirns bleiben im Großen und Ganzen unverändert. Jeder Lernvorgang kann in den damit befassten Strukturen außer von molekularen Veränderungen auch von Synapsenneubildungen begleitet sein. Aktivitätseinschränkung und Informationsinputverlust können zu Synapsen- und Fortsatzreduktion, also zu so genannten atrophisierenden Veränderungen führen. Lernen und Informationsspeicherung (Gedächtnis) besitzen also feinstrukturelle Substrate und sind daher „epigenetische" Entwicklungsvorgänge. Die Lernvorgänge und die übrige Alltagsarbeit des Gehirns erfordern auch eine neuronale Stoffwechselaktivität zur Regeneration und Erhaltung des Zellskelettes und für den Transport von Wirk-, Nähr- und Signalstoffen im Zellleib. In ihrer Summe sind das gewaltige energetische und formative Mikroprozesse, die das Gehirn in dieser im äußeren organischen Erscheinungsbild eher unauffälligen Zeit des Erwachsenenalters leistet. Den Informationsprozessen im Organ während der mittleren Lebensphase entsprechen im Verhaltensprofil der Ausbau und die Vermehrung der kognitiven Strukturen, der Strategien aktiver Lebenserfahrung und des sozialen Verhaltens, Gewinn von Selbst- und Welterfahrung, Werthaltungen und Entscheidungskompetenz und somit auch das, was man den freien Willen nennt. Der freie Wille ist ebenso wie der selbstbewusste Geist des Menschen nicht von vornherein da, sondern er ist eine entwicklungsgeschichtlich durch Lernprozesse zustande gekommene Leistung der individuellen Persönlichkeit.

Im letzten Lebensstadium des Menschen gehen in den Nervenzellen die bereits geschilderten Grundtätigkeiten zwar unverändert weiter, jedoch stellen sich im Gesamtorgan Veränderungen ein, die unter den Begriff des Alterns zusammengefasst werden. Altern bezeichnet die Gesamtheit und Folge der lebenszeitabhängigen Veränderungen im Organismus mehrzelliger Lebewesen. Es handelt sich um physikalische, chemische und funktionale Veränderungen, die von Organ zu Organ verschiedene Muster von Qualität, Intensität und zeitlicher Dynamik aufweisen. Im Gehirn sind die physischen Alternsvorgänge entsprechend der Kompliziertheit des Organs besonders vielfältig. Das Hauptmerkmal des Alterns im Allgemeinen besteht in der so genannten Atrophie, d. h. der langsam fortschreitenden Verringerung und schließlich dem Verlust der funktionstragenden Elemente; Altern ist aber nicht nur der Preis, den wir für unsere im Laufe der Entwicklung erzielte Differenzierung zahlen müssen, sondern Altern ist selbst auch noch „Entwicklung" (P. Weiss 1966). Der Preis, den jedes Lebewesen im Alter zahlen muss, besteht in der inneren geringeren Resistenz und Adaptionsfähigkeit, die schließlich mit dem Tode endet (Platt 1976, S. 30). Das heißt, wie schon aus den Aphorismen des Hippokrates zu entnehmen ist, die Funktionen werden im Alter störanfällig: Alte Menschen leiden unter Atembeschwerden, Hustenanfällen, Gliederschmerz, Nierenkrankheiten, Harnzwang, Schlaganfällen und Kräfteverfall. Und ihr energetischer Durchfluss ist geringer: Sie haben einen geringeren Nahrungsbedarf als jüngere.

Auch im Gehirnaltern ist die Atrophie die führende Veränderung. Sie besteht in der Verringerung der Anzahl der Nervenzellen, die deswegen so bedeutsam ist, weil die Gesamtzahl der Nervenzellen nach der Geburt nicht mehr durch Zellteilung erhöht wird und sozusagen eine einmalige Ausstattung darstellt. Die lebenslange Identität der Nervenzellen und ihre Unaustauschbarkeit scheinen für die funktionale Stabilität von Zellverbänden und neuronalen Netzen sowie für die Kontinuität des Gedächtnisses und die individuelle Geschichtlichkeit des psychischen Erlebens von Bedeutung zu sein. Im Lebensverlauf dürften von Jugend an täglich bis zu mehreren tausend Nervenzellen in örtlich sehr unterschiedlichem Ausmaß verloren gehen. Angesichts ihrer ungeheuren Zahl ergeben sich daraus zunächst in der mittleren Lebensperiode bis zu 60 Jahren keine Funktionseinbußen; auch das Gehirngewicht bleibt fast unverändert. In der folgenden Lebenszeit aber, im Alter, tritt die Atrophie des Organs äußerlich hervor und Leistungsänderungen werden erkennbar, sobald die Zellverluste bestimmte Grenzen überschreiten. Ein Leistungsabbau erfolgt erst in der letzten Lebensphase im Greisenalter, jenseits des 80. Lebensjahres.

Entwicklungsstufen des Bewusstseins

Die Lebensstadien des menschlichen Gehirns zeigen deutlich, dass jedem einzelnen Individuum die Entwicklung seiner persönlichen Fähigkeiten noch einmal frei zur Verfügung gestellt ist. Die Reihenfolge der einzelnen Schritte der morphologischen Reifung des Gehirns unterliegt zwar einer allgemeinen genetisch bedingten chronologischen Ordnung, individuell wird sie aber in bestimmten kritischen Entwicklungsphasen durch den jeweils spezifischen Umweltreiz bestimmt. Das experimentell gut gesicherte Faktum, dass bei Fehlen der entsprechenden Reizsituation – etwa unter den Bedingungen einer sensorischen Deprivation bei hospitalisierten Kindern oder in den mehrfach nachgewiesenen Kaspar-Hauser-Situationen – die histogenetische Reifung unterbleibt, was sich z. B. durch gravierende Wahrnehmungsausfälle ausdrückt, hat eine bedeutsame erkenntnistheoretische Konsequenz für die Entwicklung des Bewusstseins: Bewusstsein kann nur in der Aktivität des Erkenntnisvorgangs selbst entstehen. Bleibt er aus, so degeneriert das kognitive System und das Bewusstsein bleibt auf niedriger Stufe.

Bereits in der traditionellen Philosophie wurde diese Einsicht einer Stufenfolge des Bewusstseins durch den aus der aristotelischen Scholastik stammenden Begriff der Intentionalität ausgedrückt, der auch später in der Neuzeit von Brentano übernommen worden ist. Dieser intentionale Bewusstseinsbegriff ist genauso wie der empirische Bewusstseinsbegriff in Medizin und Psychologie kein „Alles-oder-nichts"-Phänomen. Wie es Grade der Aktivierung und Aufmerksamkeit gibt, so gibt es auch Stufen der Intentionalität: Die erste Intentionalitätsstufe ist die Akt- oder Handlungsintentionalität. Sie ist die ursprüngliche und grundlegende Form von Intentionalität überhaupt, die bereits im vormenschlichen Bereich anzutreffen ist und zumindest bis zu jenen Lebewesen reicht, die eine neuronale Ausstattung besitzen. Ganz im Sinne des Brentano'schen Intentionalitätsbegriffs kann man sagen, dass in jedem Akt der Zuwendung oder Abwendung sich jemand auf etwas anderes richtet, das man zu erreichen oder vor dem man zu fliehen versucht: „In der Liebe wird etwas geliebt, in dem Hass gehasst, in dem Begehren begehrt usw." (Brentano 1874) Die Intentionalität ist somit ein Schlüsselbegriff zur Erklärung der Struktur jedweden Verhaltens. Sie ist eine Funktion und Leistung des Nervensystems und kann entsprechend der Steigerung der Komplexität des Nervensystems auch in verschiedenen immer komplexer werdenden Formen auftreten. Die zweite Stufe der Intentionalität, die in früheren Zeiten so genannte „materiale" oder „Gegenstandsintentionalität", ist in jede komplexere Handlungsintentionalität (mit vorausgehender Absicht) eingebettet. Sie kann als „Repräsentation" oder als kognitive Intentionalität bezeichnet werden. Denn sie hat Gegenstandserkenntnis zur Voraussetzung. Die dritte Stufe des intentionalen Bewusstseinsbegriffs ist das reflexive Selbstbewusstsein oder der selbstbewusste Geist. Es ist das ganzheitliche Phänomen der Selbstreferenz, das in einem komplexen System auftreten muss, wenn es selbst mit seinen eigenen elementaren intentionalen Zuständen interagiert.

Bedenkt man, dass die biologische Ausreifung des Gehirns erst im dritten Lebensjahrzehnt abgeschlossen ist, so wird deutlich, welch hoher Grad von konstruktiver Hirnleistungspotenz jedem menschlichen Individuum in seiner Entwicklung lebenslang zur Verfügung steht. Denn auch nach Abschluss der histologischen Vollreifung im mittleren Lebensalter befindet sich das Gehirn nicht bloß in einer unproduktiven Erhaltungsphase, sondern entwickelt sich weiter.

Erkenntnistheoretisch gesehen kann auch der auf einer Atrophie des Gehirns beruhende Leistungswandel im letzten Lebensalter einen positiven Charakter haben. Intuitiv wird dieser positive Charakter dadurch beschrieben, dass man sagt, im reifen Alter werden die großen und wesentlichen

Zusammenhänge besser erfasst. Genau diese Fähigkeit ist aber mit der konstruktiven Entwicklung der selbstreflexiven Intentionalität verbunden, die nicht mehr vorwiegend auf das „Einholen" neuer Informationen gerichtet ist, sondern sich mit der Systematisierung und Verarbeitung der eigenen, bereits gewonnenen kognitiven Zustände beschäftigt. Das kognitive System des Individuums schließt sich damit operational, und die dadurch entstandene kognitive Welt wird dann so eng oder so weit sein, wie es dem Individuum während seiner Lebenszeit selbst gelungen ist, den Horizont seiner Erfahrung auszudehnen.

Das Lebensende: Sterben und Tod

Die Hirnforschung hat nicht nur am Beginn des individuellen Lebens durch den Nachweis der Entwicklungsstadien des Gehirns zeigen können, dass das Bewusstsein kein „Alles-oder-nichts"-Phänomen ist. Diese Einsicht gilt auch für das Ende des Lebens. Mit dem Erkenntniszuwachs über die Geschehnisse am Lebensbeginn zwischen Zeugung und Geburt sowie am Lebensausgang zwischen Sterben und Tod wurden aber auch diese Bereiche dem medizinisch-technischen Zugriff ausgesetzt. Die Zeugung und das Sterben sind manipulierbar geworden. Nicht nur ist der Beginn des Lebens durch künstliche Befruchtung und Verhütungsmittel und medizinisch wie juristisch geregelter Abtreibungstechnik rational planbar geworden, sondern es ist auch der Intensiv- und Reanimationsmedizin gelungen, einen Patienten in bestimmten Fällen aus der Zone des Sterbens wieder in das normale Leben zurückzuholen, oder zumindest konnte die einst so schmale Zone des Sterbens durch Verzögerung des Sterbeablaufs beträchtlich verbreitert werden.

Zwar erfolgt auch der natürliche Tod meistens nicht als ein momentanes Ereignis mit totaler Aufhebung des Lebens, sondern im Verlauf eines mehr oder minder langen Sterbeprozesses. Die Bestimmung des Todeszeitpunktes war aber im vortechnischen Zeitalter der Medizin meist kein Problem: Ein Mensch war tot, wenn sein Herz zu schlagen aufhörte und die Atmung aussetzte; denn damit mussten alle anderen Lebensvorgänge erliegen, insbesondere die Gehirntätigkeit und das Bewusstsein, die schon wenige Minuten nach dem Herzstillstand unwiederbringlich erlöschen. Unsicherheiten über den wahren Zeitpunkt des Eintritts des Todes hat es aber trotzdem schon immer gegeben. Das zeigen vor allem die seit der Antike überlieferten Fälle von Scheintoten. In früheren Zeiten waren solche Fälle von tiefer tagelang anhaltender Bewusstlosigkeit, die auch sonst kein Lebenszeichen, wie Atmung und Herzschlag, erkennen ließen, der Anlass über die „Ungewissheit der Kennzeichen des Todes“ nachzudenken und vor „übereilten Beerdigungen“ zu warnen. Bereits im 18. Jahrhundert, als eine Welle der Angst vor dem Scheintod über Europa schwappte (vgl. Kessel 2001, S. 131 ff.), wurde der alte lateinische Spruch „mors certa – hora incerta“ (Der Tod ist gewiss – die Stunde ungewiss) auf bezeichnende Weise abgeändert. In einem sowohl in Frankreich als auch in Italien und Deutschland weitverbreiteten >Medizinischen Hand-Lexikon< (1782) heißt es unter dem Stichwort „Tod“: „Nichts ist gewisser als der Tod; aber seine Zeichen sind ungewiss“.

Anlass dazu war eine Reihe von dramatischen Fällen, unter denen der Scheintod des Johannes Duns Scotus, eines der größten Philosophen des Mittelalters, am bekanntesten war. Er soll sich im Grab den Arm zerbissen haben. Wie in allen anderen Schriften über den Scheintod war es immer der gefürchtete plötzliche Tod durch Ertrinken, Ersticken, Erhängen aber auch Erfrieren, der die Unsicherheit über den wahren Eintritt des Todes hervorrief. Ein besonderer mehrfach belegter Fall war der Scheintod von schwangeren Frauen, der umso tragischer war, weil es dabei immer um ein zweifaches Leben ging. So wird in einem >Noth- und Hilfsbüchlein für Bauersleute< aus dem Jahre 1788 geschildert, wie der Sohn eines Gutsherrn nach dessen Tod eine grausige Entdeckung machte: Man fand die zweite Ehefrau seines Vaters, die als schwangere Scheintote in der Familiengruft beigesetzt worden war, aufrecht sitzend mit dem Gerippe eines Säuglings auf dem Schoß, den sie im Schock des Aufwachens als Frühgeburt noch zur Welt gebracht hatte, bevor sie wirklich qualvoll starb (vgl. Kessel 2001, S. 139). Solche und ähnliche Fälle führten dazu, dass man die Feststellung des Todes den Ärzten und nicht mehr den Leichenbeschauern und Geistlichen überließ, deren Grabreden den Scheintoten oft die größten Qualen verursacht hatten, wenn sie wegen einer totenähnlichen Starre sich zwar weder bewegen noch reden, aber möglicherweise alles hören konnten.

Wie groß die Angst vor dem Scheintod war, zeigt auch die zeitgenössische Literatur und Dichtung, von der die Erzählung über die Scheintoten von dem Meister des Grauens Edgar Allan Poe das eindringlichste Beispiel liefert. Denn dort wird von einer Bestattung einer Frau in der Familiengruft berichtet, die sich später als verhängnisvoller Irrtum erwies. Denn als nach drei Jahren der Ehemann die Tür der Gruft öffnen ließ, fiel ihm das in Leichentüchern gehüllte Gerippe seiner Frau in die Arme. Die Scheintote hatte sich zwar aus ihrem Sarg befreien können, klopfte aber dann vergeblich an der verschlossenen Tür der Gruft, an der sich ihr Leichengewand verhackte, so dass sie in aufrechter Haltung verweste (Poe 1969, 1. Bd., S. 84 f.).

Die innere Enthauptung: Das Hirntodkonzept

Die Angst vor dem Scheintod ist zwar mit den modernen Diagnosemethoden gegenstandslos geworden. Aber mit den durch die technischen Mittel der Intensivmedizin künstlich wiederbelebten, „reanimierten" Hirntoten ist zugleich ein unheimliches Reich zwischen Leben und Tod entstanden, das in seiner bizarren Wirklichkeit alle Einfälle unserer Phantasie übertrifft (vgl. Linke 1993, S. 155 ff.). Solche Hirntote sehen nicht nur wie Schlafende aus, sondern ihr Körper ist noch warm und sie dürfen nach den heute üblichen Diagnosekriterien Rückenmarkreflexe aufweisen. Es können sogar noch komplizierte Bewegungen ablaufen. Ein Hirntoter, auf den dieser Zustand zutrifft, stellt daher für das übliche Verständnis vom Leben und Tod ein unbegreifliches, aber dennoch reales Faktum einer lebenden Leiche dar. In präziser und zugleich anschaulicher Weise ausgedrückt ist der Hirntod nichts anderes als eine „innere Enthauptung" (Seitelberger 1995, S. 120). Denn unter „Hirntod" versteht man den Zustand von besonders schwerer und ausgedehnter Hirnschädigung, der die Bewusstseinsfähigkeit und alle integrativen physiologischen Leistungen des Gehirnes ohne Aussicht auf ihre Wiederherstellung vernichtet. Auch beim traditionellen Herztodkonzept stellt die irreversible Gehirnschädigung, die in diesem Fall wenige Minuten nach dem Herzstillstand eintritt, das eigentlich entscheidende Ereignis dar: Ein Herzstillstand kann temporär reversibel sein; ein physischer Gehirnstillstand ist immer irreversibel.

Ein solcher Zustand trat erstmalig als unerwarteter Befund des medizintechnischen Fortschrittes bei der Wiederbelebung von Patienten in Erscheinung, deren Herz wieder zum Schlagen gebracht worden war, deren Gehirn aber keine Lebenszeichen mehr bot, trotz künstlicher Aufrechterhaltung des Blutkreislaufes im Gesamtkörper und der Lungenatmung. Damit war ein bisher unbekannter Zustand geschaffen worden, bei dem das Gehirn tot war, bevor alle Leibesorgane dem unvermeidlichen Verfall anheim fielen. Der so genannte „dissoziierte Hirntod" war eingetreten, bei dem das Schicksal des Körpers von dem des Gehirnes abgekoppelt ist und das Absterben der Körperorgane durch künstliche Aufrechterhaltung ihrer Vitalfunktionen verhindert wird. Beim Aussetzen der künstlichen Hilfsmittel musste jedoch die Herztätigkeit zum Stillstand kommen und der Verfall der Körperorgane gemäß ihrer Absterbeordnung eintreten.

Bei lebendigem Leib tot zu sein, bedeutet jedoch nicht, ein Sterbender oder ein Scheintoter zu sein. Denn für den Hirntod gelten präzise diagnostische Kriterien, die sich alle auf die irreversible Schädigung des gesamten Gehirns beziehen und sorgfältig von jenen schweren Schädigungen zu unterscheiden sind, die nur Teile des Gehirns wie das Großhirn oder die Großhirnrinde oder die Verbindungen zu den tieferen Anteilen des zentralen Nervensystems betreffen. Auch der Zustand unerweckbarer Bewusstlosigkeit, als permanentes Koma bezeichnet, der auch durch Drogen oder Vergiftungen hervorgerufen werden kann, darf nicht mit dem Hirntod verwechselt werden. Solange das verschonte Stammhirn die lebensnotwendigen Funktionen von Herz und Kreislauf, Atmung und Stoffwechsel spontan aufrechterhalten kann, besteht Leben.

Daher ist auch die für diese Zustände eingeführte Bezeichnung „Teilhirntod" mit den Differenzierungen in „Großhirntod" und „Stammhirntod" nicht zutreffend oder sogar irreführend (Seitelberger 1995). Der unberechtigterweise so genannte Teilhirntod kann entsprechend den betroffenen entwicklungsgeschichtlichen und hierarchischen Ebenen des Gehirns verschiedene klinische Bilder bedingen: Die Zerstörung des Großhirns bzw. der Großhirnrinde führt zum Verlust des Bewusstseins und der bewussten Hirnleistungen. Früher „apallisches Syndrom" genannt, spricht man jetzt von „permanent vegetative state", da das verschonte Stammhirn die Vitalfunktionen von Herz und Kreislauf, Atmung und Stoffwechsel spontan aufrechterhält. Ein solcher Patient ist auch im Sinne des Hirntodkonzeptes, das die irreversible Zerstörung des gesamten Gehirns fordert, nicht tot. Das Gleiche gilt für Patienten mit isolierten Zerstörungen im Stammhirn bei Erhaltung gewisser Großhirnfunktionen. Auch diese Patienten mit einem solchen eher seltenen und nur kurzfristigen Zustand wären als Lebende zu behandeln. Vom Hirntod zu unterscheiden ist auch der so genannte klassische „Locked-In"-Zustand: Bei diesem sind die Verbindungen zu den tieferen Anteilen des Zentralnervensystems durch Läsionen in der Höhe des Mittelhirns blockiert, so dass zwar die Hirnstammreflexe und das Bewusstsein vorhanden, jedoch willkürliche Bewegungen und Sprechen, also Kommunikation, unmöglich sind. Sogar ein Patient mit einem totalen Locked-In-Syndrom, bei dem infolge einer Durchblutungsstörung des Hirnstammes ein vollständiger Bewegungsausfall eintritt, einschließlich des einzigen noch verbliebenen Verständigungsmittels, der senkrechten Augenbewegungen, ist ebenfalls noch als Lebender zu behandeln. Aber das Erleben eines solchen Zustandes scheint nicht anders vorstellbar als ein Horror, in dem man sich nur das raschestmögliche Ende jeglichen

Wahrnehmens und jeglichen Erkennenkönnens wünschen kann (vgl. Spittler 2003, S. 65).

Ob der Leib eines Hirntoten als Leiche oder als noch lebend betrachtet werden kann, ist nicht nur eine Frage der verbalen Definition, sondern lässt sich durch rationale Argumentation im Rahmen der Biologie und Medizin klären. Die im Prozess der Evolution entstandenen lebenden Strukturen, vom vermehrungsfähigen Molekül über Zelle, Organ und Organismus repräsentieren eine gestufte Komplexität mit inhärenter funktionaler Rangordnung, in der das Gehirn, wenn es einmal in der realen Geschichte der Lebewesen aufgetreten ist, die Führung innehat. Mit dem Tod des gesamten Gehirns ist die konstituierende Systemfunktion des Organismus unwiederbringlich und nachweisbar verloren gegangen. Der in Teilen noch überlebende Körper ist Leiche und verfällt, auch wenn er unter Intensivbehandlung wie lebend aussehen sollte, zwar verlangsamt, aber unaufhaltsam der Verwesung. Organe, die ihre Vitalität noch nicht gänzlich eingebüßt haben, sind zwar unter bestimmten Bedingungen wieder belebbar, jedoch nur in gesunden Organismen. Denn die beschränkte Autonomie einzelner vital erhaltener Organe ändert nichts an der objektiv belegten Tatsache des Zerfalls der einheitbildenden, für das Leben unerlässlichen Systemfunktion infolge des Hirntodes. Ein Aggregat leidlich funktionierender Einzelorgane ist kein lebender Organismus. Daher gibt es auch keinen Beleg noch ein Indiz dafür, dass sich im Körper eines Hirntoten die funktionale Ganzheit wieder herstellen könnte. Der häufig geäußerten Befürchtung, von Transplantationsärzten „enteignet" oder gar „ausgeweidet" zu werden, liegt daher eine Fehleinschätzung des Phänomens des überlebenden, künstlich durchbluteten Körpers zugrunde. Dabei handelt es sich jedoch nicht nur um unbelehrte irrationale Vorurteile, sondern um ein handfestes egozentrisches Interesse: Der Organbesitzer, dessen Herz, Lunge oder Leber im Falle seines Hirntodes einen oder mehreren Kranken das Leben retten könnte, möchte auch über den Tod hinaus Herr seines Körpers bleiben (vgl. Seitelberger 1995).

Fest steht jedoch auf jeden Fall, dass ein Hauptgrund für die sowohl medizinische als auch juristische Akzeptanz als auch für die heftige Ablehnung des Hirntodkonzepts seine Relevanz für die Transplantationsmedizin war. Denn der Erfolg der Transplantation von Körperorganen hängt wesentlich von ihrem Vitalitätsgrad ab, auf Grund dessen sie im lebenden Organismus des Empfängers ihre spezielle Organfunktion wieder voll entfalten können. Im dissoziierten Hirntod behält der überlebende künstlich beatmete und durchblutete Körper jenen Vitalitätsgrad, der die beste Voraussetzung für eine Transplantation seiner Organe in anderen kranken

Menschen erfüllt. Gerade aber diese Verbindung von Hirntod und Organtransplantation war von allem Anfang an auch der Gegenstand heftigster Kritik am Hirntodkonzept. So behauptete gleich zu Beginn der diagnostischen Festlegung des Hirntodkonzeptes der Philosoph Hans Jonas, dass es dabei nicht so sehr um das Beenden intensiv medizinischer Maßnahmen, sondern um deren Fortführung zu einem bestimmten Zweck geht. Für ihn sind die klar definierten Ausfallerscheinungen des Gehirns nur als irreversibler Beginn des Sterbeprozesses zu verstehen. Der Todeszeitpunkt werde vorverlegt, um dem Sterbenden zum Zwecke der Organtransplantation Organe entnehmen zu können. Die Organentnahme bei einem solchen Patienten entspricht seiner Meinung nach dem, was unter dem Herztod-Kriterium als „Vivisektion“ bezeichnet werden müsste (Jonas 1969, vgl. Vollmann 2001). Andererseits bestehen nach Jonas keine ethischen Bedenken, wenn Ärzte einen todkranken Patienten durch den Abbruch der intensiv medizinischen Behandlung sterben lassen.

Als Alternative zum Hirntodkonzept wurde im Anschluss an Jonas eine von der Leiblichkeit des Menschen ausgehende Todesdefinition vorgeschlagen (Hoff, in der Schmitten 1995). Das Argument dafür ist, dass bei der Begegnung mit einem anderen Menschen die Erfahrung seiner leiblichen Existenz im Vordergrund steht. In dieser unmittelbaren menschlichen Erfahrung des Gegenübers als Fremdleiblichkeit sind nach dieser Auffassung ethisch so grundlegende Dinge wie Tötungshemmung, Tötungsverbot etc. begründet. Die Frage nach dem Todeszeitpunkt könne sich deshalb nur nach phänomenologischen Kriterien in der zwischenmenschlichen Begegnung orientieren, wie sie z. B. aus Reaktionen von Angehörigen auf den lebendig erscheinenden hirntoten Patienten bekannt seien. Zur Bestimmung einer Todesdefinition bedürfe es daher keiner Wesensdefinition des Menschen, sondern es genüge die Besinnung auf die phänomenologisch-leiblichen Grundstrukturen ethischer Verbindlichkeitserfahrungen. Daraus folge, dass der Leib erst gestorben sei, wenn er sämtliche Vitalfunktionen verloren habe und das System Organismus zusammengebrochen sei. Diesem und ähnlichen Versuchen einer Todesdefinition über die Leiblichkeit werden jedoch mit Recht fehlende Präzision und Relativismus vorgeworfen. Ob ganzhirntote Patienten auf der Intensivstation für tot erklärt werden oder nicht, würde dann vom jeweiligen, subjektiven Eindruck der Angehörigen abhängig gemacht werden, die auch unterschiedliche subjektive Empfindungen äußern könnten. Wenn der Todeszeitpunkt durch den subjektiven Eindruck der Mitmenschen definiert würde, müssten z. B. auch Scheintote für tot erklärt werden, nur weil sie von Mitmenschen als tot erfahren würden. Der ungeprüfte Augenschein stellt daher ein unzuverlässiges und unzureichendes Kriterium dar, das auch viel zu leicht interessenabhängig missbraucht werden kann (Angstwurm 1993, vgl. Vollmann 2001, S. 59).

Eine andere Version, mit dem neurowissenschaftlich begründeten Hirntod-Konzept umzugehen, stellt die historisch-soziologisch begründete These von der Kulturbedingtheit der Todesfeststellung dar. Sie ist zwar nicht direkt gegen das Hirntod-Konzept gerichtet, sondern behauptet, dass der Hirntod wie jede Todesfeststellung beides ist: „Eine biologische Tatsache und ein kulturelles Konstrukt“ (vgl. Schlich 2001, S. 39). Die hinter dieser These stehende Absicht, in der Frage nach der Todesfeststellung „bewusst auf Wertvorstellungen zu rekurrieren“, ist anzuerkennen, weil Naturwissenschaft uns nicht die Last von moralischen und rechtlichen Entscheidungen abnehmen kann. Allerdings widerspricht die Vorstellung, dass die Grenzlinie zwischen Leben und Tod, die diese Entscheidungen leitet, „nichts anderes als eine gesellschaftliche Konstruktion ist“ (vgl. ebda), jeder normativen philosophischen Ethik, die seit jeher die Grundlage für das „richtige Recht“ bildet. Ob ein Mensch als Mitglied einer sozialen Gemeinschaft und als juristische Person bei endgültiger diagnostischer Feststellung des Hirntodes als „tot“ bezeichnet werden kann, hängt davon ab, was für einen Todesbegriff man hat. Denn alle diagnostischen Tests beziehen sich nur auf ein bereits vorher festgelegtes Todeskriterium, das selbst von einer übergeordneten Todesdefinition abhängt. Dieser übergeordnete Todesbegriff ist jedoch kein deskriptiver kulturgeschichtlich relativierbarer, sondern ein normativer Begriff. Denn er bezieht sich auf den Tod einer menschlichen Person und das dabei zugrunde liegende Menschenbild mit all seinen ethischen und moralischen Konsequenzen. Dieses Menschenbild muss sich von einem neurophilosophischen Standpunkt aus gesehen mit der Einsicht in den so genannten „dissoziierten Hirntod“ notwendigerweise verändern. Nicht mehr der kranke Herzmuskel ist für den Menschen unersetzlich, sondern das Gehirn als Sitz des Wahrnehmens, Erlebens, Erinnerns, Nachdenkens, Wollens und Handelnkönnens. Vor diesem Wissen gibt es – zumindest in dieser Welt – keinen Raum mehr für eine Vorstellung eines seelisch-geistigen Daseins unabhängig von einem lebenden Gehirn (vgl. Spittler 2003).

Noch so viele empirische soziologische und historische Untersuchungen über den kulturbedingten Wandel von Werten im Allgemeinen und der Grenzziehung von Leben und Tod im Besonderen können weder den sowohl theoretisch-methodisch als auch empirisch begründeten naturwissenschaftlichen Fortschritt der Erkenntnis vom wahren Zeitpunkt des Todes verschleiern, noch den Absolutheitscharakter normativ-ethischer Forderungen relativieren. Beides zusammen, die neurowissenschaftliche Erkenntnis vom wahren Beginn und dem wahren Ende des menschlichen Lebens und das darauf gegründete normativ-ethische Menschenbild konstituieren das, was man die Neurophilosophie der Person nennen kann.

7. Der Geist fiel nicht vom Himmel
Die evolutionäre Perspektive

Die Evolutionstheorie ist die umfassendste wissenschaftliche Theorie, die in der Geschichte der menschlichen Erkenntnis aufgetreten ist. Sie hat nicht nur Botanik und Zoologie zu einer einheitlichen Wissenschaft vom Leben vereinigt, sondern auch den Abgrund zwischen belebter und unbelebter Natur überbrückt. Während diese Erklärungsleistungen heute kaum noch in Frage gestellt werden, ist die Anwendung der Evolutionstheorie auf den Menschen noch immer umstritten: Trotz der großen Zahl von fossilen Belegen schrecken viele vor diesem Gedanken zurück. Denn Darwins Lehre vom Hervorgehen des Menschen aus dem Tierreich gilt noch immer als Gipfel menschlicher Selbsterniedrigung. Was dabei verloren zu gehen scheint, ist die Sonderstellung des Menschen. Paradoxerweise waren es aber gerade die modernen Evolutionstheoretiker, welche die Einzigartigkeit des Menschen gegenüber allen anderen Lebewesen betont haben. Allen voran der Begründer der synthetischen Theorie der Evolution, Julian Huxley, der vorschlug, den Menschen wegen der einzigartigen Merkmale seines zentralen Nervensystems und der daraus resultierenden Fähigkeit des selbstbewussten Denkens in den Rang eines eigenen Reiches von Lebewesen zu erheben, denen er den Namen „Psychozoa" gab. Denn die Evolutionstheorie macht klar, dass das Menschengehirn das Produkt eines Millionen Jahre dauernden Selektionsprozesses ist, das es dem *Homo sapiens* als lebenden Organismus ermöglicht hat, eine der realen Außenwelt angepasste kognitive Welt aufzubauen, in der man nicht nur leben und überleben kann, sondern auch die reale Welt nach eigenen Vorstellungen umgestalten kann.

Vom neuralen Netzwerk zum Menschenhirn

Betrachtet man die Entwicklung der neuralen Organisation überhaupt, so lassen sich nach heutiger Auffassung drei große Entwicklungsstadien oder -stufen unterscheiden (vgl. Oeser/Seitelberger 1988/95): Die Entwicklung beginnt sehr früh bei den primitiven vielzelligen Organismen mit der Entstehung loser neuraler Netzwerke, die aus Nervenzellen und Nervenzellfortsätzen bestehen und in ihrer einfachsten Form bereits die Arbeitsteilung von afferenten Zellen für die Input-Informationen und efferente Zellen für die Output-Instruktion aufweisen. Auf der zweiten Stufe treten an die Stelle der losen Netzwerke bereits Nervensysteme, die dadurch gekennzeichnet sind, dass Nervenzell-Anhäufungen durch leitende Nervenzell-Fortsätze zu parallelen Strängen entlang der Längsachse des Körpers angeordnet sind. Dabei treten am oralen Pol, an dem sich die Einrichtungen zum Auffinden, Ergreifen und Einnahme der Nahrung befinden, die größten Nervenzellengruppen auf. Der Systemcharakter eines solchen Gebildes ergibt sich aus seiner Totalfunktion, in der jedes einzelne Element, d. h. jede Nervenzelle, mit jeder anderen in Verbindung treten kann. Durch eine solche totale Kooperation ist es möglich, dass eine relativ kleine Anzahl von Nervenzellen eine große Vielfalt von Verhaltensmustern erzeugen kann, wie z. B. bei den Insekten, deren erstaunlich „intelligente" Leistungen auf nur wenigen Gruppen von Nervenzellen beruhen.

Der Mensch aber ist in seiner Evolution nicht den Insektenweg gegangen. Vor etwa 400 Millionen Jahren, als die ersten Wirbeltiere als Amphibien in neue Umwelten mit komplizierteren Bedingungen eintraten, kam es zu einer Zentralisierung des Nervensystems, das die Aktivitäten einer erhöhten Zahl von Nervenzellen integrieren musste. Auf dieser dritten Entwicklungsstufe neuraler Organisation, die mit der Entstehung des zentralen Nervensystems beginnt, spielt sich die Gehirnevolution ab, deren Endprodukt das Menschengehirn darstellt. Ab wann man das zentrale Nervensystem als „Gehirn" bezeichnet, ist eine Definitionsfrage. Voll ausgeprägt ist es dann, wenn alle evolutionär entstandenen Integrationsebenen einschließlich der Großhirnrinde vorhanden sind. Während die Entwicklung von den ersten Ansätzen eines zentralisierten Nervensystems zum voll ausgeprägten Gehirn der jüngeren Säugetiere oder Primaten ein Prozess war, der sich in mehreren 100 Millionen Jahren abspielte, ist die Gehirnevolution der Hominiden in ihrem Zeitablauf damit nicht zu vergleichen. Innerhalb von weniger als 2 Millionen Jahren verdreifachte sich fast das Volumen des Hominidengehirns. Selbst wenn man die Größenunterschiede zwischen den kleinen grazilen Australopithecinen und den schwerfälligen massiven Neandertalern berücksichtigt, sind diese Unterschiede beträchtlich. Diese Volumens- oder Gewichtsvergrößerung des Gehirns geschieht vor allem durch eine rapide Vergrößerung des Neokortex (neuerdings auch „Isokortex" genannt), der das gesamte Gehirn geradezu überwuchert.

Dieses explosive Wachstum der Großhirnrinde macht das Gehirn zu einem „Überschussorgan“, dessen spezifische kognitive Leistungen die ursprünglichen Bedürfnisse seines Trägers bei weitem überschreiten. Wir brauchen daher nicht von der Vorstellung geplagt zu werden, dass eines Tages ein Wesen mit ballonartigem Kopf, veränderter Zahnformel und drei Zehen mitleidig lächelnd in unseren Knochenüberresten herumbohren wird. Nahe gelegt wird diese Auffassung schon dadurch, dass die gesamte Kulturentwicklung des Menschen in geschichtlicher Zeit völlig unabhängig von einer Vergrößerung des Gehirnvolumens war. Denn, wie durch Schädelausgüsse nachgewiesen worden ist, hat sich das Gehirnvolumen seit dem Neolithikum nicht verändert. Und alles scheint darauf hinzudeuten, dass die physische Kapazität des menschlichen Gehirns keiner weiteren Steigerung bedarf, um neue Leistungen hervorzubringen. Es genügt das Ausschöpfen der bereits vorhandenen Möglichkeiten, die nach all dem, was wir von der modernen Hirnforschung wissen, unausschöpflich sind, wenn man bedenkt, dass nach heutigen Schätzungen allein die Großhirnrinde des Menschen etwa 50 Milliarden Nervenzellen enthält (Creutzfeldt 1983 u. a.), von denen jede einzelne bis zu 10 000 Kontakte mit anderen haben kann. Wie aber ist es zur Entwicklung dieses Extremorgans bei den Hominiden gekommen, die alle anderen Extremausstattungen von Lebewesen, wie Hirschgeweihe, Stoß- und Säbelzähne, Panzer- oder Federkleid, bei weitem übertrifft?

Die Entwicklung des Menschenhirns war zunächst notwendigerweise mit mechanischen Realitäten verbunden (Leroi-Gourhan 1980). Denn die Befreiung der Schädelwölbung von den mechanischen Belastungen der Schädelaufhängung und des Gesichtsschädels mit seiner Fressapparatur war zunächst die Voraussetzung für die weitere Hirnentwicklung. Die ersten Amphibien hatten noch den kleinsten Hirnkasten, im Grunde genommen gar keinen. Denn das Kriechen am Boden bringt eine merkwürdige Belastung des Kopfes mit sich. Da die Beine zu kurz sind, bleibt für die Bewegung des Unterkiefers kein Spielraum. Er würde beim Öffnen des Maules gleich am Boden aufstoßen. Also muss sich der Oberkiefer und mit ihm der gesamte Schädelkasten wie der Deckel einer Kiste bewegen. Etwas besser waren dann die bodenfreien vierfüßigen Reptilien dran, deren Kopf auf einem richtigen Hals sitzt, aber noch gänzlich von dem überdimensionierten Fressapparat bestimmt ist. Diese Relation – je größer der Gebissschädel, desto kleiner der Gehirnkasten – setzte sich auch bei den Säugetieren fort. Hinzu kommen noch andere mechanische Belastungen des Kopfes, der oft zum Träger von Angriffs- und Verteidigungswaffen, wie Hörner und Geweihe, wurde. Häufig wurde auch der zur Verfügung stehende Raum des Hirnkastens nicht voll ausgenutzt. Bei manchen Arten

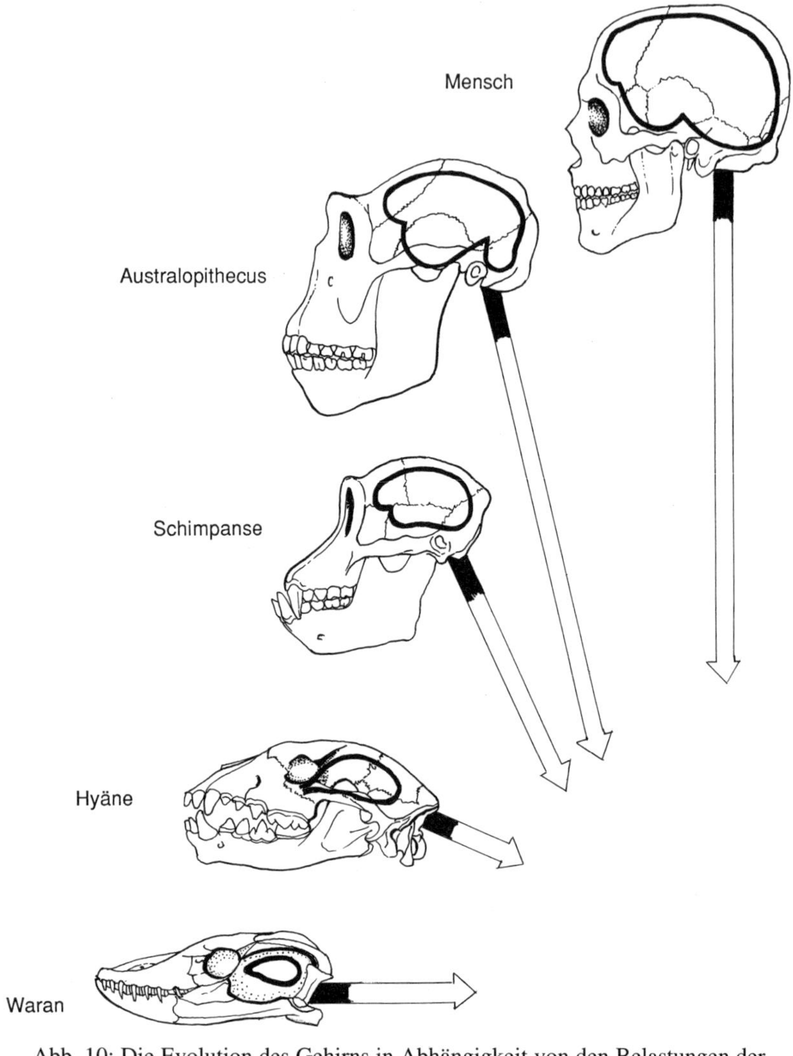

Abb. 10: Die Evolution des Gehirns in Abhängigkeit von den Belastungen der Schädelaufhängung (nach Leroi-Gourhan 1980 aus Oeser 1987).

wiederum, wie z. B. bei den Hunden, wurde der Hirnkasten voll ausgefüllt. Mit der Ausfüllung des Hirnkastens durch die Hirnmasse war zumeist die Blütezeit der betreffenden Art erreicht, aber zugleich setzte eine Stagnation ein.

Zu einem explosiven Hirnwachstum in der Hominidenevolution konnte es erst kommen, als die Reduktion der mechanischen Belastung der Schädelwölbung durch die aufrechte Haltung und die damit verbundene Lage des Hinterhauptloches prinzipiell gegeben war. Erst nachdem das Schädeldach mechanisch entriegelt war, konnte sich die expansive Gewalt des Hirnwachstums entfalten. Damit sind jedoch erst die Bedingungen, aber nicht die Ursachen der Hirnevolution festgestellt. Die natürliche Zuchtwahl mit ihrer infraspezifischen Selektion bringt zwar schrittweise überdimensionierte Hirschgeweihe und andere überspezialisierte Organe hervor, nicht aber das Gehirn, das kein Organ der Spezialisierung, sondern der Generalisierung ist. Die Gehirnevolution ist vielmehr eine der echten Katastrophen der Evolution, bei denen kleine Veränderungen auf der mikroskopischen Ebene große Wirkungen im makroskopischen Bereich hervorbringen. Die kleine Veränderung liegt, wie man annimmt, in den Genen, die die Entwicklungsdauer einiger Teile des Organismus bestimmen. Dass Gene den zeitlichen Ablauf von Prozessen, wie Pigmentierung der Augen oder Wachstum von Organen, beeinflussen, ist schon seit Jahrzehnten bekannt, obwohl man noch kaum weiß, wie diese Gene ihre Wirkung ausüben.

In der Hominidenevolution könnte nun die „einfache Abänderung einiger weniger Gene“ (Bonner 1983) dazu geführt haben, dass das Gehirn schneller und länger wächst als alle anderen Organe und der gesamte Körper, der sein Wachstum verlangsamt und relativ früher einstellt als bei vergleichbaren Arten unter den Primaten, wie Schimpanse und Gorilla. Was dabei herauskommt, nennt man Neotenie, das bedeutet die Beibehaltung juveniler Merkmale beim Erwachsenen. Die Tatsache, dass zahlreiche anatomische Merkmale des adulten *Homo sapiens* den Merkmalen von Affenföten ausgesprochen ähnlich sind, wurde bereits von vielen Biologen ausgeschlachtet. Der Mensch als „nackter“ (Desmond Morris) oder „neotener“ Affe ist eine Vorstellung, die unmittelbar einleuchtend ist, wenn man die Gesichtsmerkmale eines Schimpansenbabys mit dem eines erwachsenen Menschen vergleicht. Die hohe Stirn, das relativ kleine Gebiss, die Form der Ohrmuscheln, der aufrecht gehaltene Kopf auf einem relativ kleinen Körper machen das kleine Affenkind sehr menschenähnlich. Beim erwachsenen Affen verschwinden nicht nur diese menschlich wirkenden Körpermerkmale, sondern auch die damit verbundenen psychischen Eigenschaften. Aus den drolligen, immer fröhlich lebhaften Äffchen werden griesgrämige alte Affen mit großen Ohren, noch größerem Gebiss und fliehender Stirn, deren Hauptbeschäftigung Fressen und Schlafen ist.

Die Vorstellung, dass der Mensch ein ewig jugendliches, ewig lernen-

Abb. 11: Das Prinzip der Neotenie, veranschaulicht durch die größere Menschenähnlichkeit des jugendlichen Schimpansen (aus Oeser 1987).

des Wesen ist, das bis ins hohe Alter, ja bis zum Tod, mit den Eigenschaften des Forschungsdranges, Spieltriebes und der Verhaltensflexibilität ausgestattet ist, erweckt bei den meisten Biologen großen Optimismus für die Zukunft. Aber was haben wir aus diesem Potential gemacht? Die ganze Erwachsenenwelt gleicht heute vielmehr einer Horde griesgrämiger, alter Affen, die ihr gesamtes Wissen hauptsächlich dazu gebrauchen, aus der Erde nicht erneuerbare Energie zu gewinnen, die wegen der Umweltbelastung gar nicht verbraucht werden dürfte, Reichtümer anzusammeln, die man nicht ins Grab nehmen kann, oder Waffen zu erzeugen, um andere zu unterdrücken, die weniger besitzen oder gar Not leiden. Dass die Vermehrung unseres Wissens keineswegs zu einer Verbesserung unseres moralischen Verhaltens führen muss, zeigt die gesamte Geschichte der Menschheit. Kaum eine wissenschaftliche Entdeckung wurde jemals gemacht, ohne dass sie zugleich auch zu einem Werkzeug der Folter und der Vernichtung wurde. Die Erfindung des Rades, die Verwertung und Bearbeitung der Metalle oder die Erfindung des Schießpulvers sind klassische Beispiele dafür. Die auf den Menschen übertragene Evolutionstheorie behauptet daher auch nicht die Notwendigkeit einer absolut parallelen Entwicklung von Wissen, Moral und Religion. Ebenso muss auch der ursprüngliche Unschuldszustand des Menschen als eine Illusion angesehen werden, seitdem man *Australopithecus* als „Mörderaffen" entlarvt und dem Neandertaler eine höchst unangenehme Neigung zum Kannibalismus nachgewiesen hat.

Das dunkle Tal: Vom Mörderaffen zum *Homo sapiens*

Betrachtet man den heutigen Stand der Kenntnisse über die Entstehung des Menschen, so scheint alles darauf hinzuweisen, dass mehrere Entwicklungslinien parallel und unabhängig voneinander das so genannte „Tier-Mensch-Übergangsfeld" durchschritten haben. Diese Möglichkeit, die bis vor kurzem noch kaum ernsthaft von Fachleuten diskutiert wurde, wird heute durch ein sich immer mehr zeitlich wie räumlich verdichtendes Fundnetz nahe gelegt. Dabei muss man allerdings berücksichtigen, dass die meisten Anthropologen in ihrer ersten Entdeckerfreude immer wieder neue Namen erfunden und verwendet haben für etwas, das sich später als artgleich oder sehr nahe verwandt erwiesen hat. Trotzdem bleibt genug an Verschiedenartigkeit übrig, um sagen zu können, dass sich kein einheitlich durchgehender „Rubikon" zwischen Mensch und Tier in dieses Fundnetz einzeichnen lässt. Vielmehr ist diese Grenzlinie durch „Mosaikevolution" von Einzelmerkmalen (z. B. Bipedie [Laufen auf zwei Beinen], Gehirnvolumen usw.) über Millionen von Jahren aufgesplittert, die sich schließlich in einer einzigen Art konzentriert haben.

Damit ergibt sich aber eine Erklärungsmöglichkeit für jenes „Wunder" der „progressiven Enzephalisation" (Gehirnentwicklung), die den Menschen nicht nur zum Tüchtigsten in der Tierwelt machte, sondern zu einem Wesen, das an Überlegenheit alle anderen um ein Mehrfaches überragt. Diese überragende Fähigkeit kann nichts anderes sein als das Resultat eines mörderischen Kampfes im „Tier-Mensch-Übergangsfeld" selbst. Denn wo sind sie geblieben? Alle, die gegenüber der gesamten Tierwelt durch ihr Gehirn besser für den Kampf ums Leben ausgerüstet waren: der Fleisch fressende A-Typus des *Australopithecus*, der ein ausgezeichneter Jäger war, oder der friedliche, aber robuste Pflanzen fressende, Nuss knackende P-Typus, der wegen seiner extremen Kaumuskulatur noch den Scheitelkamm des Gorillas trug, oder der ostasiatische *Homo erectus*, der schon das Feuer kannte, oder der Neandertaler, der ein schwereres Hirn hatte als mancher von uns. Wo sind sie geblieben? Auch alle diejenigen, die wir noch nicht gefunden haben und vielleicht noch finden werden. Die Antwort darauf lautet: Sie waren an ihre Umwelt nicht so gut angepasst wie

Homo sapiens, der letztlich übrig geblieben ist – der intelligenteste und sozialste unter all diesen „Urmenschen“, möglicherweise aber auch der Skrupelloseste. Als unumschränkter Herrscher dieser Welt, über die er sich überall verbreiten konnte, hat er, der allen Lebewesen turmhoch überlegen war, nur einen einzigen wahren Feind: sich selbst. Seine geistigen Fähigkeiten führten auch zu einer anderen Art der Begabung, in der er nach und nach alle anderen Lebewesen ebenfalls übertraf: die unbegrenzte Fähigkeit zu Mord und Totschlag.

Der eigentliche Begründer dieser Auffassung von der ursprünglichen Raubtiernatur des Menschen ist Raymond A. Dart, der Entdecker des *Australopithecus africanus*. In einem Artikel aus dem Jahre 1949, der sich allerdings nur sehr schwer veröffentlichen ließ, stellte er die These auf, dass der von ihm entdeckte „afrikanische Südaffe“, den er für den direkten Vorläufer des Menschen hielt, ein bewaffnetes Raubtier war. Als eine Seitenlinie von dem nicht aggressiven Primatenstamm abgezweigt, lebte dieser „Mörderaffe“, wie ihn Ardrey, der Popularisierer Darts nannte, in den Großsteppen von Transvaal von der Jagd. Der aufrechte Gang und der Gebrauch von Waffen mit den dadurch freigelegten Händen waren eine notwendige Folge dieses Jagdlebens. Gerade aber dieser Gebrauch von Waffen stellte neue und immer vielfältigere Anforderungen an das Nervensystem, um eine Koordination zwischen Muskeln, Tastorganen und dem Gesicht herbeizuführen. Auf diese Weise entwickelte sich das Gehirn, und so entstand ein Vorläufer des Menschen, der anders als seine nächsten Affenverwandten eindeutig ein Fleischfresser war. Ihm fehlte bereits der Knochenkamm am Scheitel seines Kopfes, der den Ansatz für jene alles zermalmenden Kaumuskeln darstellt, die für Pflanzenfresser charakteristisch sind. Seine menschenähnlichen glatten Zähne, die nicht vom Sand der Wurzeln zerkratzt waren, waren auf Fleischnahrung eingestellt. Er war jedoch nicht nur ein hyänenartiger Putzer von toten, alten oder kranken Tieren, sondern auch ein Jäger. Er begnügte sich nicht mit Kleintieren wie Ratten und Mäusen, sondern unter seinen Nahrungsresten fand man eben auch die Gebeine von Pavianen und Antilopen und schließlich auch die der eigenen Artgenossen.

Kannibalismus war in der Steinzeit durchaus keine Seltenheit, sondern die Regel. Er wurde auch dem Neandertaler nachgewiesen und dem *Homo erectus* Ostasiens. Einen Artgenossen oder phylogenetisch nahen Verwandten zu Speisezwecken zu töten ist jedoch im Tierreich keine ungewöhnliche Angelegenheit. So etwas kommt besonders bei Arten mit gewaltigen Vermehrungsziffern vor. Nach der Auffassung vieler Biologen gehört auch der Mensch zu jenen „Totschlägerarten“ – wie Hyänen, Lö-

Abb. 12: Der „Mörderaffe“ Australopithecus
(aus Oeser 1987).

wen und Adlern –, die es sich zumindest in bestimmten Situationen und deswegen, weil sie sehr hoch in der Nahrungspyramide stehen, leisten können, die Zahl ihrer Artgenossen selbst zu reduzieren. Den Charakter einer Totschlägerkultur hat auch die gesamte abendländische Tradition behalten. Denn zur Kulturgeschichte der Menschheit gehören nicht nur die Kunstwerke und architektonischen Bauten, wie Pyramiden, Kirchen und Paläste, sondern auch die Waffenarsenale, Folterwerkzeuge und Hinrichtungsmaschinen. Dass die ursprüngliche Raubtiernatur des Menschen durch den Einfluss von Religion, Kunst und Wissenschaft nicht gelitten hat, zeigen die heutigen Waffensysteme, die alles bisher Dagewesene übertreffen und zu einer moralischen Gemütsverblödung geführt haben, auf der man mit größter Lässigkeit von „Overkill“ und „Megatoten“ redet. Das Abenteuer der Wissenschaft, sozusagen das krönende Resultat menschlicher Erkenntnisfähigkeit, scheint daher auf ein trauriges Ende hinauszulaufen.

Einmal entstanden und weiterentwickelt, hat das Menschenhirn jene Fähigkeit erhalten, in welcher einer der Begründer der Evolutionstheorie, A. Wallace, überhaupt die Sonderstellung des Menschen gesehen hat: Sich mit unverändertem Körper in einer veränderlichen Welt am Leben zu erhalten (Wallace 1864). Diese Fähigkeit ist in der Entwicklung des reflexiven Bewusstseins begründet, das dann auch nicht mehr dem bloßen Überleben, sondern der „objektiven“ Erkenntnis dient. Dazu ist allerdings eine aktive Modifikation der ursprünglichen angeborenen Grundstrukturen der menschlichen Erkenntnisfähigkeit nötig. Die Geschichte der Wissenschaft zeigt, dass es diese Modifikationen tatsächlich gegeben hat.

Der Aufstieg zum Gipfel: Von der Amöbe zu Einstein

Der Ursprung dieser im Menschenhirn so differenziert ausgebildeten Erkenntnisfähigkeit liegt jedoch weit in der Evolution zurück. In seiner einfachsten und fundamentalen Form, wie ihn alle Lebewesen besitzen, ist er bloß ein Mechanismus von „Versuch und Irrtumsbeseitigung“ (Popper 1973). Dieser Mechanismus reicht von der Amöbe bis zu Einstein. Jedoch verändert sich das Verhältnis von interner Kohärenz und externer Korrespondenz mit der Umwelt im Lauf der Evolution. Mit der Zentralisierung des Nervensystems wächst der Anteil der inneren Informationsverarbeitung. Bei der Amöbe ist er wohl gleich null. Ihre Verhaltensweisen kann sie nicht kritisch beeinflussen und geht mit ihnen zugrunde, wenn sie falsch sind. Nur das selbstbewusste Menschenhirn kann seine eigenen theoretischen Konstrukte kritisch eliminieren, ohne sich selbst dabei zu vernichten.

Zumindest seit dem Neolithikum hat sich beim Menschen an dieser Grundstruktur nichts verändert. Weder das „wilde Denken“ der Steinzeitmenschen noch die prätheoretische induktive Wissenschaft der Hochkulturen hat sich auf die unmittelbare Sinneserfahrung beschränkt. Diese wurde vielmehr ständig und in phantastisch abenteuerlicher Weise durch mythische oder religiöse Spekulationen überschritten, die man schon beim Neandertaler kennt. Nicht nur der Himmel über den Steinzeitmenschen, sondern auch das Weltbild der vorderasiatischen Flusszivilisationen waren von bedrohlichen oder freundlichen Mächten erfüllt, die sich das Menschenhirn ausgesponnen hat und deren Phantastik sich aus den geringen Überresten und Dokumenten jener Zeiten nur annähernd erahnen lässt (vgl. Oeser 1987). Was zu dieser Zeit jedoch fehlte, war die Absicherung solcher Spekulationen durch die sich selbst korrigierende wissenschaftliche Beweismethode. Erst durch die Entdeckung der Idee von der „beweisenden Wissenschaft“ konnte dieser stets vorhandene Drang zur Überschreitung der Erfahrung gezähmt und in sichere Bahnen geleitet werden. Der Ursprungsort dieser Idee war bekanntlich das Griechenland des klassischen Altertums und die erste Realisierung dieser Idee war die euklidische Geometrie. Der Vorteil der reinen Geometrie besteht nach Platon gerade darin, dass man sich mit ihrer Hilfe von den wahrnehmbaren Dingen und konkreten singulären Situationen abwenden und den zugrunde liegenden Strukturproblemen zuwenden kann, die hinter den singulären Erscheinungsformen der Situationsaufgaben liegen.

Phylogenetisch wie ontogenetisch handelt es sich dabei um eine Leistung der sensomotorischen Intelligenz in einem vorgestellten idealisierten Raum, in dem ganz bestimmte Bedingungen gelten, über deren Akzeptierbarkeit nicht diskutiert werden kann, weil sie von vornherein einsichtig oder evident sind. Dieses Evidenzerlebnis ist, obwohl es die unmittelbare Sinneserfahrung überschreitet, eine Konsequenz unserer angeborenen Raumanschauung, die auf die kognitive Nische mittlerer Dimensionen angepasst ist, in der Gerade nicht krumm sind und Parallelen sich nicht schneiden. Es verlässt uns daher auch nicht, wenn wir erkennen, dass auch nichteuklidische Geometrien konstruierbar sind, in denen diese Beziehungen nicht mehr gelten. Die euklidische Geometrie ist zwar auch ein Konstrukt unserer Einbildungskraft, aber es ist das erste, das für die menschliche Erkenntnisfähigkeit erreichbar ist. Ohne sie wäre auch der weitere Schritt nicht möglich gewesen, in dem man sich bereits von den Zwängen des phylogenetisch bedingten Erkenntnisapparates befreit hat.

Ernst Mach hat daher Recht, wenn er sagt, dass die Annahme nichteuklidischer Geometrien in der Wirklichkeit „abenteuerlich zum bisher Gewohnten im Gegensatz stehen würde". Denn die Anwendung der nichteuklidischen Geometrie und des vierdimensionalen Raum-Zeit-Kontinuums in der Relativitätstheorie Einsteins führt notwendigerweise zur erkenntnistheoretischen Frage, wie es zu dieser Steigerung der menschlichen Erkenntnisfähigkeit kam, die nötig war, damit eine derartige Theorie überhaupt entstehen konnte. Die Antwort darauf hat Einstein selbst mit einem Modell gegeben (Abb. 13), in dem der Vorrang der theoretischen Begriffsbildung gegenüber der Sinneserfahrung auf anschauliche Weise dargestellt wird.

Für Einstein beginnt der Erkenntnisprozess zwar auch mit der Mannigfaltigkeit der unmittelbaren (Sinnes-)Erlebnisse. Aber für ihn sind diese Sinnes-Erlebnisse, wie er sagt, nicht die fertigen Daten der Empiristen, sondern sie bilden vielmehr ein „Gewirr von Sinnesempfindungen, dessen Charakter der Illusion oder Halluzination gegenüber doch nie vollkommen gesichert erscheint". Begriffsbildung ist für Einstein vom Standpunkt der

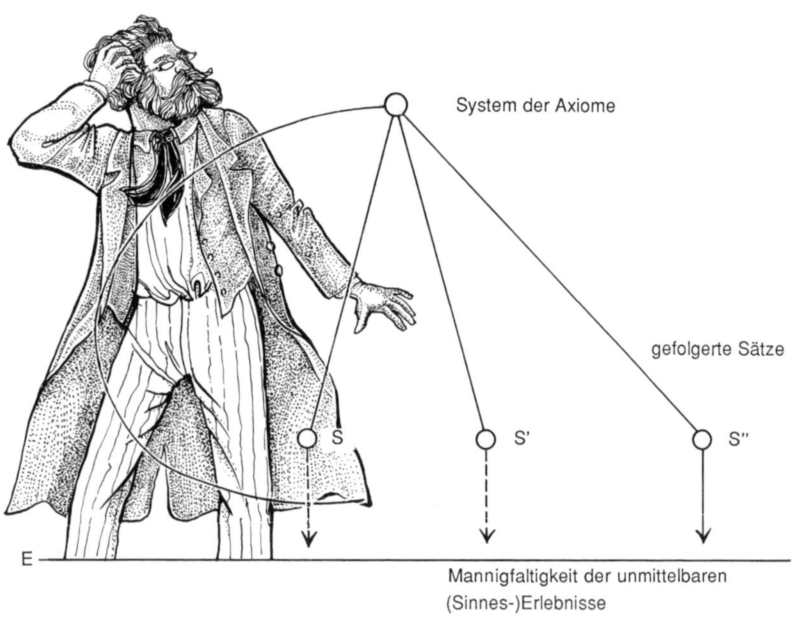

Abb. 13: Einsteins Modell der „tastenden Deduktion"
(nach einer Skizze von Einstein 1956, aus Oeser 1988).

Logik nicht eine Zusammenfassung der Sinneseindrücke, auf die er sich bezieht, sondern der Begriff ist vielmehr eine „freie Schöpfung des menschlichen" oder, wie Einstein ausdrücklich hinzufügt, des „tierischen Geistes" (Einstein 1954, S. 291). Zur sicheren Erfahrung wird diese freie Schöpfung des Begriffs durch die Konstruktion eines logisch einheitlichen Gedankensystems: „In diesem System müssen einzelne Erfahrungen mit der theoretischen Struktur so in Beziehung gesetzt werden, dass das Ergebnis eindeutig und überzeugend ist" (Einstein 1956, S. 120 f.).

Das bedeutet, dass nicht die primäre Sinneserfahrung, sondern die Theorie entscheidet, was wahr ist. Theorien aber fallen nicht einfach vom Himmel, sondern sind das Ergebnis konstruktiven und spekulativen Denkens, das besonders der Wissenschaft eigen ist. Im Modell gesprochen: Von den Erlebnissen führt kein logischer Weg mehr zu den Grundbegriffen und Grundsätzen oder Axiomen einer Theorie. Damit lehnt jedoch Einstein nicht grundsätzlich die Induktion ab. Sie ist für ihn nur für einen frühen Entwicklungszustand der Wissenschaft charakteristisch. So sagt er unmissverständlich: „An die Stelle vorwiegend induktiver Methoden der Wissenschaft, wie sie dem jugendlichen Stande der Wissenschaft entsprachen, tritt die tastende Deduktion" (Einstein 1970, vgl. Oeser 1988, S. 111). So seltsam dieser Begriff der „tastenden Deduktion" für einen formalen Logiker auch sein mag, im Einstein'schen Modell ist er völlig klar: Er bedeutet nach seinen eigenen Worten „ein Suchen nach den logisch einfachsten Möglichkeiten und ihren Konsequenzen". Nicht die Deduktion in ihrer logischen Struktur ist daher unsicher „tastend", sondern sie wird als sicher funktionierendes Werkzeug für die Abtastung der unbekannten Welt auf der Suche nach deren Gesetzmäßigkeiten verwendet. Je mehr es dabei gelingt, sich von der ursprünglichen Basis der Sinneserlebnisse frei zu machen, umso „höhere Begriffsschichten" werden erreicht. Diese Schichten sind gleichzeitig auch Integrationsschichten im Sinn einer Informationsverdichtung. Die Einheit der Begriffe wächst, während ihre Anzahl geringer wird. Am Schluss der Entwicklung steht ein System von denkbar größter Einheitlichkeit und Begriffsarmut, das überhaupt nicht mit der Beschaffenheit des sinnlich Gegebenen vereinbar ist (Einstein 1979, S. 68).

8. Wir sind nicht allein auf dieser Welt
Die ethologische Perspektive

Eine kritische Analyse der Geschichte der Hinforschung (vgl. Oeser 2002) zeigt, dass die anfänglichen Ergebnisse dieses Forschungsbereichs keineswegs an der Untersuchung des normalen gesunden lebenden Menschenhirns gewonnen worden sind, sondern an Untersuchungen von Gehirnen Geisteskranker und Verletzter, an anatomischen Leichensektionen und vor allem an einer geradezu unvorstellbar großen Anzahl von Tierexperimenten, und zwar Vivisektion grausamster Art. Denn mehr als zweitausend Jahre lang war das die einzige Möglichkeit, durch Zerstörung und Abtragung von Hirnteilen und nachträgliche Beobachtung der Verhaltensstörungen Erkenntnisse über die Funktionen des Gehirns zu erlangen. Tausende von Fröschen und Vögeln, wie Tauben und Hühner, und Tausende von Hunden, die billiger und viel leichter zu bekommen waren als Affen, wurden zu diesem Zweck geopfert. Der Hauptgrund für die grausamen Experimente an Tieren liegt darin, dass die „Vivisektion", welche die Natur selbst durch Krankheiten beim Menschen hervorbringt, viel zu langsam ist. Denn um beim Menschen den Grad der Hirnzerstörung genau feststellen zu können, musste erst der Tod abgewartet werden, während man Versuchstiere sofort töten konnte. Begünstigt wurden solche Vivisektionen an fast allen erreichbaren Tierarten durch die weit verbreitete cartesianische Theorie von der Maschinenartigkeit der Tiere, die diesen Lebewesen im Unterschied zum Menschen kein Schmerzempfinden zugeschrieben hat.

Woher aber konnte man wissen, dass solche Vivisektionen an den Gehirnen von Tieren für die Erkenntnis des Menschenhirns relevant sind? Die Antwort darauf hat natürlich erst die Evolutionstheorie gegeben. Denn erst die Evolutionstheorie hat klargemacht, dass das Menschengehirn das Produkt eines einige Millionen Jahre dauernden Selektionsprozesses ist, in dem die gesamte Tierwelt eingeschlossen ist. Damit stellt sich auch notwendigerweise die Frage nach dem Bewusstsein und dem freien Willen der Tiere, insbesondere der höheren Säugetiere, wie Hunde und Affen, an denen traditionellerweise derartige Experimente durchgeführt worden sind.

Das Bewusstsein der Tiere

Wenn man aber die Ergebnisse der Evolutionsbiologie und der vergleichenden Verhaltensforschung mit einbezieht, muss man unterschiedliche Stufen des Bewusstseins unterscheiden und dementsprechend unterschiedliche Stufen dessen, was man Wille oder freier Wille nennt. Der Pionier dieser Problemstellung ist Donald R. Griffin, berühmter Verhaltensphysiologe, Mitentdecker der Echolotung der Fledermäuse, Fachmann der Orientierung und des Heimfindevermögens von Tieren. Auf ihn kann man sich vor allem deswegen berufen, weil das Wort eines etablierten Fachbiologen über das strittige und verfemte Thema „Bewusstsein bei Tieren“ innerhalb der Wissenschaft ernster genommen wird, als wenn sich ein Fachfremder zu diesem Thema äußert; etwa, wenn ein Mensch, so wie ich selbst, aus der Sicht seiner persönlichen Bindung an einen befreundeten Hund behauptet, auch der habe eine Seele (vgl. Oeser 2004). Griffin ist sich aber auch selbst der kontroversen Natur seiner Überlegungen durchaus im Klaren und versucht dies in einem Gradienten der wissenschaftlich diskutablen Begriffe darzustellen, vom Akzeptablen = OK zum Anrüchigen = TABOO (vgl. Schleidt 1992).

Tabelle der mentalen Zustände (nach Griffin aus Schleidt 1992).

OK	
PATTERN RECOGNITION	MUSTERERKENNUNG
NEURAL TEMPLATE	NEURALE SCHABLONEN
SOLLWERT	SOLLWERT
SEARCH IMAGE	SUCHBILD
AFFECT	AFFEKT
SPONTANEITY	SPONTANEITÄT
EXPECTANCY	ERWARTUNG
COVERT VERBAL BEHAVIOR	SUBVOKALISATION
INTERNAL IMAGE	VORSTELLUNG
CONCEPT	BEGRIFF
UNDERSTANDING	VERSTEHEN
INTENTION	ABSICHT
FEELING	GEFÜHL
AWARENESS	GEWAHR WERDEN
MENTAL EXPERIENCE	MENTALE ERFAHRUNG
MIND (MENTAL)	GEIST (MENTAL)
THOUGHT	GEDANKE
CHOICE	WAHL
FREE WILL	FREIER WILLE
CONSCIOUSNESS	BEWUSSTSEIN
TABOO	

Griffin hatte in der Verteidigung des tierischen Bewusstseins in keinem Geringeren als Charles Darwin einen großen Vorläufer, der fast die gesamte Skala der Bewusstseinszustände den Tieren zugesprochen hat. Ja, er war sogar der Meinung, dass zwischen den so genannten höheren Säugetieren, wie Hunde und Affen, und dem Menschen keine fundamentalen Unterschiede bestehen, sondern lediglich graduelle Abstufungen (Darwin 1875, S. 85). Während die Zeitgenossen und Anhänger Darwins, allen voran Alfred Brehm, sich seinen Vorstellungen nicht nur anschlossen, sondern sie noch bis in eine extreme Anthropomorphisierung steigerten, wurden bald danach Fragen nach dem Bewusstsein zu einem Taboo sowohl für behavioristische Psychologen als auch Ethologen, die damit die Grundlage der modernen Theorie der Seelenlosigkeit der Tiere lieferten (vgl. Oeser 2004, S. 22 ff.). Anlass dazu boten nicht nur die bloß in Anekdoten beschriebenen Verhaltensweisen von Tieren, die von Darwin und seinen Zeitgenossen als Belege für das Vorhandensein von Bewusstsein, Denken und Fühlen vorgebracht wurden, sondern auch jene fragwürdigen, zum Teil sogar betrügerischen Vorführungen von sprechenden, lesenden oder rechnenden Hunden oder Pferden, welche die Tierpsychologen schließlich zur der Meinung veranlassten, dass jede Annahme, Tiere könnten höhere geistige Fähigkeiten besitzen, nur zu Demütigung und Schande führen muss (vgl. Coren 1995, S. 97).

Die wissenschaftliche Richtung, die im Grunde genommen die cartesianischen Vorstellungen von der Seelenlosigkeit der Tiere im 20. Jahrhundert fortsetzte, war der so genannte Behaviorismus. Ihre Hauptvertreter, die amerikanischen Psychologen John Watson und B. F. Skinner, versuchten, eine streng wissenschaftliche Psychologie zu entwickeln, die sich nur auf objektiv beobachtbare Verhaltensweisen stützen sollte. Obwohl sie die Existenz von Gefühlen, Gedanken und anderer geistig-seelischer Regungen weder bei Menschen noch bei Tieren leugnen konnten, behaupteten sie, dass diese, weil nicht direkt beobachtbar auch nicht wissenschaftlich erfassbar seien. Viele von ihnen lehnen auch heute noch jede Art des „Mentalismus“ so heftig ab, als sei er eine tödliche Pest (Griffin 1990, S. 38). Die Ablehnung jeglicher Beschäftigung mit Bewusstsein und subjektiven Gefühlen geht so weit, dass manche Psychologen auch beim Menschen prinzipiell ihre Existenz oder zumindest ihre wissenschaftliche Erforschbarkeit abstreiten. In einer krassen Form solcher Verleugnung argumentierte Harnard (1982), dass erst, nachdem unsere Gehirnfunktionen bestimmt haben, was wir tun wollen, eine Illusion von Bewusstsein entstehe im Verein mit dem irrigen Wahn, wir hätten eine Wahl getroffen oder Kontrolle über unser Verhalten gehabt (vgl. Griffin 1990, S. 26). Die heutzutage von den Neurowissenschaftlern (Libet, Singer, Roth) ausgelöste Diskussion um den freien Willen hat also bereits in der behavioristischen Psychologie ihre Vorläufer. Paradoxerweise lieferte die Verleugnung der wissenschaftlichen Erfassbarkeit des tierischen Bewusstseins die Grundlage für eine Problemstellung, die im Rahmen der Identitätstheorie zu unlösbaren Schwierigkeiten geführt hat: das so genannte Qualia-Problem.

Das Qualia-Problem und die Fledermaus

Qualia sind die subjektiven Erlebnisqualitäten von mentalen Zuständen. Sie werden jeweils nur von dem Subjekt erfahren, das in dem entsprechenden mentalen Zustand ist. Es geht daher um den subjektiven Charakter von Erfahrungen, Empfindungen und Gefühlen, wie Schmerz, Freude, Angst oder Trauer. Man weiß, wie es ist, solche Gefühle oder Empfindungen zu erleben, und kann sie wiedererkennen und unterscheiden. Sie können aber nicht auf physikalische, physiologische, neurale Zustände zurückgeführt werden. Denn gerade bei jeder naturwissenschaftlichen Beobachtung, bei jedem naturwissenschaftlichen Experiment wird von solchen Qualia abstrahiert. Sie dürfen keinen Einfluss auf das Ergebnis haben. Bei der Erforschung des Bewusstseins lassen sich jedoch Qualia nicht ignorieren. Denn es ist die Art und Weise, wie sich das Bewusstsein manifestiert. Es sind die phänomenalen oder gefühlten Eigenschaften. „Phänomenal" heißt: Sie sind Erscheinungszustände, „wie die Dinge uns Menschen" oder genauer „mir", einem bestimmten Subjekt erscheinen. Gerade deswegen, weil die Erfahrung solcher qualitativen Erscheinungszustände nur mir selbst passiert, d. h. nur in der ersten Person Singular passiert, scheint ihre Darstellung in einer objektiven oder kausalen unpersönlichen Weise nicht möglich zu sein.

Manche Vertreter der modernen Philosophie des Geistes vermuten sogar, dass auch nichtmenschliche Lebewesen dieses Bewusstsein des eigenen mentalen Zustandes besitzen. Deshalb stellte Thomas Nagel (1974) die Frage: „Wie ist es, eine Fledermaus zu sein?" Denn die Frage, ob ein Organismus überhaupt bewusste mentale Zustände hat, heißt nach seiner Meinung im Wesentlichen, dass es irgendwie ist, dieser Organismus zu sein. Der Grund für eine solche Annahme ist, dass jedes subjektive Phänomen mit einer ganz bestimmten Perspektive verbunden ist. Um diese Verknüpfung zwischen Subjektivität und einer besonderen Perspektive zu veranschaulichen, wählte Nagel deswegen als Beispiel die Fledermäuse, weil sie in ihrer Sinnes- und Nervenausstattung weit genug, aber wiederum nicht zu weit, von uns entfernt sind wie etwa „Wespen oder Flundern". Und er fügt hinzu, „dass man das Vertrauen darauf, dass es da Erlebnisse gibt, schrittweise verliert, wenn man den phylogenetischen Baum zu weit nach unten klettert" (Nagel 1974, S. 263). Obwohl Fledermäuse uns näher verwandt sind als diese anderen Arten, weisen sie einen Sinnesapparat und eine Reihe von Aktivitäten auf, die von den unsrigen so verschieden sind, dass das Problem der unterschiedlichen Qualität subjektiver mentaler Zustände besonders deutlich wird: „Jeder, der einige Zeit in einem geschlossenen Raum mit einer aufgeregten Fledermaus verbracht hat, weiß auch ohne die Hilfe philosophischer Reflexion, was es heißt, einer grundsätzlich fremden Form von Leben zu begegnen" (Nagel 1974, S. 263).

Heute wissen wir zwar, dass die meisten Fledermäuse die Außenwelt primär durch Radar oder Echolotortung wahrnehmen, indem sie das von Objekten in ihrer Reichweite zurückgeworfene Echo ihrer raschen und kunstvoll modulierten Hochfrequenzschreie registrieren. Ihre Gehirne sind dazu bestimmt, die Ausgangsimpulse mit dem darauf folgenden Echo zu korrelieren. Die so erhaltene Information befähigt Fledermäuse, eine genaue Unterscheidung von Abstand, Größe, Gestalt, Bewegung und Struktur vorzunehmen, die derjenigen vergleichbar ist, die wir beim Sehen machen. Obwohl das Fledermausradar klarerweise eine Form von Wahrnehmung ist, ist es in seinem Funktionieren keinem der Sinne ähnlich, die wir besitzen. Daher gibt es auch keinen Grund zu der Annahme, dass das subjektive Erleben solcher völlig andersartiger Sinneswahrnehmung irgendwie dem subjektiven Erleben unserer Wahrnehmungen ähnlich ist. Das Innenleben der Fledermaus lässt sich aus unserem eigenen Fall nicht erschließen. Denn es kann nicht helfen, sagt Nagel zu Recht, „sich vorzustellen, dass man Flughäute an den Armen hätte, die einen befähigten, bei Einbruch der Dunkelheit und im Morgengrauen herumzufliegen, während man mit dem Mund Insekten finge; dass man ein schwaches Sehvermögen hätte und die Umwelt mit einem System reflektierter akustischer Signale aus Hochfrequenzbereichen wahrnähme; und dass man den Tag an den Füßen nach unten hängend in einer Dachkammer verbrächte" (Nagel 1974, S. 264).

Alle diese Vorstellungen führen nur dazu, zu erkennen, wie es für mich wäre, mich so zu verhalten, wie sich eine Fledermaus verhält, nicht aber, wie es für eine Fledermaus ist, eine Fledermaus zu sein. Ohne meine grundlegende Gestalt, meine Sinnesorgane und mein Gehirn zu verändern, würden meine Erlebnisse gar nicht wie die Erlebnisse dieser Tiere sein. Die einzige reale Möglichkeit, das zu erreichen, wäre die Transplantation von Hirngewebe der Fledermäuse in unser Gehirn, die aber, je weiter sie voranschreitet, mit dem Verlust der eigenen menschlichen Identität verbunden wäre (vgl. Oeser 2002, S. 266). Das subjektive Innenleben der Fledermaus bleibt uns daher für immer verschlossen. Da diese Frage auch von einem evolutionistischen Standpunkt aus kaum beantwortbar ist, weil wir, wie Darwin bereits wusste, in ein immer tieferes Dunkel geraten, je weiter wir in die phylogenetische Verwandtschaft zurückgehen, und außerdem die Beantwortung dieser Frage kaum von praktischem Interesse ist, seitdem wir wissen, dass unsere Antipoden nicht mit den Köpfen nach unten hängen, lässt sich diese Frage nach den Qualia der Fledermäuse in die viel praktischere Frage nach dem subjektiven Innenleben unserer Haustiere umformulieren und vor allen denjenigen, die wir nicht nur als Nahrung verwenden, wie Hühner, Rinder oder Schweine, sondern mit denen wir seit hunderten und tausenden Jahren zusammen eine Lebensgemeinschaft bilden. Denn es wäre eine Katastrophe für Mensch und Tier, wenn wir nicht zumindest eine Ahnung hätten, wie es ist, ein Hund, ein Pferd oder eine Katze zu sein. Denn genau dieses, wenn auch meist nur intuitive Wissen um das subjektive Innenleben des artgleichen oder artfremden Partners ist die Grundlage jedes sozialen Zusammenlebens.

Wie ist es, ein Hund zu sein?

Diese Fähigkeit, sich vorstellen zu können, wie es im Innern des anderen aussieht, d. h. seine Gefühle und Intentionen nachvollziehen zu können, wird in der Vergleichenden Verhaltensforschung mit dem Begriff „Soziale Intelligenz" bezeichnet. In der Hirnforschung hat bereits Theodor Meynert das Konzept eines „sekundären Bewusstseins" vertreten, das eine Erweiterung des primären Bewusstseins darstellt, die nur im Rahmen des sozialen Kontextes geschehen kann; und zwar durch die von ihm so genannten „Parallelvorstellungen, dass die eigenen Vorgänge auch Vorgänge im Innern anderer sind" (Meynert 1892, S. 171; vgl. Oeser 1997, S. 222). Soziale Intelligenz oder interpersonale Intelligenz wird in der Verhaltensforschung als die Fähigkeit angesehen, das Verhalten anderer Individuen der eigenen oder auch fremden Art im Voraus zu erkennen. Für ein Tier ist es wichtig, zu wissen, ob ein Raubfeind angreifen wird oder ob ein Beutetier so wachsam und fluchtbereit ist, dass es entkommen kann. Lebt das Tier in einer Gruppe, in der jedes Individuum von dem Verhalten der anderen Gruppenmitglieder abhängig ist, so muss es auch in noch größerem Maß deren Gefühle und Intentionen verstehen können, um die daraus erfolgenden Handlungen voraussehen zu können. Das aber heißt, dass das Individuum innere

Modelle vom Verhalten seiner Kumpanen haben muss, um mit ihnen denken und fühlen zu können.

Nach Nicholas Humphrey (1976) hat sich Bewusstsein und vielleicht auch ein großer Teil der höheren Intelligenz überhaupt erst entwickelt, um Tieren die Bewältigung sozialer Situationen zu ermöglichen. Das gilt sowohl für sozial lebende Tiere als auch für Menschen. Und es gilt auch für das Zusammenleben von Mensch und Hund. Diese Ähnlichkeit des Bewusstseins, Denkens und Fühlens der Hunde mit dem Menschen beruht nicht wie die zwischen den höheren anthropoiden Affen und Menschen auf der natürlichen durch Evolution bedingten genetischen Verwandtschaft, sondern auf einer Anpassung des Hundebewusstseins und der Hundeintelligenz an den sozialen Partner oder Kumpan Mensch, die selbst wiederum genetisch fixiert worden ist. Daher kann man sogar sagen, dass Hunde besser wissen, wie es ist, ein Mensch zu sein, als umgekehrt. Denn während sich bis heute die Menschen bemühen, Hunde zu verstehen, wissenschaftliche Abhandlungen und dicke Bücher darüber schreiben, zeigen Hunde den Menschen gegenüber ein so ausgeprägtes Verständigungsverhalten, welches nahe legt, dass sie trotz aller Unterschiede ein uns ähnliches Bewusstsein haben. Hunde wissen also, wie es ist, ein Mensch zu sein. Und jeder vernünftige Hundehalter weiß, wie es ist, ein Hund zu sein. Denn sonst wäre diese Art der Kooperation von Mensch und Hund, wie sie die gesamte Geschichte der Menschheit zeigt, wohl nicht möglich gewesen (vgl. Oeser 2004).

Pferd und Reiter

Dass die Kenntnis des subjektiven Innenlebens des Pferdes eine für den Reiter geradezu überlebenswichtige Voraussetzung ist, hat bereits Xenophon vor fast 2500 Jahren erkannt. Als athenischer Heerführer, der das Kommando über den berühmten „Zug der Zehntausend" gegen den Bruder des Perserkönigs Kyros Artaxerxes hatte, besaß er nicht nur genaue Kenntnisse über die Pflichten eines Reiterobersts, sondern er wusste auch über die Psyche des Pferdes Bescheid. In seinem Buch über die Reitkunst gab er nicht nur Anweisungen über die Haltung des Reiters zu Pferd oder über die für das Pferd beste Reitweise, sondern auch über die artgerechte Behandlung des Pferdes. Er lehnte jeden Zwang bei der Ausbildung des Pferdes ab und wies darauf hin, wie leicht ein Pferd bei fremden Gegenständen oder plötzlichen Bewegungen und Geräuschen scheu werden kann. Wenn das Pferd vor etwas scheut – so Xenophon – und sich weigert, näher heranzugehen, muss ihm gezeigt werden, dass es sich nicht zu fürchten braucht, und wenn das nicht wirkt, soll der Reiter den Gegenstand berühren und das Pferd sanft hinführen. Diejenigen, die das Pferd durch Schläge zwingen, machen ihm nur noch mehr Angst. Als wichtigste Regel schärft Xenophon dem Reiter ein, dass er beim Umgang mit dem Pferd nie die Beherrschung verlieren soll (Xenophon 6, 13–15).

Paradoxerweise wurde das friedliche scheue Fluchttier unter der Herrschaft des Menschen seit frühesten Zeiten bis in die jüngste Vergangenheit zum Kriegstier schlechthin erzogen. Pferde waren fast an jedem Krieg beteiligt, seitdem es überhaupt Kriege gab, und sie haben die meisten großen Eroberungen vor dem Zeitalter der Maschinen ermöglicht. So wurden die Eroberungen der Araber und Mongolen mit dem Pferd erzwungen und auch bei der Eroberung Amerikas durch die Spanier entschieden Pferde und Hunde die grausamen Schlachten. Alle diese Taten und Untaten, bei denen Mensch und Tier eine enge überlebenswichtige Kooperation eingegangen sind, wären unmöglich gewesen, wenn nicht von beiden Seiten ein Verständnis für das Gefühlsleben des anderen vorhanden gewesen wäre.

Das Gefühlsleben der Katze

Auch über das Gefühlsleben der Katze hat man sich sicher seit mehr als 9000 Jahren Gedanken gemacht. So alt ist nämlich das Katzenskelett, das bei neuesten Ausgrabungen in Zypern (Vigne et al. 2004) nur 40 cm von einem Menschengrab entfernt entdeckt wurde. Das gemeinsame Begräbnis deutet auf eine starke Beziehung zwischen Mensch und Katze hin, die nicht auf den materiellen Vorteil des Menschen beschränkt war, sondern auch eine seelische Verbindung mit einschloss. Doch im Unterschied zu Hund und Pferd war diese Beziehung von vielen Missverständnissen belastet. Im alten Ägypten erhielt die Katze sogar eine mystische Bedeutung und wurde als Gottheit verehrt, während man ihr im mittelalterlichen Europa als Begleiterin von Hexen und Teufeln bösartige und mörderische Eigenschaften zuschrieb. Selbst in der Neuzeit charakterisierte der Pferde- und Hundeliebhaber Buffon die Katze als ein falsches, hinterlistiges und ungetreues Wesen mit angestammter Boshaftigkeit.

Es waren jedoch zunächst nicht die Wissenschaftler, sondern vor allem die Dichter und Philosophen, wie Montaigne (1533–1592), Chateaubriand (1768–1848) und Baudelaire (1821–1867), die mit diesen Verleumdungen des Innenlebens der Katze aufräumten. In der Wissenschaft brachte zwar bereits die Evolutionstheorie Darwins eine objektivere Auffassung vom

Charakter der Katze, aber erst die moderne Verhaltensforschung (Lorenz, Leyhausen, vgl. Oeser 2005) entlarvte die immer wieder ungeprüft übernommene Ansicht von der Falschheit der Katze als „sprichwörtlich gewordene Dummheit“ (Lorenz 1991, S. 64). Trotz dieser langen Zeit, in der man sich mit der Seele der Katze beschäftigt hat, ist vieles an ihrem Verhalten rätselhaft geblieben. Schwer verstehbar ist jedenfalls das sich ganz plötzlich ändernde Verhalten der Katze, das von schnurrender Zärtlichkeit in absolute Gleichgültigkeit oder gar in Aggression umschlägt oder abrupt von freudiger Spiellust zu träger Faulheit wechselt. Rätselhaft ist es auch, warum Katzen ihren Menschen verlassen, während andere ihrem umgezogenen Besitzer oft über hunderte von Kilometern nachfolgen, als ob sie telepathische Fähigkeiten hätten (vgl. Oeser 2005). Dass das Innenleben der Katze uns vielleicht immer ein Geheimnis bleiben wird, liegt offensichtlich daran, dass sie wie kein anderes Tier eine so enge Beziehung zum Menschen entwickelt und sich gleichzeitig so viel Unabhängigkeit bewahrt hat.

Sprachliche Kommunikation und sekundäres Bewusstsein

Ist mit diesem intuitiven und unvollständigen Verständnis der subjektiven Empfindungen und Gefühlen der uns so vertrauten Haustiere das Qualia-Problem gelöst? Keiner der vielen Hunde-, Pferde- und Katzenliebhaber könnte das behaupten. Denn jeder träumt doch davon, dass sie sprechen könnten, und zwar unsere menschliche Sprache, um uns ihre Gefühle, Wünsche und Ansichten mitzuteilen. Dass dieser Traum nicht einmal bei unseren nächsten Verwandten in Erfüllung gehen kann, haben die vielen mühseligen Versuche mit anthropoiden Affen gezeigt. Daher sehen Neurowissenschaftler wie z. B. Gerald Edelman (1995, S. 168) in der Tatsache, dass wir Menschen jene privilegierten Lebewesen sind, die sprechen können, einen Weg, das vertrackte Qualia-Problem anzugehen. Gerade unsere Fähigkeit, zu berichten und Beziehungen herzustellen, während wir – jeder Einzelne – Qualia erfahren, eröffnet uns nach seiner Meinung die Möglichkeit einer wissenschaftlichen Erforschung des Bewusstseins. Als Grundlage für eine Theorie des Bewusstseins muss man lediglich annehmen, dass es in anderen bewussten Menschen genau wie in uns Qualia gibt. Diese Qualia müssen keineswegs genau gleich sein, es muss sie nur geben. Dass man den Menschen als das günstigste Lebewesen für die Untersuchung des Bewusstseins ansehen kann, ist dadurch gerechtfertigt, dass subjektive menschliche Berichte, einschließlich jener über Qualia, menschliche Handlungen und der Bau und die Funktionsweise des menschlichen Gehirns in Beziehung gesetzt werden können.

Edelman unterscheidet bei diesem Versuch, das Qualia-Problem neurowissenschaftlich zu behandeln, genauso wie bereits mehr als hundert Jahre zuvor Theodor Meynert zwischen primärem Bewusstsein und Bewusstsein höherer Ordnung. Das „höhere" Bewusstsein beruht auf dem Auftreten einer direkten Wahrnehmung in einem Menschen, der über Sprache verfügt und ein subjektives Leben lebt, von dem sich etwas berichten lässt. Das primäre Bewusstsein dagegen, das man auch Tieren ab einer bestimmten Entwicklungshöhe zuschreiben kann, ist an einen Zeitraum um die messbare Gegenwart herum gebunden. Es fehlt ihm ein Begriff für Vergangenheit und Zukunft, und es liegt jenseits direkter, beschreibender individueller Berichte, die vom eigenen Standpunkt aus gegeben werden können. Trotzdem ist sich auch Edelman darüber im Klaren, dass ein auf diesen Annahmen beruhendes Forschungsprogramm zuerst erfordert, ein Modell für das primäre Bewusstsein aufzustellen, um darauf ein Modell für Bewusstsein höherer Ordnung aufzubauen. Erst dann ist es möglich, die Verbindungen zwischen diesen Modellen am Menschen zu überprüfen. Damit aber dieses Verfahren mit der Evolutionstheorie verträglich ist, muss zunächst geklärt werden, wie sich das primäre Bewusstsein entwickelte, und dann, wie ihm das Bewusstsein höherer Ordnung folgte, das heißt: Man muss bei den Vorläufern des Menschen in der Evolution anfangen. Und man muss auch untersuchen, ob nicht solche Ansätze zu einem höheren, an die Sprache gebundenen sekundären Bewusstsein auch bei den Tieren vorkommen.

9. Gehirn und Sprache
Die linguistische Perspektive

Bevor man überhaupt von sprachlicher Kommunikation reden kann, muss man sich im Rahmen der Neurophilosophie darüber Gedanken machen, wie die Inhalte, d. h. die Bedeutungen der sprachlichen Symbole oder Wissen im ursprünglichen Sinn im Gehirn zustande kommen. Es ist die Frage nach einem Mechanismus, der dieses Wissen intern erzeugt. Denn es gibt prinzipiell keine dem Symbol – ob es nun gesprochen, gehört, geschrieben und gelesen wird – selbst innewohnende „intrinsische" Bedeutung. Am deutlichsten erkennbar sind jene Mechanismen, die aus den an und für sich bedeutungslosen Tätigkeiten der Neuronen Bedeutungen erzeugen. Sie sind in jenem Bereich anzutreffen, in dem sie auf natürliche Weise isoliert von jeder symbolischen Repräsentation auftreten, weil es dort Symbolverarbeitung noch nicht gibt.

Der Mechanismus der Bedeutungserzeugung

Dieser Bereich ist derjenige der so genannten „niedrigen" Information verarbeitenden Organismen. Beispiele dafür sind Amöben, Zecken und andere einfache maschinenartig reagierende Lebewesen. Auf dieser Ebene, auf der es entweder noch gar kein oder nur ein sehr primitives Nervensystem gibt, ist das „Wissen" in der materiell-organischen Struktur selbst verkörpert. Es handelt sich dabei um jene, in diesem Fall vollständig genetisch determinierte, strukturelle Information, die im Laufe der Evolution solcher primitiver Lebewesen durch Mutation und Selektion zustande gekommen ist. Diese strukturelle Information bildet die Grundlage für die Bedeutungsbelegung der von außen kommenden so genannten „fluktuierenden" Information. Denn welche energetischen Zustände der Außenwelt als „Reize" oder „Auslöser" gelten können, wird von der mikro- und makroanatomischen Struktur des Systems selbst festgelegt. Dabei sind jedoch nicht diese materiellen Strukturen selbst mit der strukturellen Information identisch. Die „strukturelle Information" ist als bloß funktionale Realität nur das von diesen materiellen Strukturen getragene interne Schema der äußeren Reaktionen und Verhaltensweisen des Organismus. Dieses interne Schema ist das Muster eines ständig wiederholbaren Aktivierungszustandes des materiellen Systems der Neuronen.

Auf der untersten Ebene einfacher organismischer Strukturen sind diese Aktivierungsmuster entsprechend dem geringen Komplexitätsgrad ihrer zugrunde liegenden materiellen Strukturen relativ einfach und starr. Sie üben daher auf die Vielfalt potentieller fluktuierender Informationen der Umwelt einen großen Selektionsdruck aus. Es ist im extremen Fall nur ein einziges Merkmal oder eine einzige Umwelteigenschaft, die, wenn sie einen gewissen Schwellenwert, der von der strukturellen Informationskapazität des Systems bestimmt wird, erreicht hat, zum „Auslöser" für ein bestimmtes Verhaltensprogramm wird, mit dem der Organismus „schematisch", d. h. immer auf dieselbe Art und Weise reagiert. Das gilt sowohl für einfache Lebewesen, die auf nur eine Sinnesmodalität beschränkt sind, als auch für Lebewesen, die verschiedene Sinnesmodalitäten seriell, d. h. hintereinander verarbeiten – wie das etwa bei Schlangen der Fall ist, die ihre Beute optisch schlagen, haptisch durch Abtasten der Umgebung erfassen und aufgrund von olfaktorischen Reizen verschlingen. Wenn hier von „Repräsentation" schon die Rede sein kann, dann handelt es sich um eine seriell verteilte Repräsentation, die zu verschiedenen „Gegenständen" führt. Denn das, was die Schlange optisch schlägt, ist für sie etwas völlig anderes als das, was sie haptisch findet (vgl. Oeser/Seitelberger 1995, S. 220).

Komplexer ist die zentrale Repräsentation, die mehrere parallel laufende Auslöser aus unterschiedlichen Sinnesgebieten zu einem einheitlichen Reaktionsschema verdichtet. Dazu müssen die unterschiedlichen Sinnesmodalitäten miteinander verglichen, gewichtet und mit- oder gegeneinander verrechnet werden. Bereits auf dieser Ebene komplexer Wahrnehmungsvorgänge, die, neurophysiologisch gesprochen, intermodale Informationsverarbeitungsprozesse darstellen, handelt es sich um einen Selektionsprozess, in dem aus an und für sich bedeutungslosen elementaren Ereignissen durch interne gegenseitige Verrechnung, d. h. Auswahl, Gewichtung und Verknüpfung, Bedeutungen erzeugt werden. Die Fähigkeit, Bedeutungen herzustellen, ist daher eine aktive Eigenschaft komplexer organischer Nervensysteme, die auf eine reichhaltige Umwelt variabel reagieren können. Dabei ist nicht so sehr die Kapazität der Sinneskanäle entscheidend als der interne Verarbeitungsmechanismus, der die sensorischen Daten auswertet und mit Bedeutung belegt. Auf diese Weise wird aus einem ursprünglich datengetriebenen Wahrnehmungsprozess ein konzeptgetriebener Erkenntnisprozess. Wahrnehmung (Perzeption) und begriffliches Denken (Konzeption) stehen auf diese Weise in einem kontinuierlichen Zusammenhang. Denn auch das, was als „Begriff" bezeichnet wird und in Form einer symbolischen Repräsentation externalisiert werden kann, ist als interne Repräsentation ursprünglich nichts anderes als ein Reaktionsschema (vgl. Oeser 1988). Jeder Begriff besitzt als Reaktions- oder Handlungsschema eine dynamische und zugleich zeitlich nach rückwärts und vorwärts, in die Vergangenheit und Zukunft gerichtete Funktion: Als diagnostisches Schema der Wiedererkennung von Gegenständen, Sachverhalten und Ereigniskomplexen hat der Begriff eine nach rückwärts gewandte Funktion, die die bereits durchgeführten vergangenen Erkenntnisschritte festigt, während er in seiner nach vorwärts gerichteten prognostischen Funktion die gedankliche Vorwegnahme einzelner Ereignisse ermöglicht.

Der Übergang von einer präsymbolischen Repräsentation zu einer symbolischen Repräsentation geschieht in natürlichen neuronalen Netzwerken durch eine Repräsentation zweiter Ordnung: An die Stelle eines für die Selbstbeobachtung unzugänglichen, unhandlichen neuralen Erregungskomplexes tritt ein reflexiv durchschaubares Symbol bzw. eine Symbolverkettung, die einen ökonomischen Verarbeitungsprozess nach festgelegten Regeln ermöglicht. Das Entscheidende dabei ist, dass diese Repräsentation zweiter Ordnung zwar nur über eine Externalisierung als gesprochene oder geschriebene Sprache zustande kommen kann, aber zugleich als gehörter oder gelesener sprachlicher Text auch als direkter akustischer oder optischer Input in das neurale Geschehen wieder eingespielt werden kann, ohne die Beziehungsgeladenheit als höheres Bearbeitungsresultat zu verlieren.

Das tatsächliche Vorhandensein verschiedener Repräsentationsebenen in einem komplexen natürlichen neuronalen System, wie es das Menschenhirn darstellt, ist also an die Existenz unterschiedlicher Funktionshierarchien gebunden, die selbst wiederum von der materiellen Struktur des Systems bestimmt sind. Diese modulare Bauweise (siehe oben Kap. 5) ermöglicht neben der sequentiellen Informationsverarbeitung auch eine massive Parallelverarbeitung der auf viele Subsysteme verteilten fluktuierenden Informationen. Außerdem ist es auch möglich, ein und dieselbe Information, die in diesem System als neuronal verteilte Repräsentation sozusagen in mehreren „Kopien" auftritt, gleichzeitig nach verschiedenen und sogar alternativen Kriterien zu bearbeiten und die Teilergebnisse dieser parallelen Verarbeitung auf einer höheren Integrationsebene zusammenzuführen. Die Grundlage für diese hocheffiziente Leistungsfähigkeit des Menschenhirns, die auch von konnektionistischen (aus künstlichen Neuronen zusammengefügten) technischen Systemen nicht erreicht werden kann, liegt in dem gewaltigen Ausmaß struktureller Information, die in der organismischen Materie als biologisch-genetische Information verkörpert ist (vgl. Oeser/Seitelberger 1995, S. 221). Denn im Unterschied zu jeder technischen Realisierung künstlicher neuronaler Netzwerke ist das natürliche neuronale Netzwerk durch einen Millionen Jahre dauernden Evolutionsprozess in einer sehr reichhaltigen Umwelt zustande gekommen und kann sich in seiner individuellen Komplexität ontogenetisch im Rahmen dieser phylogenetisch bedingten Grenzen selbst zu neuen Strukturen weiterentwickeln.

Vorstufen der Sprache bei Tieren

Wie es Vorstufen von Bewusstsein und vielleicht auch von Selbstbewusstsein im Tierreich gibt, so kann man auch Vorstufen der menschlichen Sprache in der Kommunikation der Tiere annehmen, die sich in einzelne Evolutionsstufen entsprechend ihrer Variabilität und Komplexität erkennen lassen. Geht man von den einfachsten Strukturen des Kommunikationssystems aus, das aus zwei Instanzen, Sender und Empfänger, und einem Kanal besteht, und setzt noch nicht voraus, dass die beiden Instanzen kooperativ sein müssen, dann kann man schon von einer Vorstufe der Kommunikation sprechen, wenn von einem einzigen Individuum eine einzige Art von Signal ausgeht und von einem Empfänger im Sinn einer genetisch fixierten Reaktion beantwortet wird, wie es bereits in den Flucht- oder Kontraktionsbewegungen von niedrigen wirbellosen Tieren geschieht.

Eine höhere Stufe der Kommunikation wird erreicht, wenn auf der Senderseite mehr als eine Art von Signalen auftreten kann, wobei jedem dieser Signale auf der Empfängerseite eine ganz bestimmte Reaktion zugeordnet ist. Die Variabilität des kommunikativen Verhaltens steigt weiter, wenn auf der Empfängerseite mehr als eine Reaktion erfolgen kann, obwohl die Alternativen noch starr sind. Wird aber auch die Flexibilität des Reaktionsvermögens erhöht, dann erreicht die Kommunikation auch im vormenschlichen Bereich einen erstaunlichen Grad von Variabilität und Komplexität, wie etwa in der so genannten „Bienensprache“, bei der einer Reihe modalitätsgleicher, aber quantitativ verschiedener Reize eine kontinuierliche Flexibilität der Reaktionen entspricht.

Von allen diesen vorbewussten, z. B. bei Insekten ausschließlich genetisch determinierten Formen der Kommunikation ist die menschliche Kommunikation mit Hilfe der Sprache zu unterscheiden. Es kommt zwar bei den höheren Säugetieren zu einer Variabilität der Kommunikation, die auf einer geradezu explosionsartigen Vermehrung der Signaltypen auf der Senderseite beruht, weil auf der Empfängerseite mehr als eine Sinnesmodalität verwendet wird (Hören, Sehen, Riechen, Tasten), wodurch eine Reihe von Kombinationen möglich ist, auf die das rezeptive Individuum erst die richtige Antwort finden oder erlernen muss. Aber zur bewussten Ausbildung der Sprache fehlt noch die Verkoppelung mit der mentalen Repräsentation. Sprache im eigentlichen Sinn entsteht erst dann, wenn das Signal als „Wort“ mit dem Handlungsschema als „Begriff“ verbunden werden kann. Dazu ist nur der Mensch fähig, wie die letzten Endes vergeblichen Versuche, den Tieren die menschliche Sprache beizubringen, gezeigt haben.

Es waren natürlich unsere nächsten Verwandten, die Affen, an denen solche Versuche in streng kontrollierter Weise vorgenommen wurden. Die in ihrer Einfachheit genial entworfenen Schimpansenversuche demonstrieren gerade jene getrennt ausgebildeten Fähigkeiten der Kommunikation durch Gebärden und Laute und der mentalen Repräsentation von Dingen, die mit der von den Augen kontrollierten Greifhand aus dem Hintergrund herausgenommen und wieder angeheftet werden können. Sie demonstrieren, dass der Mensch bis zu einem gewissen Grade diese Verkoppelung von sensomotorischer Repräsentation und lernabhängigen Kommunikationsmitteln, die er im höchsten Maße ausgebildet hat, den Affen beibringen kann. Aber von selbst tun die Affen das nicht. Die Kommunikation bleibt situationsgebunden. Gedankliche Konstruktionen, zu denen sie ja fähig sind, gehen in die kommunikativen Signale nicht ein. Der Affenweg erweist sich damit als eine Sackgasse auf der langen Reise der Menschwerdung.

Da sich die Misserfolge bei den Versuchen, Affen die menschliche Sprache beizubringen, bereits allgemein herumgesprochen haben und außerdem normalerweise, wenn man nicht gerade im Zoo oder Zirkus ist, der Kontakt mit Affen für die meisten Menschen eher selten ist, hat man sich seit jeher auf die Suche nach anderen Tieren begeben, mit denen man bessere Resultate zu erzielen hoffte. In Frage kommen natürlich in erster Linie wiederum jene Haustiere, die unsere besten Begleiter sind, wie Hund, Pferd und Katze, mit denen wir uns in unserem Zusammenleben mit ihnen in vielfacher Weise verständigen müssen. Viele Hundebesitzer sind auch felsenfest davon überzeugt, ihr Liebling verstehe „jedes Wort“. Die Hörtüchtigkeit des Hundes, d. h. seine Selektionsfähigkeit im Bereich akustischer Darbietungen sowie seine Fähigkeit zur angemessenen Auffassung und Verwertung solcher artikulierter Laute sind ja enorm, das gilt in gleicher Weise für Tonstärken, Tonhöhen, Klangfarben und Abfolgeordnungen. Dieses akustische Unterscheidungsvermögen besagt aber nur wenig über das Vorhandensein von Sprachtüchtigkeit, denn diese liegt in anderen Bereichen als denen der bloßen akustischen Wahrnehmung. Was der Hund an der Sprache „versteht", sind zunächst einmal die Besonderheiten des Tonfalls, in welchem die Worte unbewusst oder absichtlich zu ihm gesprochen werden, ferner die Wörter als Lautgestalten (vgl. Kainz 1961, S. 129). Da er viele genau und intentionsadäquat auseinander zu halten vermag, gewinnt der Hund echtes Verständnis für den Ausdrucks- und Stimmungsgehalt der Rede, wogegen ihm deren Symbolgehalt verschlossen bleibt. Das gilt auch für andere Haustiere. So reagiert auch ein Pferd richtig auf das Wort „Trab", obwohl es dessen Bedeutung nicht versteht. Das Wort ist nicht als Sprachzeichen wirksam, sondern als Lautgestalt, die außerdem in einer ganz bestimmten Situation und an einem bestimmten Ort erklingen muss: Sie löst nur unter bestimmten Umständen – in der Reitbahn und bei Äußerung durch den Reitlehrer – die geforderte Reaktion aus. Erfolgreiche Sprachsteuerung der tierischen Aktionen in Arbeitssituationen ist auch im Kontakt zwischen Kutscher und Pferd verwirklicht. Bei gut eingefahrenen Pferden bedarf es kaum der Zügel. Der Kutscher steuert sie mit Zurufen, durch welche er Anziehen oder Stehenbleiben, Gehen nach rechts oder links, Beschleunigung des Tempos und erhöhten Krafteinsatz fordert (vgl. Kainz 1961, S. 133).

Aber auch die domestizierten Tiere selbst, die vom Menschen abhängig sind, haben über ihre angeborenen Kommunikationsformen hinaus Verständigungsmöglichkeiten entwickelt, um mit dem Menschen in Kontakt zu treten, die über den Bereich der gegenüber den Artgenossen verwendeten angeborenen und natürlichen Ausdrucksformen hinausgehen. Kein Hund pufft einen anderen mit der Schnauze, um bei diesem etwas durchzusetzen; dem Menschen gegenüber tut er dies. Der Hund, der sich bei der Mahlzeit nicht berücksichtigt sieht, bettelt: Er richtet einen „sprechenden" Blick auf seinen Herrn, stößt ihn mit Nase oder Pfote an usw. Will er das Zimmer verlassen, so bellt er vor der Tür oder kratzt an der Tür.

Es handelt sich zwar um keine echten, voll ausgebildeten Zeichen, keine aus dem Gesamtkreis der Aktion herausgelösten abstrakten Symbole, aber nach Meinung des Sprachpsychologen Friedrich Kainz hat man es dabei doch mit ersten Schritten auf dem Weg zum Zeichen zu tun. Man findet hier Gebärden, die als artspezifische Eigenschaft zwar bereits vorgeformt sind, aber in der Kommunikation mit dem Menschen in spezifischer Weise gebraucht werden, wobei sehr bald eine zunehmende Verschleifung und Abkürzung zustande kommen, die bereits einen symbolischen Charakter haben (vgl. Kainz 1961, S. 137). Im Zusammenleben mit dem Menschen gelangt das Tier somit zu etwas, wozu es im Verkehr mit seinen Artgenossen nicht oder nur in ersten Ansätzen kommt, weil hier schon die Ausdrucksbewegungen im Sinne genetisch festgelegter Schlüsselreize und Auslösemechanismen die nötige Wirkung tun. Der angeborene Signalkodex instinktmäßiger Affektäußerungen reicht in der Regel völlig aus. Die kommunikativen Aktionen dagegen, die das domestizierte Tier im Kontakt mit dem Menschen verwirklicht, stellen gegenüber dem kommunikativen Verhalten der Wildformen charakteristische Neuerwerbungen dar. Hiebei handelt es sich nicht um instinktive und vererbte, sondern um individuell erworbene, d. h. erlernte Verhaltensweisen. Nähert sich einem fressenden Hund ein anderer, so knurrt dieser den Ankömmling zähnefletschend an. Dabei handelt es sich um eine im Sinne eines unbedingten Reflexes funktionierende Ausdrucksbewegung, die nicht in Verständigungsabsicht gesendet wird, deren Ablaufform der Hund auch nicht zu schaffen braucht und die erfahrungsunabhängig ist. Sie findet sich bei den Wildformen der Caniden (Hundeartigen) genauso wie bei den domestizierten. Wenn der Hund dagegen bei Tisch spontan die Pfote gibt, weil er die Erfahrung gemacht hat, dass auf derartige Aktionen, die er im Sinne eines bedingten Reflexes produziert, ein Leckerbissen für ihn abzufallen pflegt, so ist das bereits eine von ererbten Verhaltensweisen unabhängige durch Lernen erworbene Vorstufe zu sprachlichen Kontaktaufnahme.

Peripheres und zentrales Sprachorgan

Dass es sowohl bei Hunden als auch bei Affen zu keiner Ausbildung der Sprache im eigentlichen Sinn gekommen ist, liegt jedoch nicht an der peripheren Sprachapparatur, mit der die Sprachlaute erzeugt werden. Denn im Unterschied zu Hunden haben die anthropoiden Affen in dieser Hinsicht eine dem Menschen weit gehend ähnliche anatomische Ausstattung. Was Affen in Bezug auf bestimmte primäre Vitaltätigkeiten wie Atmung, Lautgebung, Kauen, Schlucken usw. leisten, stimmt mit den von Menschen ausgeführten Tätigkeiten so sehr überein, dass man den Mangel an Sprache beim Affen nicht verstehen könnte, wenn es nur auf die peripheren Sprechorgane ankäme. Dagegen fehlen den anthropoiden Affen jene Hirnstrukturen, welche die Atmungs-, Stimmgebungs-, Schluck- und Kauapparaturen zu Sprachorganen machten. Für diese über die Verhältnisse beim Tier entscheidend hinausführende Entwicklung des Großhirns beim Menschen hat C. v. Economo (1928) den Ausdruck „progressive Zerebration“ geschaffen.

Entscheidend für den Ursprung der Sprache ist aber nicht die Größe des Gehirns, sondern seine anatomische Struktur. Obwohl Menschenaffen eine Schädelkapazität bis zu 700 Kubikzentimeter erreichen, sind sie jedoch zur Ausbildung der menschlichen Sprache nicht fähig. Eine Betrachtung des Kortex der höheren Affen zeigt, dass die für die Sprache, wie wir seit Broca wissen, wichtigen Area 41 bis 44 kaum entwickelt sind. Anstelle der beim Menschenhirn charakteristischen kortikalen Folge 4, 6, 8, 9, 44 endet auch bei den höheren Affen dieser Neurokomplex praktisch auf der Stufe 8. Dagegen zeigen die endokrinen Hirnabdrücke schon bei den Australopithecinen eine topographische Situation, die es nahe legt, dass bei ihnen die physischen Voraussetzungen zur Organisation von Lauten und Gesten bereits vorhanden waren.

Andererseits kann man die These, Affen sprechen nicht, weil sie keine motorische Sprachregion haben, auch umkehren: Sie haben keine motorische Sprachregion, weil sie nicht sprechen. Denn die Sprachmotorik ist keine elementare Primärmotorik wie Saugen, Schlucken, Greifen, Gehen usw., die von speziellen kortikalen Zentren gesteuert wird, sondern eine Sekundärmotorik, die sich – als onto- wie phylogenetisch späterer Erwerb – bereits vorhandenen Strukturen auflagerte. Wie es keine eigentlichen Sprachorgane peripherer Art gibt, ebenso wenig waren eigene kortikale Apparaturen für das Sprachgeschehen vorhanden. Beides ist ein spätes Entwicklungsprodukt, und die ersten Anfänge einer Sprachtätigkeit müssen vorhanden gewesen sein, bevor die Prognathie (Vorstehen des Oberkiefers) des Urmenschengesichts überwunden, die Ungeschlachtheit der baren Kau- und Schluckorgane durch die Anfänge des Sprechens verfeinert war und kortikale Strukturen für diese spezielle Leistung ausgebildet werden konnten. Erst diese bereits mögliche und faktisch vollzogene Tätigkeit bildet auf dem Weg der „Funktionseinstimmung“ (vgl. Kainz 1961, S. 114) Sprachregionen im Kortex aus. Keinesfalls darf man es sich so vorstellen, dass im Großhirn zuerst gewisse Spezialstrukturen entwickelt worden waren und nachher – auf Grund dieser Ausstattung – eine Funktion möglich wurde.

So kommt auch das Kind erst sehr allmählich durch die unablässig ausgeübte Sprechtätigkeit, die in ihren Vorstufen nur ein Lallen oder echoartig-verständnisloses Nachsprechen ist, zur Ausbildung spezifischer Sprachregionen. Obwohl also das Kind im Gegensatz zum Erwachsenen noch keine spezifische motorische Sprachregion besitzt, sondern mehrere gleichwertige Kortex-Areale, von denen dann eines endgültig die motorische Funktion des Sprechens übernimmt, ist seine zerebrale Sprachausstattung anders als die eines Affen. Es hat nämlich als Erbe zahlloser Vorfahrengenerationen, die sämtlich über Sprache verfügten, bestimmte kortikale Areale, die für die eigene Sprechtätigkeit sozusagen präformiert sind. In der Phylogenese war es anders, d. h. in der Hominidenevolution, wo die Anfänge der zunächst noch denkbar primitiven, vorwiegend expressiven und emotionell-appellierenden Sprache ausgebildet wurden, könnte es sich so verhalten haben, dass die Sprache von den subkortikalen Bereichen im Zusammenwirken mit der noch wenig differenzierten Gesamtrinde global gesteuert wurde, wobei erst allmählich jene speziellen Funktionseinstimmungen erworben wurden, die dann die motorischen und sensorischen Sprachregionen entstehen ließen. Die Affen besitzen diese Sprachregionen nicht, bei ihnen waren auch jene Vorstufen einer echten Sprache unmöglich, weshalb es auch nicht zu jener ersten Funktionseinstimmung kommen konnte, die dann die Voraussetzung für alles Weitere war.

Von diesem Standpunkt aus kann man zwei Gruppen von Hirnfunktionen unterscheiden, die eine Entsprechung in der bereits erwähnten Unterscheidung zwischen primärem und sekundärem Bewusstsein haben: Die eine Gruppe hat im Gehirn nicht nur bestimmte Areale, sondern verfügt auch über entsprechende periphere Ausführungsorgane. Hierher gehört die Motorik, das Sehen, das Hören, das Riechen und Schmecken. Diese Hirnfunktionen wird man daher mit Recht als primäre Hirnfunktionen ansehen können. Die Sprache dagegen muss als sekundäre Hirnfunktion bezeichnet werden, die ebenso, wie sie aus Mangel eines eigenen Ausführungsorgans bereits vorhandene Strukturen, die anderen Zwecken dienten, mitbenutzen musste, auch bestimmte Hirnareale für sich in Anspruch nahm. Heute weiß man, dass auch subkortikale Strukturen, also Strukturen unterhalb der Gehirnrinde, wie z. B. der linke Thalamus u. a. für die Sprachfunktion von Bedeutung sind, weiterhin dass die Repräsentation eines geschriebenen und gelesenen Wortes nicht in das sensorische Wernicke-Areal (Zentrum des Sprachverstehens) verschaltet wird, sondern direkt vom visuellen Assoziationskortex zum motorischen Broca-Areal (Zentrum des Sprachvermögens) gelangt. Das bedeutet, dass gelesene Wörter nicht in auditorische Repräsentation umgewandelt werden. Lesen und auch Denken sind daher nicht notwendigerweise ein gleichsam leises oder lautloses Sprechen, wie man früher glaubte. Visuelle und auditorische Wahrnehmungen eines Wortes werden offenbar unabhängig voneinander in modalitätsspezifischen Bahnen verarbeitet, die jeweils einen eigenen Zugang zum Broca-Areal und zu den höheren Verarbeitungsebenen besitzen, in denen Bedeutung und Ausdruck der Sprache analysiert werden.

Im Rahmen der kognitiven Neurowissenschaft lassen sich daher folgende grundsätzliche Ergebnisse feststellen: Die erste und vielleicht wichtigste Einsicht ist, dass die Sprachfähigkeiten hauptsächlich in einer der beiden Großhirnhemisphären lokalisiert sind. Da die für das Entstehen der Sprache letztlich verantwortliche funktionale Asymmetrie der beiden Hemisphären sehr früh in der Evolution des Menschen entstanden ist, nimmt man an, dass die so global lokalisierte Sprachfähigkeit wohl von Geburt an zumindest virtuell vorhanden ist und die Grundlage für die allen Sprachen gemeinsamen universellen Eigenschaften bildet. Vom neurobiologischen Standpunkt her stellt aber dieses Sprachvermögen des Menschen keine einheitliche Fähigkeit dar, sondern besteht aus einem ganzen Komplex von Fähigkeiten. Zwei davon, das Sprachverständnis und die Sprachproduktion, sind in unterschiedlichen Regionen der einen, meist der linken Hemisphäre lokalisiert. Sowohl die Zerstörung einer dieser Regionen als auch die Trennung der Verbindung zwischen ihnen führt zu speziellen Sprachstörungen, zu der motorischen Broca-Aphasie, der sensorischen Wernicke-Aphasie und der so genannten Leitungsaphasie. Die erfolgreiche Zuordnung diverser Sprachkomponenten, wie das Bilden und Kombinieren von Wörtern und Sätzen, die Betonungsmuster und Tonhöhenverläufe zu bestimmten Hirnregionen, hat dann zur Entwicklung von weiteren Sprachmodellen geführt. So nehmen A. und H. Damasio zwischen den begriffsverarbeitenden Systemen und denjenigen, die Wörter und Sätze generieren, Vermittlungssysteme an.

Schon viel früher, zur Zeit einer noch sehr statisch verstandenen Lokalisationstheorie der höheren Hirnfunktionen, hat man zwischen der Begriffsbildung und der Bildung von Wörtern unterschieden. Während man sehr genau das sensorische und motorische Sprachzentrum feststellen konnte, hat man es aber abgelehnt, ein eigenes „Begriffszentrum" zu statuieren (vgl. Kainz 1961, S. 113). Nach dieser Ansicht ist an der Begriffsbildung vielmehr die ganze Rinde beteiligt. Heute nimmt man eine „ganze Batterie neuraler Systeme sowohl in der rechten als auch in der linken Hemisphäre" (A. R. Damasio, H. Damasio 1992, S. 80) an, die mit der Bildung und Ordnung (Kategorisierung) von mentalen Repräsentationen von Objekten, Ereignissen und Beziehungen beschäftigt ist. Eine zweite Gruppe – eine kleinere Anzahl neuronaler Systeme, die zumeist in der linken Hirnhälfte lokalisiert sind – repräsentiert Phoneme (kleinste bedeutungsunterscheidende Spracheinheiten), Phonem-Kombinationen und syntaktische Regeln für das Kombinieren von Wörtern. Werden diese Systeme vom Gehirn selbst aktiviert, so stellen sie Wortformen bereit und bilden gesprochene oder geschriebene Sätze; werden sie hingegen von außen durch gesprochene oder geschriebene Wörter und Sätze stimuliert, führen sie die ersten Verarbeitungsschritte dieser auditiven oder visuellen Sprachsignale durch. Eine dritte Gruppe von Strukturen, die ebenfalls größtenteils in der linken Hemisphäre lokalisiert sind, vermittelt zwischen den ersten beiden. Diese Instanzen können einen Begriff aufnehmen und das Hervorbringen von Wortformen stimulieren, oder sie können Wörter empfangen und die anderen Hirnteile veranlassen, die entsprechenden Begriffe aufzurufen.

Solche Vermittlungs- oder Mediationsstrukturen hat man auch aus rein psycholinguistischen Gründen vermutet. Konkrete Hinweise dafür findet man aber auch neurologisch bei Patienten, bei denen die vorderen und mittleren Rindengebiete des Schläfenlappens beschädigt sind. Sie können zwar Begriffe normal abrufen, indem sie eindeutig Funktion, Herkunft und Wert von abgebildeten Gegenständen angeben können. Sie sind aber meist nicht fähig, diese Gegenstände zu benennen. Ihr Begriffssystem funktioniert, aber sie können die Wortform für Objekte, die sie durchaus kennen, nicht zuverlässig abrufen. Das heißt, sie können die Verbindung zwischen Begriff und Wort bzw. Name nicht herstellen, obwohl sie sonst keine Sprachstörungen aufweisen und genauso wie Gesunde wohl geformte und grammatisch richtige Sätze hervorbringen.

Das neurophilosophisch wichtigste Resultat all dieser empirisch gewonnenen Einsichten in die Komplexität der neurobiologischen Grundlagen der menschlichen Sprache besteht aber in der Erkenntnis des Vorrangs der geistigen Funktionen gegenüber den materiellen Strukturen. Die dynamische Entwicklung bestimmter makroanatomischer organismischer Hirnstrukturen zu Sprachregionen kann man als mentale Verursachung im Sinne der so genannten „downward causation“ ansehen. Denn das Kind, obwohl es Erbe zahlloser über Sprache verfügender Vorfahren ist, kommt ohne ausgebildete statisch fixierte Sprachregionen zur Welt. Wird dem Kind durch die Umgebung keine entsprechende sprachliche Betreuung zuteil, so bleibt das Kind sprachlos. Zur angemessenen Ausbildung von funktionstüchtigen Sprachregionen kommt es nur, wenn das heranwachsende Menschenkind in einem entsprechenden sozialen Milieu aufwächst.

Parallelen zwischen Tier- und Kindersprache

Was den Menschen von den Tieren unterscheidet, ist, wie bereits Darwin wusste, nicht das Verständnis der artikulierten Laute. Der Unterschied zum menschlichen Sprachvermögen besteht nach Darwin allein darin, dass der Mensch eine „unendlich größere Fähigkeit besitzt, die verschiedenartigsten Laute und Ideen zu assoziieren. Aber diese Fähigkeit muss erst im individuellen Leben des Menschen erworben werden“ (Darwin 1875, S. 115). Weil die Sprache als notwendiges Hilfsmittel des Gedankens zur Entwicklung des Bewusstseins und zur Verdeutlichung und Mannigfaltigkeit der Begriffe unentbehrlich ist, identifizierte man schon zu Darwins Zeiten Sprache und Denkvermögen. Das bedeutet, dass dem noch nicht sprechenden Kind das an die Sprache gebundene sekundäre Bewusstsein, also das Selbstbewusstsein, noch fehlt.

In diesem vorsprachlichen Bereich des primären Bewusstseins lassen sich zwischen Tier- und Kindersprache sowohl Gemeinsamkeiten, aber noch viel mehr charakteristische Verschiedenheiten aufweisen. Dass sich ein solcher Vergleich lohnt, ist nicht nur von Darwin, sondern auch später mehrfach bemerkt worden. Affe, Hund und der wenige Monate alte Säugling antworten auf Bewunderung, Hohn, Auslachen usw. mit ähnlichen Ausdrucksformen. Diese weit gehenden Gemeinsamkeiten zwischen menschlichem und tierischem Verhalten sind beim Menschen freilich von einer Schicht von Ausdrucksformen überlagert, die sich von allem Tierischen grundsätzlich unterscheiden. Obwohl auch beim Kind angeborene Ausdruckslaute nicht fehlen und innerhalb der schreienden und lallenden Laute bei allen Säuglingen bestimmte expressiv-symptomatische Gleichförmigkeiten bestehen, müssen die Äußerungen des Kleinstkindes im Vergleich mit den tierischen doch als plastischer, mannigfaltiger und weniger festgelegt (montiert) bezeichnet werden. Eine Gemeinsamkeit dagegen liegt darin, dass Kind wie Tier in bestimmten Affektsituationen eine ganze Kette von Ausdrücken produzieren, deren Dauer so lang ist, wie der sie verursachende Affekt. Eine weitere Parallele kann man darin sehen, dass die ersten kindlichen Lautäußerungen, soweit sie über das unartikulierte Geschrei hinausgehen, den Charakter von globalen Signalisierungen bekommen, denen lautliche Differenzierungen und inhaltliche Fixierungen noch fehlen. Auch in der Vieldeutigkeit der einzelnen Lautgebilde bei Kind und Tier liegt eine solche Übereinstimmung vor. Ein von einem Schimpansen geäußerter Laut kann alles Mögliche bedeuten. Auch das Kind hat eine Phase, wo dasselbe phonetische Gebilde Verschiedenes aussagen kann, jedem Lautgebilde also eine Mehrheit von Bedeutungen entspricht. Doch bleibt sowohl beim Kind wie beim Tier diese Mehrdeutigkeit auf einen gewissen Umkreis von Aussagemöglichkeiten beschränkt.

Tiere sind außerstande, den Ausdruck innerer Zustände vom gegenwärtigen Affekt abzulösen. Beim Kind verhält es sich einige Zeit hindurch ähnlich, und selbst wenn es nicht mehr bloß expressive Augenblicksäußerungen, sondern bereits Sprachgebilde besitzt, verwendet es diese zunächst nicht, um Begriffe und Urteile, sondern um Emotionen auszudrücken.

Analog wird der tierische Warnlaut in allen Situationen produziert, die dem Tier nicht geheuer vorkommen, wobei die Beschaffenheit des Bedrohlichen keine Rolle spielt. Die sprachliche Entwicklung des Kindes weist aber mit fortschreitendem Alter gewisse Entwicklungsschritte auf, die beim Tier nicht möglich oder doch zweifelhaft sind. Hat das Kind öfters die gefühlsbetonte Erfahrung gemacht, dass ihm auf sein zunächst triebhaft-absichtsloses Schreien Aufmerksamkeit geschenkt wird, so kommt es bald dazu, dieses Schreien absichtlich hervorzubringen. Wenn das Kind auch ohne drängende Unlust schreit, um die Mutter herbeizurufen, so tut es damit aber etwas, wozu Tiere, die immer nur von einem unmittelbar wirkenden Affekt zu einer Lautäußerung veranlasst werden, niemals gelangen. Ja, auch das Kind, das sein begründetes Geschrei einstellt, sobald es merkt, dass ihm niemand zuhört, zeigt mit dieser Hemmung einer echten Ausdrucksprozedur eine Fähigkeit der steuernden Beherrschung seiner Äußerungen, die bei Tieren nicht möglich ist. Das erschreckte Tier kann seinen Schrecklaut von selbst nicht unterdrücken, sogar dann, wenn ein derartiges Unterdrücken der Lautgebung im konkreten Fall für das Tier nützlich wäre. Schon damit kommt das Kind über die Kommunikationsfähigkeiten der Tiere weit hinaus.

Zum letzten, dem Tier grundsätzlich nicht mehr möglichen Schritt kommt das heranwachsende Kind mit dem Erwerb des Symbolbewusstseins, das es befähigt, formal und inhaltlich konstante Lautgebilde als Namen für Dinge, Sach- und Sinnverhalte zu verwenden. Es ist dann so weit gelangt, Erscheinungen in Klassen zu ordnen und mit einem bestimmten Zeichen zu versehen, mögen auch die Grenzen dieser Klassen noch recht fließend und die Namen ganz unfest sein. Zwar fehlen nach Kainz Klassenbildung und kategoriale Ordnung der biologisch relevanten Gegebenheiten auch bei den Tieren nicht völlig, und die ersten kindlichen Versuche auf diesem Weg sind dem, was Tiere hier leisten, nicht ganz unähnlich (vgl. Kainz 1961, S. 248). Aber während diese Stufe einer sehr einfachen und globalen Kategorisierung (z. B. Gefahr vom Boden oder aus der Luft) für die Tiere den Höhe- und Endpunkt bedeutet, stellt sie für das Kind lediglich eine schnell durchlaufene, rasch zu Höherem führende Übergangsphase dar. Es erwirbt die Fähigkeit, Kategorisierungen durch echte Sprachsymbole darzustellen und diese einzelnen Symbole miteinander in Beziehung zu setzen, was die Darstellung komplexer Sach- und Sinnverhalte ermöglicht. Damit gelangt das Kind sehr bald über alles hinaus, was den Tieren an akustischen Ausdrucksweisen und globalen Signalisierungen zugänglich ist.

Der Ursprung der menschlichen Sprache

Wie aber sieht es mit dem phylogenetischen Ursprung der menschlichen Sprache aus? Hier kann man sich nicht mit dem Tier-Menschen-Vergleich begnügen, sondern muss tief in die Evolutionsgeschichte unserer Vorfahren, also in die Hominiden-Evolution zurückgreifen. Dabei stößt man jedoch auf scheinbar unüberwindbare Schwierigkeiten. Denn für die Zeit vor der Ausbildung der Schrift ist eine direkte Erfassung der Sprache nicht möglich, sagt mit Recht der französische Anthropologe Leroi-Gourhan (1980). Doch kann man mit einiger Sicherheit sagen, dass die Neandertaler ebenso wenig wie die Cro-Magnon-Menschen in Fell gehüllte Horden waren, die keuchend und grunzend durch die Flussniederungen Mitteleuropas zogen. Beim Neandertaler sind jedoch schon aus physisch-organischen Gründen beträchtliche Unterschiede anzunehmen. Nicht nur war sein Gehirn in seiner makroanatomischen Struktur anders gestaltet als das des heutigen Menschen, sondern auch Kieferbogen und Kehlkopf sind nach den Untersuchungen von Liebermann und Crelin so strukturiert, dass sie die Sprachfähigkeit der Cro-Magnon-Menschen, die dem heutigen Menschen gleichen, wahrscheinlich nicht erreichten.

Es sind vor allem die Gliederung des Vokaltraktes (Mundraum, Pharyngalraum und Nasalraum) und die Verlängerung des Vokaltraktes durch das Absinken des Kehlkopfes, das nicht nur phylogenetisch im Übergang vom Neandertaler zum Cro-Magnon-Menschen, sondern immer wieder auch ontogenetisch in der Entwicklung des Kleinkindes geschieht, welche die biologisch-organischen Bedingungen für die starke Zunahme der Lautbildungsmöglichkeiten schaffen, durch die die menschliche Sprache ausgezeichnet ist (Abb. 14).

Ob dieser Mangel für das Aussterben der Neandertaler entscheidend war oder die besondere Art ihrer mentalen Repräsentationen, ob sie von den Cro-Magnon-Menschen erschlagen oder wegen ihrer geringen Anzahl von selbst „verdunsteten“, spielt für die Koevolution von kognitiven Fähigkeiten und sprachlichen Funktionen keine Rolle. Fest steht, dass mit dem Auftreten des *Homo sapiens*, repräsentiert durch den Cro-Magnon-Menschen, die beiden getrennt entwickelten Systeme der Kommunikation und der mentalen Repräsentation bereits zu einem Höhepunkt ihrer Wechselwirkung gelangt sind. Man kann sich daher die Entwicklung der Sprechfähigkeit so vorstellen, dass die frühesten sprachlich ausgedrückten Begriffe keine streng distinkten Klassenbildungen, sondern vielmehr anschauliche Repräsentationen von Ding- oder Ereigniseigenschaften und ebenso von deren Veränderbarkeiten durch Handlungen waren. Auf diese Weise

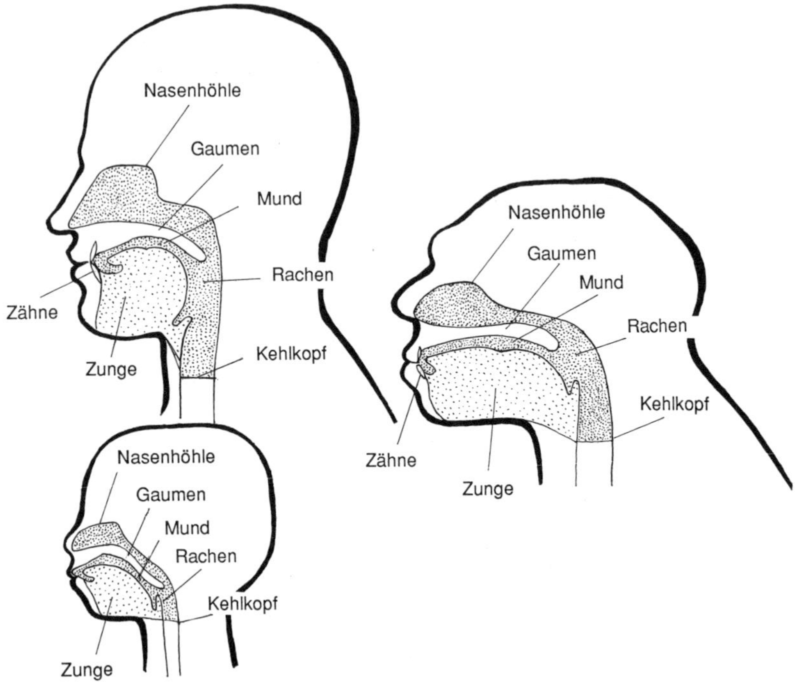

Abb. 14: Die Bedeutung der Lage des Kehlkopfes im Rachen des Menschen für die Bildung der Laute (aus Oeser 1987).

bekommt die grundlegende erkenntnistheoretische Auffassung des Begriffs als „Handlungsschema“ oder als „Probehandlung“ eine empirische Bestätigung durch die Paläopsychologie und Paläolinguistik. Denn wie es sich auch an den heutigen primitiven Sprachen etwa der Buschmänner nachweisen lässt, müssen die ersten sprachlich ausgedrückten Begriffe nichts anderes als Wiedergaben von Handlungsszenen durch Begriffe gewesen sein, die parataktisch aneinander gereiht und nicht syntaktisch miteinander verbunden sind. Die Ursprungsform des Begriffs, der Primärbegriff, ist daher nichts anderes als eine Verdichtung von sensorischen Elementarinformationen, die aus dem Chaos der Empfindungen extrahiert und zu einem Merkmalsatz im Gedächtnis verbunden und mit Hilfe der Sprache wieder zu Kommunikationszwecken entäußert werden können. Diese Primärbegriffe kleben in der paläopsychischen Nahwelt den Dingen, Ereignissen und Situationen so dicht an, dass sie nur in der jeweiligen konkreten Situation verständlich sind. Sie begleiten ständig den Ablauf der Ereignisse oder Handlungen. Daraus ergibt sich die relative Vieldeutigkeit und Mehrfachfunktion einzelner Lautgestalten oder „Wörter“, was wiederum Kennzeichen auch der heutigen Primitivsprachen ist.

Trotzdem darf man sich nicht vorstellen, dass die Anfänge der Sprache selbst bei den frühen Hominiden durch einen geringen „Wortschatz“, der nur zeitweiliges Sprechen erlaubte, charakterisiert waren. Der Mangel an syntaktischen Strukturen und abstrakten klassifikatorischen Begriffen wurde ausgeglichen durch den Umstand, dass jedes Begriffswort eine kleine Szene im Rahmen einer bestimmten Situation darstellte. Für eine vorwiegend sensomotorisch ausgerichtete Intelligenz verlieren die Gegenstände, besonders aber lebendige Dinge ihre Identität, wenn sie sich in anderen Stellungen und Lagen befinden. Die Begriffe bekommen daher andere Inhalte und werden daher durch andere Lautgestalten ausgedrückt. Die normative Festlegung der Lautbildung ist selbst für die denkbar einfachste und primitivste Sprache neurologisch gesehen ein schwieriger Lernprozess, der in der Stabilisierung von Tonhöhen, Tonhöhen-Änderungen und wohl abgestimmter Zusammensetzung von Schwingungen durch variable Resonanzräume besteht. Dazu sind Rückmeldungen sowohl durch eigenes Hören der eigenen Stimme als auch durch die Reaktion des Partners notwendig. Schon aus diesen Trainingsgründen ist klar, dass der Gebrauch einer Sprache in ihrem frühen Stadium vor jeder schriftlichen Fixierung eines ständig andauernden Prozesses der „Unterhaltung“ bedarf. Gerade bei den Horden der frühen Hominiden, die untereinander in ständigem Kontakt stehen mussten, ist es die sprachliche Kommunikation, die Individuen ständig in ihren Aktionen zusammenhält.

In dem Maße, in dem sich innerhalb dieser kommunikativ eng verbundenen Gruppe arbeitsteilige und hierarchisch gegliederte Strukturen der Kooperation ergeben, die immer auf einem Informationsgefälle beruhen, steigert sich auch notwendigerweise der Differenzierungs- und Präzisierungsgrad der sprachlichen Kommunikation. Die Lautbildung wird zum Wort, indem die mentale Repräsentation oder der Begriff mit einer ganz bestimmten Lautgestalt verknüpft wird. Dieser Prozess der Bildung von Begriffsarten ist jedoch nicht so zu verstehen, als ob ein fertiger Begriff nachträglich mit einem Klangbild ausgestattet wird. Sondern es herrscht eine gegenseitige Abhängigkeit und Wechselbeziehung, aufgrund deren überhaupt nur höhere, d. h. abstraktere Begriffsbildung zustande kommt. Sprachliche Symbole und mentale Repräsentation schaukeln sich auf diese Weise koevolutiv gegenseitig auf, was sicherlich auch mit Veränderungen im Gehirn selbst verbunden war. Diese These von einer Rückwirkung von

Sprachentwicklung und Hirnwachstum hatte schon Darwin behauptet. Sie lässt sich heute phylogenetisch wie ontogenetisch bestätigen.

Die Evolution der Schrift und ihre Hirnmechanismen

Die Schrift entsteht nicht aus einem „graphischen Nichts“. Die Rückkehr zum Ursprung der Schrift ist jedenfalls ein viel längerer Weg, als die meisten Anthropologen, Prähistoriker oder Altphilologen meinen. Sie beginnt nämlich dort, wo die Hand unserer Menschen ähnlichen Vorfahren eine Spur hinterlassen hat. Die Faszination dieser Tätigkeit besteht darin, dass die Handbewegung eine bleibende visuelle Struktur hinterlässt. Die propriozeptive Wahrnehmung (Wahrnehmung aus dem inneren Körper) wird sozusagen nach außen projiziert und die bleibende Aufzeichnung der Handbewegungen bildet eine neu geschaffene Quelle optischer Reizung. Man kann daher bereits das einfachste Spurenmachen als „fundamentalen graphischen Akt“ bezeichnen (Leroi-Gourhan 1980). Dieser fundamentale graphische Akt ist von einem fundamentalen plastischen Akt, der bereits durch das Eindrücken der Hände in ein weiches Material entsteht, nicht scharf zu trennen. Eindrückemachen geht über in Ritzen und Aushöhlen und diese gehen wieder über in Meißeln und Schnitzen. Neben dem Vertiefen von Oberflächen gibt es auch das Erhöhen durch Kohle, Kreide oder durch Farbstoffe, in die die Hände oder ein Stab als Verlängerung der Hand getaucht werden. Was aber auf jeden Fall zum fundamentalen graphischen Akt als Voraussetzung gehört, ist die Handkontrolle im Gesichtsfeld, die erst das Ziehen von Linien ermöglicht. Aus dieser elementaren Fähigkeit, kontrolliert Linien ziehen zu können, die als Spuren der Handbewegung zurückbleiben, entstand sowohl das Malen als auch das Schreiben. Denn das Schreiben hat sich aus dem Malen in Form von Bildzeichen, den so genannten „Piktogrammen“, entwickelt. Und aus dieser Bilderschrift hat sich schließlich über einen lang andauernden Weg die Buchstabenschrift entwickelt, die es ermöglichte, mit einem geringen Zeichenaufwand potentiell unendliche Denkprozesse und deren Resultate darstellen und mitteilen zu können.

So wichtig die Funktion der Schrift als zeitlich unbegrenztes Kommunikationsmittel auch sein mag, man würde ihre Bedeutung jedoch verkennen, wenn man sie auf die Informationsübertragung und Speicherung allein beschränkte. Denn die Schrift hat auch eine wesentliche kognitive Funktion für das Individuum selbst. Sie ordnet die Gedanken. Damit aber ist erst sie allein die entscheidende Abkehr vom wilden Denken, das sich immer noch in der gesprochenen Sprache äußert. Die Schriftsprache hat neuroepistemologisch gesehen einen anderen Ursprung als die gesprochene Sprache. Die Fixierung mentaler Repräsentationen oder Begriffe mit Hilfe von Lautgestalten zu Begriffsworten der gesprochenen Sprache ist ein Vorgang, der andere Hirnaktivitäten in Gang setzt als das Schreiben. Das lässt sich bereits durch die klassische Lokalisation der Sprachstörungen nachweisen. Seit Broca und Wernicke weiß man, dass Verletzungen der Area 44 zur Aphasie, das heißt zur Unfähigkeit führen, zusammenhängende phonetische Symbole zu bilden, und Verletzungen der auditiven Area 41 bis 42 Sprachtaubheit, d. h. Unfähigkeit, die gehörten Worte zu identifizieren, hervorrufen. Davon unterschieden sind jedoch die Sprachstörungen, die den Bereich der Schrift treffen: Verletzungen des unteren Endes der zweiten Frontalwindung im Gehirn, die an das motorische Feld der Hand angrenzt, führen zur Agraphie, d. h. zu Schreibunfähigkeit, während Verletzungen der visuellen Area 19 Alexie, also Leseunfähigkeit hervorrufen (Leroi-Gourhan, 1980). Diese Defekte betreffen aber nicht die sensorischen und motorischen Fähigkeiten des Sehens, Hörens, der Bildung von Lauten oder der Bewegung der Hand, sondern die intellektuellen Fähigkeiten, gesprochene und geschriebene Symbole auszudrücken oder zu verstehen. Ihr völlig voneinander getrenntes Vorkommen weist darauf hin, dass es sich um angeborene Hirnleistungspotenzen handelt, die in der Evolution selbständig parallel entwickelt und erst bei der Erfindung der Schrift miteinander gekoppelt worden sind.

10. Gehirn und Kunst
Die ästhetische Perspektive

Mit der Erfindung der Schrift und ihrer Weiterentwicklung zur abstrakten Buchstabenschrift beginnt zwar erst die eigentliche, d. h. geschriebene Geschichte der Menschheit und mit ihr die Geschichte der menschlichen Kultur und Wissenschaft. Doch bleiben auch noch jene ursprünglichen Ausdrucksformen, aus denen die artikulierte und geschriebene Sprache als artspezifische Charakteristik des Menschen entstanden ist, das direkte Abbilden beim Malen und die emotional bedingten musikalischen Ausdrucksweisen, nicht nur erhalten, sondern werden auch bis zu einer fast unbegreiflichen Höhe als Kunstformen weiterentwickelt. Diese Weiterentwicklung gefühlsbetonter Ausdrucksformen verdankt der Künstler nicht einer Verbesserung von Auge und Ohr. Denn zum Sehen braucht man nicht nur die Augen und zum Hören braucht man nicht nur die Ohren, sondern vor allem das Gehirn. Das gilt im besonderen Ausmaß im ästhetischen Bereich der Malerei und Musik. Denn ein Gemälde oder eine musikalische Komposition ist der Ausdruck des „inneren Sehens“ (Zeki 1999) oder des „inneren Hörens“, das im zentralen Nervensystem, also im Gehirn, stattfindet.

In diesem Bereich der kreativen Phantasie wird deutlich, dass das dynamisch-produktive Menschenhirn, in dem es einen unvorstellbar großen Entscheidungsspielraum gibt, nicht nur eine Theorie seiner eigenen Umwelt, sondern wegen seines internen mehrstufigen Mechanismus der Informationsverarbeitung eine Theorie beliebig möglicher Welten ist. Denn im Unterschied zu allen anderen Lebewesen verarbeitet das menschliche Bewusstsein nicht nur die Input-Informationen der Sinnesrezeptoren, sondern auch deren vorbewusste Weiterverarbeitung im Gehirn. Der Informationsfluss aus der Peripherie des zentralen Nervensystems liefert sozusagen nur den Zündfunken, der die interne Maschinerie in Gang setzt. Wir leben zwar inmitten der Welt innerhalb des Gefängnisses unseres eigenen Gehirns, aber dieses Gefängnis ist in Wahrheit ein Palast mit noch ungeahnten Dimensionen, in dem unser Bewusstsein als kreative Vorstellungskraft auch zukünftige, vorhergesehene und auch vorher gewünschte Wirklichkeiten entfalten und durch unser aktives bewusstes Handeln in echte eigentliche Wirklichkeit umsetzen kann.

Abb. 15: Vision einer Mondlandung als Beispiel für die produktive Fantasie des Menschenhirns (Jules Verne 1870).

Das gilt nicht nur für die Kunst, sondern auch für die Wissenschaft, deren Fortschritt von der kreativen Phantasie abhängig ist, die vorausschauend in der Dichtung der Wissenschaft den Weg bereitet. So haben sich viele Wissenschaftler, vor allem Naturwissenschaftler und Entdecker, auf den vor hundert Jahren verstorbenen Jules Verne berufen, der in genialer Weise fast alle technischen Erfindungen des 20. Jahrhunderts vorausgeahnt und in seinen „Außerordentlichen Reisen", die ihn bis zum Mond führten, als Zukunftsvision dargestellt hat (vgl. Abb. 15). Denn die eigentliche Realität ist nicht nur das, woran wir als Lebewesen angepasst sind, sondern auch das, was wir aktiv aus ihr machen. Das gilt bereits für die einfache Sehwahrnehmung, die kein passives Aufnehmen einer bereits vorgefertigten und sozusagen etikettierten Umwelt, sondern vielmehr ein hochkomplexer Vorgang aktiver Konstruktion ist.

Die Sehwahrnehmung

Wie kommen Gestalten, Bewegung, Helligkeit und Farben zustande, aus denen sich unsere Welt, wie wir sie sehen und erleben, zusammensetzt? Was an der Peripherie des zentralen Nervensystems geschieht, ist nur der Beginn des Sehprozesses. Denn die Netzhaut des Auges liefert uns kein Bild der Gegenstände der Außenwelt, weder ein richtiges noch ein verkehrtes, auf dem Kopf stehendes, wie der gebräuchliche Ausdruck „Netzhautbild" fälschlicherweise nahe zu legen scheint. Vielmehr setzt der Sehvorgang damit ein, dass elektromagnetische Lichtwellen das Sinnesnervensystem in bestimmter Weise als Reiz erregen und einen entsprechenden Informationsinput bilden. Die Rezeptoren des Lichtes sind die lichtempfindlichen Zäpfchen- und Stäbchenzellen, die selektiv elektromagnetische Wellen in neurale Impulsfolgen umwandeln. Das von der Augenlinse auf die Netzhaut projizierte Bild der Umwelt wird dabei zu dem punktförmigen Raster des Stäbchen- und Zäpfchenapparats fragmentiert und in ein kompliziertes Muster aus zahllosen Einzelerregungen transformiert. In der Netzhaut erfolgt aber nicht nur der Rezeptionsvorgang, sondern bereits die erste Stufe der nervösen Reizverarbeitung. Dafür maßgebend ist der Umstand, dass in der Netzhaut das Sinnesfeld mit einem ausgelagerten Teil des Gehirns zu einer komplexen Funktionseinheit verschmolzen ist. Der Sehnerv, der die Sinnesmeldungen zentral weiterleitet, ist also eigentlich schon eine Gehirnbahn (vgl. Seitelberger in Oeser/Seitelberger 1995, S. 59).

Welcher Art sind nun die Signale, die von den Nervenzellen der Netzhaut über die zwei Millionen Fasern der Sehnerven in das Gehirn geschickt werden? Keineswegs handelt es sich um eine einfache Weitergabe der fraktionierten lokalen Helligkeitswerte, um sie etwa wie auf einem Fernsehschirm an einem anderen Ort, also im Gehirn, wieder zu einem Bild zu vereinigen. Die vorbereitende Auswertung durch das Nervensystem der Netzhaut ist vielmehr darauf gerichtet, die Helligkeit kleinster Bereiche der Außenwelt mit der ihrer Umgebung zu vergleichen, also Helligkeitskontraste festzustellen. Die Signale über die in den einzelnen Rezeptorenfeldern registrierten Helligkeitskontraste werden in der üblichen Form von Input-Frequenzveränderungen der Entladungsaktivität von den Nervenzellfortsätzen im Sehnerv der zentralen Weiterverarbeitung zugeleitet. In ähnlicher Weise wie die Helligkeitswerte der Außenwelt antagonistisch nach hell und dunkel verglichen werden, findet auch ein Vergleich der unterschiedlichen Farbwerte statt. Denn ebenso wie die Helligkeitsfelder sind auch die rezeptiven Felder der farbempfindlichen Nervenzellen antagonistisch organisiert, und zwar einmal in einem Rot-Grün-Antagonismus und zum anderen in einem Gelb-Blau-Antagonismus. Grundsätzlich aber ist zu sagen, dass Farbe eine Konstruktion des Gehirns ist (vgl. Zeki 1999, S. 83). Das Gehirn gibt den physikalischen Eigenschaften der Oberfläche der Dinge dadurch eine bestimmte Interpretation, die jedoch nicht weniger wirklich ist als die ebenfalls vom Gehirn konstruierten physikalischen Eigenschaften von „Lichtstrahlen", „Lichtwellen", „Partikeln" oder „Photonen". In dem Streit, den Goethe in seiner Farbenlehre gegen Newton führte, behalten daher beide Parteien Recht. Beide Theorien, die physikalische Theorie der Farben und die physiologische Theorie der Farben, haben ihre Entsprechungen in der einen realen Wirklichkeit.

Was geschieht nun mit den Signalen, in die die feine räumliche Verteilung von Helligkeits- und Farbunterschieden im punktförmig fragmentierten Sehfeld sowie ihre Herkunft aus der linken und rechten Gesichtshälfte verschlüsselt sind? Für den Anteil des Gehirns am optischen Wahrnehmungsgeschehen ist es bezeichnend, dass die Ausdehnung des zentralen Sehfeldes nicht nur die Netzhautflächen beträchtlich übertrifft, sondern vor allem, dass jede einzelne Faser der Sehnerven mit ca. 5000 Nervenzellen der Rinde in Kontakt tritt und dass beim Menschen die Signale aus den 2 Millionen Sehnervenfasern allein im primären optischen Rindenfeld von mehr als 500 Millionen Nervenzellen bearbeitet werden. Es kann sich daher auch aus diesem Grund nicht um eine einfache Übertragung des „Netzhautbildes" der Umwelt auf die Hirnrinde handeln, sondern um eine vielfältige und detaillierte Auswertung der in elektrischen Impulsfolgen verschlüsselten Meldungen, die bereits spezifische analytische Abstraktionen des Sehbildes beinhalten. In der Sehrinde wird nun eine weitere Aufbereitung dieser rezeptiven Informationen nach dem Kriterium der räumlichen Richtung von Konturen bzw. von Streifen vorgenommen, also nach der Orientierungsspezifität linearer Konfigurationen im Gesichtsfeld.

Wenn wir uns nach dieser nur grob angedeuteten Schilderung der Signalverarbeitung im primären Sehfeld fragen, was ihr in der Wahrnehmung entsprechen würde, so müssen wir feststellen, dass wir mit der Sehrinde, der so genannten Area 17, allein nur ein Gewimmel von Lichtpunkten und Strichen sehen könnten, nichts von licht- und farbmodellierten Gestalten in verschiedener Entfernung und Bewegung, nichts von räumlicher Darstellung. Interessanterweise hat schon Kant vor mehr als 200 Jahren eine ähnliche Vorstellung vertreten, wenn er auf das Chaos von Sinnesempfindungen hinweist, um darauf die konstruktiv ordnende Funktion des Verstandes im Sinne der Gegenstandskonstitution zu begründen.

Die visuellen Prozesse konstituieren also auf dieser Verarbeitungsebene noch kein Sehobjekt. Gegenstandserkenntnis muss also auf anderen Verarbeitungsstufen in anderen Regionen vor sich gehen. Was weiß man heute schon darüber? Seit langem ist bekannt, dass die Rindenfelder der Area 18 und 19 in der Sehwahrnehmung eine wichtige Rolle spielen. Tatsächlich erfolgt eine topographisch genaue spiegelbildliche Projektion der Area 17 auf die Area 18, die sich dort auf die Area 19 und weiter auf die Area 20 und 21 in derselben Form wiederholt. Man kennt derzeit mehr als 12 visuelle Projektionsstufen und Felder; ab der sechsten Projektionsstufe geht die projektive topische Zuordnung der rezeptiven Felder verloren. In diesen Projektionsstufen müssen die Signale auch so weit verarbeitet werden, dass sie mit denen aus anderen Sinnesorganen vergleichbar werden, dass also die modale Information eines Sinnesgebietes in höhere intermodale Programme mehrerer Sinnesgebiete aufgenommen werden kann (vgl. Seitelberger in Oeser/Seitelberger 1995, S. 63).

Über die spezifischen Leistungen der Projektionsfelder und ihrer Neurone ist aber noch sehr wenig bekannt. In der Area 18 und 19 sind so genannten hyperkomplexe Zellen vorherrschend, die nicht wie die anderen komplexen Zellen durch orientierte lineare Kontrastgrenzen, sondern durch orientierte Kontraste bestimmter Größe und Form, z. B. durch Winkel, aktiviert werden. Mit dem Erkennungsvermögen für höherkomplexe formale Eigenschaften, d. h. Gestaltqualitäten, deren Kriterien noch unbekannt sind, und mit visuellen Lernleistungen hat die untere Schläfenrinde zu tun. In der Area 18 wurden Zellen gefunden, die optimal auf solche Reize antworten, die auf verschiedene querdisparate Netzhautanteile wirken, die also Tiefendetektoren sein könnten. Es gibt auch Zellen, die nur auf Reize aus bestimmter Entfernung ansprechen, die also Distanzdetektoren entsprechen dürften. Zum räumlichen Sehen ist aber die binokulare Zusammenarbeit notwendig und diese geht den Arbeitsgängen der Gestalterfassung voraus. Sie kann wegen der getrennten Projektion der korrespondierenden Netzhautstellen erst kortikal erfolgen. Das binokulare Sehen muss in der Individualentwicklung durch Selbstorganisationsprozesse zwischen genetischen Vorgaben und der konkreten Erfahrung erlernt werden (vgl. Seitelberger, in Oeser/Seitelberger 1995, S. 64). Aus der Erforschung der kortikalen Vorgänge bei der Sehwahrnehmung ergibt sich somit, dass der Sehgegenstand mit Form und Farbe kein Abbild eines Gegenstandes der Außenwelt ist. Das Ergebnis der Großhirnfunktionen ist vielmehr eine Verhaltensbereitschaft bzw. das jeweilige Verhalten des Individuums selbst. Abgebildet werden also nicht die Gegenstände selbst, sondern vielmehr der Umgang mit ihnen. Und dieser Umgang mit ihnen ist aber auch bestimmt durch die bereits länger oder kürzer dauernde Lebenserfahrung des Individuums, die in den tiefer liegenden Hirnregionen gespeichert ist.

Bereits auf den fundamentalen Stufen des Prozesses der Sehwahrnehmung wird der aktive Tätigkeitscharakter der Wahrnehmung deutlich. Das gilt nicht nur für den Tastsinn, bei dem die aktive Bewegung ganz offensichtlich notwendig ist, sondern auch für den scheinbar „ruhenden" Blick, der mit ständigen präzisen Suchbewegungen der Augen verbunden ist, mit denen das zu erfassende Sehobjekt abgetastet wird. Dabei wird auch ein Grundzug der neuralen Informationsverarbeitung deutlich. Es ist die Abstraktion, das aktive Hervorheben bestimmter wesentlicher, d. h. konstanter Merkmale und die Vernachlässigung der anderen. Bereits die „Empfindung ist eine Abstraktion, nicht eine Replikation der realen Welt" (Mountcastle 1975 zit. nach Eccles in: Popper/Eccles 1987, S. 311). So ist die Sehwahrnehmung kein passives Geschehen, sondern ein auf die Umwelt gerichteter intentionaler Akt, der abstrakte Wirklichkeitsäquivalente eigenständig hervorbringt, die das Verhalten bestimmen.

Die platonische Idee als Objekt der Kunst

Nach all dem bisher über die Sehwahrnehmung Gesagten kann man sich daher leicht vorstellen, dass nicht nur beim Malen, sondern auch schon beim Betrachten eines Gemäldes das ganze Gehirn aktiv ist. Das Gehirn ist, wie es der Neurobiologe Semir Zeki ausdrückt, auf der Suche nach Konstanz und das allein ist für ihn die neurobiologische Definition von „Kunst" überhaupt. Zeki kann sich in diesem Zusammenhang auf die platonische Idee berufen, von der schon der deutsche Philosoph Schopenhauer behauptet hat, dass sie das eigentliche Objekt der Kunst sei. Denn die Kunst wiederholt „das Wesentliche und Bleibende aller Erscheinungen der Welt, und je nachdem der Stoff ist, in welchem sie wiederholt, ist sie bildende Kunst, Poesie oder Musik" (Die Welt als Wille und Vorstellung, 1. Bd., § 36). Die Begabung des Künstlers besteht darin, dass er fähig ist, das Wesentliche erfassen zu können. Dass er das aber auch dem Betrachter mitteilen kann, darin besteht das Technische der Kunst.

Platon hat sich auch selbst mit konkreten Fragestellungen der Künste beschäftigt: mit der Bedeutung der Einheit des Kunstwerkes, der Notwendigkeit von Klang und Harmonie und mit der Beziehung der darstellenden Künste zur äußeren Welt und der Dichtung zur Wirklichkeit. Nach der Auffassung des englischen Dichters Oscar Wilde wurden die Fragen der sittlichen Wirkung der Kunst, ihre Bedeutung für die gesamte Kultur, ihre Wichtigkeit für die Charakterbildung durch Platon „ein für alle Mal entschieden" (Wilde VI, S. 29). Platon war nach seiner Meinung auch der Erste, der in die menschliche Seele die bisher noch nicht erfüllte Sehnsucht pflanzte, den Zusammenhang von Schönheit und Wahrheit zu erfassen und den Rang der Idee des Schönen in der sittlichen und geistigen Ordnung des Weltalls zu erkennen. Einen Schritt näher zu diesem Ziel könnte die Neuinterpretation der platonischen Idee durch die moderne Hirnforschung sein, die bereits mit dem Anspruch einer eigenen Disziplin, der Neuroästhetik, aufgetreten ist. Vergleicht man mit Zeki die Aussagen von Malern, Komponisten oder Dichtern mit den Ergebnissen der neurowissenschaftlichen Untersuchungen der Hirnfunktionen, dann erkennt man trotz des völlig unterschiedlichen Zuganges und unterschiedlicher Sprechweise grundsätzliche Gemeinsamkeiten über die Aufgabe und das Wesen der Kunst und der neuralen Aktivitäten. Man braucht nur an Stelle der zum Teil irreführenden Ausdrücke wie „Auge", „Gehör", „Intellekt" etc. das Wort „Gehirn" oder die entsprechenden Hirnfunktionen zu setzen, dann kommt man zu jener Ansicht über das Wesen des „Schönen", um die sich seit mehr als zweitausend Jahren von Platon bis Kant die Philosophie bemüht hat: in der sich ständig verändernden vergänglichen Welt der Erscheinungen das Bleibende und Wesentliche zu erfassen.

Inneres Sehen: Die Neuroästhetik der bildenden Kunst

Warum kann uns ein Bild mehr sagen als alle Worte, die doch auf dem Sprachvermögen, dem entscheidenden Merkmal des Menschen als biologischer Art, beruhen? Die Antwort könnte lauten: weil das gemalte Bild eine Erweiterung des zerebralen Sehsystems ist, das sich schon Millionen Jahre früher in der Evolution der Lebewesen entwickelt hat als das menschliche Sprachsystem und dadurch eine intensivere Ausdrucksfähigkeit besitzt. Diese Erweiterung kommt anders als die Erweiterung unserer Sinnesorgane durch technische Beobachtungsapparate dadurch zustande, dass sie der Ausdruck jener inneren Hirnaktivität des kreativ konstruierenden Sehsystems ist, der als Produkt dieser Hirntätigkeit selbst wiederum der Sehwahrnehmung zugänglich ist. Auf diese Weise enthält das Gemälde oder die Zeichnung bereits die ganze Bedeutungs- und Beziehungsgeladenheit, die der Maler selbst aufgrund seiner Sicht der Welt in dieses Bild hineingelegt hat. Das Bild ist damit der Ausdruck einer zweiten höheren Realität, die den Betrachter einlädt oder sogar zwingt, seine eigene Interpretation nicht nur dieses Bildes, sondern der dahinter liegenden Sicht der Welt zu liefern. Dadurch erklären sich auch Wohlgefallen, Schreck und Ablehnung, die ein Kunstwerk bei dem Betrachter auslöst und die ihn sogar zu Erfahrungen führen können, die er nie selbst erlebt hat.

Immer wieder wurde in historischen Zeiten so etwa von den Römern und Griechen und besonders in der Renaissance der Versuch unternommen, das Kunstwerk zum getreuen Abbild der Wirklichkeit zu machen. Aber immer wieder trat das Problem auf, dass sich zwischen dem Akt des Wahrnehmens und dem Akt des Abbildens etwas eingeschaltet hat, was man als Deutung oder Interpretation der Wirklichkeit verstehen musste; ein Problem, das schon die alten Griechen kannten, wie aus Platons Gesprächen über die Nachahmung (Mimesis) zu ersehen ist. Die Lösung dieses Problems bestand darin, dass sich der Maler nicht ausschließlich auf seinen Gesichtssinn stützte, sondern, wie viele theoretische Abhandlungen zu diesem Gegenstand zeigen, den konstruierenden Verstand zu Hilfe nahm. Denn das zweidimensionale Bild mit überall scharfen Konturen entspricht nicht dem gesehenen und abzubildenden Gegenstand. Der kreative Verstand oder die reproduktive Einbildungskraft schafft ein perspektivisches Bezugssystem, innerhalb dessen der einzelne darzustellende Gegenstand eine bestimmte Position hat. Aber diese Perspektive ist eine Deutung und keine präzise Wiedergabe der Wirklichkeit, wie auch der Sehvorgang selbst neurobiologisch betrachtet eine aktive Konstruktion darstellt, bei dem zwischen Wahrnehmung und Verstand nicht unterschieden werden kann, da alles bisher Erlebte in diese komplexe Konstruktion mit eingeht.

Es war vor allem die moderne Malerei, die wie nie zuvor die dahinter wirkenden Hirnmechanismen bloßgelegt hat. Denn der rasche Wandel der einander widersprechenden modernen Kunstrichtungen, der bisher jeden Kunsthistoriker und Kunstphilosophen in Verlegenheit gebracht hat und noch weiterhin bringt, ist nichts anderes als eine immer währende Frage, die das Gehirn an die sichtbare Welt stellt. Die ganze Kunstgeschichte ist, wie einer ihrer besten Kenner sagt, „die Geschichte der verschiedenen Arten visueller Perzeptionen“ (Read 1959, S. 12). Von hier aus wird der Verzicht auf komplexe präzise objektive Wiedergabe verständlich, der bei den Impressionisten der Wiedergabe des subjektiven Eindrucks Platz macht. Dieser wiederum wird vor allem durch die reinen leuchtenden Farben hervorgerufen, die nebeneinander gesetzt ohne die „Braunfärbung“ des künstlichen Helldunkel ineinander verschmelzen und die dargestellten Landschaften Dinge und Personen allein durch die Farbgebung modellieren. Bei Cézanne jedoch, dessen größter Teil seines Schaffens dem Impressionismus zuzurechnen ist, kam es zu einem Bruch mit dieser auf dem subjektiven Eindruck begründeten Auffassung der Darstellung der Wirklichkeit. Wohl vertraut mit der Kunst der Museen und den Versuchen der Maler vor ihm, die Natur wirklichkeitsgetreu abzubilden, musste auch nach seiner Meinung im Gegensatz zu den Impressionisten, denen es nur auf Farbe und Lichteffekte ankam, jedes Bild eine Struktur besitzen. Dabei verwendete er vor allem zwei Wörter: „réalisation“ und „modulation“, mit denen er das Ziel der alten Meister, das Schaffen von etwas Dauerndem zu erreichen hoffte. Das Wesen der Kunst ist für ihn der Gewinn einer strukturellen Ordnung in den „verworrenen“ Empfindungen. Dies kann nur gelingen, wenn man in das Bild einen Fokus, einen festen Brennpunkt einführt, nach dem die wahrgenommenen Gesichtseindrücke eingeordnet werden müssen. Das Ergebnis ist das, was Cézanne selbst in ihm unbekannter Übereinstimmung mit der neurobiologischen Analyse des Sehvorganges „Abstraktion“ nennt. Damit hat Cézanne auch das Prinzip der Modularität der Sehwahrnehmung erkannt, das heißt, dass für ihn die innere Stabilität und Größe des Bildes nicht nur von der Gesamtkonzeption abhängt, sondern ebenso sehr von geduldiger „Maurerarbeit“, vom Aufbau der Flächen aus einzelnen Elementen, die sozusagen wie in einen Kegel oder Fokus einer stabilen Ordnung von selbst „hineinfallen“. Deshalb tritt auch die mosaikartige Oberflächenstruktur seiner Gemälde nach dem Jahr 1880 für den Betrachter völlig zurück, weil sie dem Gesamtbild völlig eingegliedert ist.

Cézanne hatte zwar keine Schule gegründet, aber sein Ziel wurde zum Ziel der modernen Kunst überhaupt in allen ihren Wegen und Abwegen. Dieses Ziel besteht darin, „die innere Vision Gestalt werden zu lassen, in der Kunst eine Ordnung zu schaffen, die zwar nicht dieselbe ist wie die Ordnung der Natur, aber ihr doch entspricht“ (Read 1959, S. 20). Diese innere Vision, das innere Sehen als Herstellen einer konstanten Ordnung ist gerade der eigentliche Gegenstand der Neuroästhetik, was sich eben vor allem an der modernen Kunst zeigen lässt (vgl. Zeki 1999). Während die alten Meister die Ordnung der abzubildenden Natur selbst nachzuahmen versuchten, imitieren die modernen Maler die Tätigkeit des Gehirns, die darin besteht, in einer sich ständig verändernden Welt das Unveränderliche hervorzuheben. Die von der hirngesteuerten Hand erzeugten Bilder sind Hypothesen des menschlichen Geistes, die auch das enthalten, was man nicht sieht. Wie wir bei der Betrachtung der Gegenstände der Natur erwarten, dass die sichtbare Vorderseite immer auch eine Rückseite hat, obwohl wir diese nicht sehen, wenn wir die Vorderseite betrachten, so erwarten wir auch, dass entsprechend dieser natürlichen Ordnung die im Bild dargestellten Gegenstände dieser Ordnung gehorchen müssen. Indem aber der moderne Maler die modulare (aus einzelnen Elementen zusammengesetzte) und massive parallele Tätigkeit des Gehirns imitiert, eröffnet sich für ihn die Möglichkeit der simultanen Darstellung einer inneren dynamischen Ordnung, die darin besteht, dass z. B. Picasso ein Porträt einer Frau malt, die er aus drei Richtungen betrachtet, bei denen nur die Rückseite fehlt, weil sie die geringste Information liefert (vgl. Pablo Picasso, Frauenbildnis; in: Zeki 2003, S. 53).

Auf diese Weise wird die Betrachtung der objektiven Natur nur der Startpunkt oder die Motivation für die Schöpfung neuer Formen. Die moderne Malerei experimentiert mit den in der Erinnerung aufbewahrten Hypothesen über die konstante Ordnung der natürlichen Welt und verrückt auf diese Weise die normale Sicht der Dinge. Diese „Verrücktheit“, die anfänglich bei vielen Betrachtern Unverständnis, Unbehagen und Ablehnung hervorgerufen hat, ist auch das gemeinsame Kennzeichen der modernen Malerei in ihren zum Teil widersprüchlichen Ausprägungen. Sie weist auch deutlicher als je zuvor auf den Zusammenhang von Wahnsinn und genialer Kreativität hin. Es ist nicht nur eine durch Erregung gesteigerte Produktivität, die auch zur Entdeckung neuer Mittel führt, sondern es treten auch neue Kräfte auf, die ihrerseits objektive Gestalt gewinnen, Kräfte, die, wie der Psychiater und Philosoph Karl Jaspers sagt, „selbst geistig, weder gesund noch krank sind, aber auf dem Boden der Krankheit gedeihen“ (Jaspers 1949, S. 177). Der Expressionismus ist in dieser Hinsicht das beste Beispiel: Edvard Munch und van Gogh werden von derselben inneren Rastlosigkeit getrieben, die hinter der Sichtbarkeit der Dinge lauernde gespensterhaft verzerrte Wirklichkeit darzustellen, die jenen unhörbaren Schrei entlockt, der aus der ganzen Tiefe des inneren Sehens entsteht.

Aber es ist nicht Melancholie, Depression oder Schizophrenie selbst, die zur künstlerischen Darstellung der Wirklichkeit in immer wieder neuen Formen führt. Denn es gibt genug Kranke, die zeichnen und malen, ohne zu einer solchen Form zu kommen. Bei der breiten Masse der dichtenden, zeichnenden, malenden, schnitzenden Schizophrenen in den psychiatrischen Kliniken findet sich weder die geniale Veranlagung noch das technische Können, das van Gogh auszeichnete, für den jedoch erst der Krankheitsprozess die Bedingung geschaffen hat, seine inneren Visionen in dieser Form ausdrücken zu können. Der kranke Genius schafft sich eine neue Welt, die er sonst nie erreicht hätte, aber er zerstört sich auch darin. Auf diese Weise wird auch der Betrachter offen für die ungewöhnlichsten Empfindungen und Erfahrungen. Die Kehrseite dieser Erfahrungen ist aber die Verführung zum unechten Nachmachen. Als Jaspers im Jahre 1912 jene Ausstellung in Köln besuchte, wo um die Gemälde van Goghs herum expressionistische Kunst aus ganz Europa in merkwürdiger Eintönigkeit zu sehen war, überkam ihn manchmal das Gefühl, van Gogh sei der erhabene einzige und widerwillig „Verrückte“ unter so vielen, die verrückt sein wollen, aber nur allzu gesund sind (vgl. Jaspers 1949, S. 182).

Am Rande des Wahnsinns: van Gogh

Bereits Platon bemerkt nicht ohne Bedauern, dass die Kunst im Betrachter eine Art göttlichen Wahnsinns hervorruft. Umso mehr gilt das für den schöpferischen Künstler, der seinen Gemütszustand durch sein Werk zum Ausdruck bringt. Das, was er mitzuteilen hat, ist jedoch nicht als Belehrung für andere gedacht, sondern ist vielmehr zur eigenen Selbstentwicklung oder Selbstentlastung geschaffen worden. Es ist der Zwang zur Selbstentäußerung, ohne die es keine innere Weiterentwicklung gibt. Die produktivste Phase eines Malers oder Komponisten ist von diesem Zwang beherrscht, der, wenn er erlischt, oft zum Selbstmord führt oder in totalem Stumpfsinn endet. Oft am Rande des Wahnsinns oder zumindest in außergewöhnlich emotionalen Zuständen entsteht das Kunstwerk, das als solches immer außergewöhnlich ist und sich dadurch von der Flut der Produktion von Banalitäten unterscheidet.

Das berühmte „Nachtcafé“ van Goghs ist nicht ein gewöhnliches Lokal, sondern der Ort, „wo man sich ruinieren, verrückt werden, Verbrechen begehen kann“ (Brief von Vincent an Theo van Gogh 8./9.Sept 1888), und das „Kornfeld mit Krähen“, zwei Wochen vor van Goghs Selbstmord entstanden, ist der Ort hoffnungsloser Trauer und extremer Einsamkeit. Wie es dazu gekommen ist, hat in unübertrefflicher Weise Karl Jaspers geschildert, dessen Pathographie van Goghs ein erschütterndes Beispiel für den kreativen Wahnsinn eines großen Malers darstellt (vgl. Jaspers 1949, S. 139 ff.). Diese Krankengeschichte ist deswegen ungewöhnlich, weil sie ihre Quelle in einer Selbstdarstellung hat, die van Gogh in seinen Briefen an seinen Bruder Theo selbst geliefert hat. Wenn Jaspers aus dieser Quelle schließt, dass der psychotische Prozess, an dem van Gogh litt, Schizophrenie war, so ist er sich doch im Klaren, dass diese Schizophrenie trotz der unterschiedlichen Abläufe und Ausprägungen, welche die Welt der schizophrenen Gestalten von den dämonischen Befreiungsprozessen am Beginn bis zu den furchtbarsten Verengungen und maschinenhaften Verödungen am Ende für den einzelnen Kranken haben kann, bei van Gogh besonders ungewöhnlich, ja „einzigartig“ in doppelter Hinsicht war: einmal deswegen, weil van Gogh in den Zeiten zwischen den akuten Krisen nicht nur bei klarem Bewusstsein war, sondern auch wegen seiner „souveränen Stellungnahme zu seiner Krankheit“ (Jaspers 1949, S. 164); zum anderen deswegen, weil sich im Verlauf seiner Krankheit (Vorstadium 1888, erster akuter Schub Dezember 1888, dann häufige Anfälle mit Zwischenzeiten bis zum Selbstmord im Juli 1890) die Stilentwicklung seines Malens nach langer bewusster Arbeit so schnell vollzieht und dabei in so hohem Maß Wandlungen herbeiführt, dass alles zuvor Geleistete relativ unbedeutend wird. Die großen einflussreichen Werke stammen alle aus den letzten zwei Jahren seines Lebens. Daraus geht hervor, dass die Schizophrenie nicht schöpferisch als solche ist, aber sie kann die Voraussetzung dafür sein, dass sich Tiefen öffnen (vgl. Jaspers 1949, S. 160).

Van Goghs eigentliche wichtige Schaffensperiode begann daher erst in Arles, wo er, wie er selbst sagt, „krank und beinahe zum Säufer geworden“ im Februar 1888 eintraf. Dort ging es ihm körperlich bald besser, aber zugleich wird aus seinen Briefen an seinen Bruder Theo eine immer stärker werdende psychische Veränderung deutlich, wenn er selbst feststellt: „Wenn ich nicht so schrecklich verwirrt wäre und immer in dieser Unruhe arbeitete, so könnte ich fast sagen, es geht vorwärts.“ Allerdings glaubte er nicht, dass sein „Irrsinn“ zum „Verfolgungswahn“ ausarten würde, weil seine „Empfindungen im Zustand der Erregung immer auf eine Beschäftigung mit der Ewigkeit und dem ewigen Leben ausgerichtet sind.“ Die Ankunft Gauguins, mit dem er in Arles eine Malerkolonie gründen wollte, beschäftigte ihn jedoch so, dass er sicher war, dass dieser nervöse Zustand vorübergehen würde. Doch das Gegenteil war der Fall: Die Gespräche mit Gauguin waren zwar ungemein anregend, aber doch nicht ganz natürlich. Denn sie waren, wie van Gogh selbst sagt, „von einem außerordentlichen elektrischen Fluidum belebt. Mitunter stehen wir davon auf mit müdem Kopf und wie eine elektrische Batterie nach der Entladung“ (zit. nach Jaspers 1949, S. 144). Einen Tag vor Weihnachten, als van Gogh in seine erste akute Krise geriet, reiste Gauguin ab. Aus seiner Erzählung erfährt man einiges über das seltsame und erschreckende Betragen van Goghs. Manchmal stand er unvermutet in der Nacht vor dem Bett Gauguins, um sich dann auf die Frage, wie es ihm ginge, sofort und ohne ein Wort zu erwidern ins Bett zu legen, wo er in einen bleiernen Schlaf verfiel. An einem Abend warf van Gogh in einem Café plötzlich Gauguin ein Glas mit Absinth an den Kopf und am nächsten Tag sah Gauguin van Gogh mit offenem Rasiermesser auf der Straße auf sich zustürzen. Als Gauguin ihn anblickte, kehrte van Gogh um und schnitt sich anschließend ein Stück seines Ohres ab, das er einer Dirne ins Bordell brachte. Blutend und bewusstlos wurde er im Bett gefunden und ins Krankenhaus gebracht. Dort suchte ihn sein Bruder auf.

Er konnte zwar bald darauf das Krankenhaus verlassen, aber solche Anfälle kehrten in nicht sehr langen Zwischenräumen immer wieder. Während dieser Anfälle litt er unter Wahnbildern. So sah er „jedes Zimmer“ seines Vaterhauses, „jeden Pfad, jede Pflanze im Garten, die Umgebung, die Felder, die Nachbarn, den Friedhof, die Kirche, unseren Gemüsegarten, bis auf das Elsternnest an der hohen Akazie auf dem Friedhof.“ Wahnwitzige religiöse Ideen verfolgten ihn, die ihn selbst erschreckten. Zustände voll namenloser Ängste wechseln mit solchen, in denen er sich körperlich wohler als seit Jahren fühlt. Augenblicke traten auf, wo die Begeisterung bis zum Wahnsinn stieg und sich „der Schleier, der über die Zeit und das Schicksal gebreitet ist, sich zu lüften schien“, und im Gegensatz dazu solche, „wo die Wogen sich gleichsam brechen an den stumpfen Klippen der Verzweiflung“ (zit. nach Jaspers 1949, S. 146).

Nach einer weiteren offenbar unnötigen Aufnahme ins Krankenhaus von Arles, aufgrund einer Anzeige ängstlicher Bürger, übersiedelt van Gogh im Mai 1889 freiwillig in die Irrenanstalt St. Remy, wo er zum ersten Mal Geisteskranke sieht, die auf ihn aber eine beruhigende Wirkung ausüben: „Zunächst weil ich die Wirklichkeit des Lebens der Verrückten und der verschiedenen Irren in dieser Menagerie sehe, verliere ich die vage Furcht, die Angst vor dieser Sache, und allmählich komme ich dazu, die

Verrücktheit wie eine andere Krankheit anzusehen" (zit. nach Jaspers 1949, S. 166). Da man ihn dort auch malen lässt, fühlt er sich mit seiner Arbeit glücklicher, als er es draußen sein konnte. Aber nach einem Jahr empfindet van Gogh die Eintönigkeit seines Aufenthaltes in einer Irrenanstalt und die Gesellschaft dieser Unglücklichen, die gar nichts tun, ermüdend und entnervend. Er befürchtet, dort zu „verblöden" und zu „versimpeln", und fasst den Plan, in die Nähe von Paris, nach Auvers-sur-Oise zu ziehen, um dort in Freiheit unter freundschaftlicher Aufsicht des Arztes Dr. Gachet zu leben. Dort stürzt er sich wieder in die Arbeit. Es entstehen Werke von großer Dynamik und unheimlicher Erregung: Der Boden der Landschaften scheint zu leben, überall scheinen sich Wellen zu heben und zu senken, die Bäume sind wie Flammen, alles windet und quält sich, der Himmel flackert. An seinen Bruder schreibt er: „Ich sehe keine Möglichkeit, noch mutig zu bleiben oder zu hoffen ... Ich fühle mich am Ende ... Die Zukunft verdunkelt sich, und ich sehe sie gar nicht glücklich" (zit. nach Jaspers 1949, S. 166 u. 168). Gerade diese letzten Werke van Goghs belegen nur allzu deutlich die neuroästhetische Grundthese vom „inneren Sehen". Denn sie gaben nicht die objektive Realität, sondern den inneren seelischen Zustand wieder, in dem sich van Gogh befand, als er sich das Leben nahm.

Inneres Hören: Die Neuroästhetik der Musik

Dem „inneren Sehen" in der bildenden Kunst entspricht das „innere Hören" in der Musik. Auch hier ist es nicht die Peripherie der Sinnesorgane, in diesem Fall das Ohr, sondern das zentrale Nervensystem, das Gehirn, das sowohl beim Komponieren, Interpretieren als auch beim Hören von Musik aktiv tätig ist und zu jenen tiefen Gefühlserlebnissen führt, die das Wesentliche und Beständige des menschlichen Lebens ausmachen. Am besten hat das in kongenialer Weise ein Dichter wie Oscar Wilde ausgedrückt: „Wenn ich Chopin gehört habe, fühle ich mich seltsam erregt, als müsste ich über Sünden weinen, die ich niemals begangen habe, als sollte ich über Tragödien trauern, die nicht die meinen gewesen. Ich glaube, Musik übt immer diese Wirkung. Sie ruft in uns die Erinnerung an eine Vergangenheit wach, von der man bis dahin nichts wusste, sie erfüllt uns mit den Ahnungen eines Kummers, der unseren Tränen bisher verborgen blieb. Ich kann mir vorstellen, dass jemand, der bis dahin ein ganz alltägliches Leben geführt hat, zufälligerweise irgendwelche seltsame Musik vernimmt und dann plötzlich entdeckt: Seine Seele habe, ihm selbst unbewusst, furchtbare Erfahrungen gewonnen, schrecklichen Jubel, wild romantische Liebe, furchtbare Entsagungen durchlebt“ (Wilde VI, S. 12).

Die neurobiologischen Grundlagen des Musikverständnisses

Was aber sind die neurobiologischen Voraussetzungen, um Musik zu hören? Wie zum Sehen nicht nur das Auge gehört, so gehört, wie bereits gesagt, auch zum Hören nicht nur das Ohr, sondern vor allem das Gehirn. Das Ohr ist nur der Aufnahmeapparat. Damit ist nicht nur das äußere Ohr, die Ohrmuschel, gemeint, sondern auch das Mittelohr und Innenohr. Die Ohrmuschel, die bei vielen Tieren, bei Fischen, Reptilien und bei den Vögeln fehlt, ist jedoch nicht nur ein überflüssiger Zierrat, sondern erfüllt eine wichtige Funktion: Sie verstärkt bestimmte, vor allem hohe Frequenzen und weist außerdem, wie auch der anschließende Gehörgang, Eigenschwingungen auf, die ebenfalls zur Verstärkung bestimmter Frequenzen führen. Von allem Anfang an ist also auch hier das Sinnesorgan aktiv und nicht nur ein passiver Aufnahmeapparat. Das gilt auch für das hochkomplexe und leider auch sehr störanfällige Mittelohr, das hinter dem Trommelfell liegt und die drei Gehörknöchelchen „Hammer“, „Amboss“ und „Steigbügel“ enthält. Auch diese mechanische Vorrichtung dient zur Verstärkung der Schwingungsenergie, die notwendig ist, um die Schwingungsmuster getreu vom luftgefüllten Mittelohr zum flüssigkeitsgefüllten Innenohr weiterzuleiten. Erst im Innenohr befinden sich die Nervenzellen des Gehörsinns, die also die Entsprechung zur Netzhaut des Auges beim Gesichtssinn bilden. Von diesem und von allen anderen Sinnen unterscheidet sich jedoch das Hörsystem in zwei wichtigen Punkten. Einerseits ist das Ohr das Sinnesorgan mit den wenigsten Sinneszellen. Ein Vergleich mit dem Gesichtssinn zeigt, dass den etwa 3500 inneren Haarzellen des Innenohrs über 100 Millionen Photorezeptorzellen in der Netzhaut des menschlichen Auges gegenüberstehen. Aus diesen spärlichen Informationen errechnet erst das Gehirn die vielfältigen Details der auditorischen Wahrnehmung. Andererseits ist aber der Hörsinn wahrscheinlich von allen Sinnen der lernfähigste. Dabei können diese Lernvorgänge ganz unterschiedlich schnell sein. Unser Gehör lernt in Sekundenschnelle, aber auch über viele Jahre hinweg (vgl. Altenmüller 2002, S. 25). Nur ein durch Lernen geübtes leistungsstarkes Gehirn ist in der Lage, gleichzeitig erklingende Melodien, Rhythmen oder Harmonien zu hören. Es sind daher nicht die Schallwellen, die von Musikinstrumenten oder einem Orchester erzeugt werden, welche die eigentliche Musik ausmachen, sondern die Beziehungen zwischen den Tönen, die das Gehirn zu bedeutungsvollen Empfindungen verarbeitet.

Wo genau verarbeitet aber unser Gehirn Musik? Nach der Aufnahme der Klänge im Ohr leitet der Hörnerv die Informationen zunächst an den Hirnstamm weiter. Dort durchlaufen sie mindestens vier Umschaltstationen, welche die Signale filtern, Muster erkennen und die Laufzeitunterschiede des Schalls zwischen beiden Ohren berechnen. Diese Berechnung erlaubt uns, die Richtung zu orten, aus der die Töne kommen. Vom Hirnstamm werden diese Informationen dann zum „Tor zur Großhirnrinde", dem Thalamus, weitergeleitet, der gezielt Informationen zur Rinde durchstellt oder unterdrückt. Dieser Gating-Effekt ermöglicht unter anderem die selektive Aufmerksamkeitssteuerung, mit deren Hilfe wir zum Beispiel ein bestimmtes Instrument aus dem Orchesterklang heraushören (vgl. Altenmüller 2002, S. 19). Entlang dieser „aufsteigenden Hörbahn" vom Innenohr zur Hörrinde erfolgen also nacheinander zunehmend kompliziertere Analysen der vom Innenohr kommenden Informationen. Gleichzeitig werden sie aber auch parallel verarbeitet. Verschiedene Teile des Gehirns kümmern sich also unter unterschiedlichen Aspekten um die gleiche Information. Die Endstation der Hörbahn ist die primäre Hörrinde auf der obersten Windung des Schläfenlappens. Dort wird sozusagen eine Momentaufnahme des ankommenden Schalles angefertigt, bei dem aber bereits verschiedene Aspekte aussortiert und vermessen wurden, so dass auch schon komplexe Hörreize wie etwa Mehrklänge und Klangfarben verarbeitet werden können.

Die eigentlichen und „höheren" Analysen, die unser Musikverständnis ausmachen, vollziehen sich aber erst in den sekundären Hörarealen, die den primären auditorischen Kortex in einem Halbkreis umgeben. „Sekundär" wird diese Hörregion deswegen genannt, weil sie die meisten ihrer Informationen aus der primären Hörregion bezieht und nicht aus dem Innenohr oder dem Hirnstamm. Noch vor wenigen Jahren war die Vorstellung einer streng getrennten Verarbeitung von Sprache in der linken und von Musik in der rechten Hirnhälfte auch in Fachkreisen und medizinischen Lehrbüchern weit verbreitet. Als es sich aber zeigte, dass musikalische Leistungen sowohl nach Schädigung der linken als auch der rechten Hirnhälfte ausfallen können, war diese einfache Zuordnung nicht mehr aufrechtzuerhalten. Darüber hinaus erkannte man, dass solche Defekte nicht nur bei Beeinträchtigung der Hörareale des Schläfenlappens auftreten, sondern auch dann, wenn Stirnhirn und Scheitelregionen betroffen sind. Vor allem musste man feststellen, dass die individuellen Unterschiede bei der Zuordnung musikalischer Leistungen zu Hirngebieten viel größer waren als bei Ausfällen der Sprachverarbeitung. Auch Untersuchungen an Gesunden mit modernen bildgebenden Verfahren zur Messung der Gehirnaktivität konnten bisher nur unvollständig aufklären, was der Musikwahrnehmung anatomisch und neurophysiologisch zugrunde liegt. Wie bei den Beobachtungen Hirngeschädigter waren die Ergebnisse auch dieser Messungen verwirrend vielfältig und widersprüchlich (vgl. Altenmüller 2002, S. 22).

Diese Vielfalt ist einerseits durch die Komplexität von Musik zu erklären. Denn die verschiedenen Teilaspekte wie Rhythmen und Intervalle werden in unterschiedlichen, teilweise überlappenden Hirnregionen verarbeitet. Andererseits ist deren Lage und Ausdehnung stark lernabhängig und unterscheidet sich deutlich bei musikalischen Laien und Berufsmusikern. So erfolgen zwar frühe Verarbeitungsstufen der Musikwahrnehmung im Gehirn, wie Tonhöhen- und Lautstärkeunterscheidung, bei allen Menschen in der primären und sekundären Hörrinde beider Hirnhälften. Aber für weitere Verarbeitungsstufen und komplexere Mustererkennung, wie z. B. die Wahrnehmung von Melodien, sind jedoch bei jedem Menschen zumindest teilweise unterschiedliche Hirngebiete zuständig. Trotzdem gelten viele Voraussetzungen für das Musikhören universell: „Alle Menschen benötigen den Sinnesapparat im Innenohr, die Hörbahn vom Ohr zum Gehirn und die oberen Schläfenlappenwindungen, um Schallwellen als Musik dechiffrieren zu können. Auch die Arbeitsteilung zwischen der linken und rechten oberen Schläfenlappenwindung – rasche zeitliche Analyse links, Verarbeitung der Tonhöhen rechts – dürfte im Wesentlichen allgemein gültig sein“ (Altenmüller 2002, S. 25). Sogar für die Unterschiede der Musikverarbeitung zwischen verschiedenen im Hören und Produzieren von Musik mehr oder weniger geübten Personen gelten einige allgemeine Regeln und Grundsätze: „Bereits auf der Ebene der einfachen Zeit- und Tonhöhenanalyse in den oberen Schläfenlappenwindungen passt sich das Gehirn an Gelerntes an. Im Gegensatz zum ungeübten Hörer ist bei Musikern dieselbe Musik mehrfach im Gehirn repräsentiert: als Klang, als Bewegungsprogramm (am Klavier), als Symbole (Noten) und so fort“ (Altenmüller 2002, S. 25). Wie Musik bei einem Menschen im Gehirn verarbeitet und repräsentiert ist, wird also von dem bestimmt, was er bisher auf musikalischem Gebiet gelernt hat. Nicht zu vernachlässigen ist schließlich, dass auch Emotionen die musikverarbeitenden Gehirnregionen beeinflussen und dass die Repräsentationen von Musik vom jeweiligen kulturellen Rahmen abhängen.

In allen Kulturen und zu allen Zeiten hat Musik in ihren unterschiedlichen Formen die Menschen emotional bewegt und in Begeisterung, ja sogar in Ekstase versetzt. Was geht dabei im Gehirn vor? Auch hier gibt es eine Analogie zu den Empfindungen, die in uns beim Betrachten eines Gemäldes erweckt werden. Wie schon Schopenhauer wusste, geht es sowohl in der Malerei als auch in der Musik um das Erfassen der wesentlichen und bleibenden Ordnungsstrukturen. Im Gegensatz zur chaotischen Alltagswelt, wo das Gehirn nur selten auf makellose tiefe Ordnungsbeziehungen trifft, erfährt das Gehirn in der Musik eine bestimmte perfekte Ordnung. Denn bei einer genialen Komposition ist jede Note sorgfältig ausgewählt, um die Grundlage für außergewöhnlich tiefe Beziehungen von Klängen zu bilden, die sonst nicht möglich sind. Musik führt uns also an einen imaginären Ort, der fernab von all unseren alltäglichen Sinneserfahrungen liegt. Und zumindest für wenige Augenblicke macht sie uns, wie bereits Platon annahm, zu größeren oder besseren Wesen, als wir tatsächlich sind. Oder anders mit den Worten eines modernen Autors und Komponisten ausgedrückt: „Wenn unser Gehirn auf diese Weise bis an seine Leistungsgrenze gebracht wird, dann fühlen wir, wie sich unser Dasein erweitert, und wir erkennen, dass es mehr zwischen Himmel und Erde gibt, als wir uns vorstellen können, und das ist Grund genug für Ekstase“ (Jourdain 2001, S. 400).

11. Der freie Wille als Illusion Die moralische Perspektive

Die gegenwärtige Diskussion um den freien Willen als Grundlage allen moralischen Verhaltens, auf der auch die Zurechnungsfähigkeit des einzelnen Individuums in juristischen Entscheidungen über Schuld und Strafe beruht, ist durch einen biologischen Determinismus bestimmt, der so radikal ist wie nie zuvor. Dieser Determinismus, der den freien Willen als Illusion betrachtet, scheint deswegen unausweichlich zu sein, weil er sich auf die unbestreitbaren Fortschritte in zwei Gebieten der Biologie beruft: Genetik und Hirnforschung.

Marionetten der egoistischen Gene

1976 veröffentlichte der britische Biologe Richard Dawkins ein umstrittenes Buch mit dem Titel >The Selfish Gene< (Das egoistische Gen, 1978 und erweitert 1994). Die provokative Botschaft dieses Buches lautet: Alle Lebewesen, auch die Menschen, werden durch ihre eigenen Gene bestimmt. Sie sind nur Marionetten ihrer Gene und diesen schicksalhaft ausgeliefert – eine Idee, die auch O. E. Wilson (1980), der Begründer der Soziobiologie, vertrat. Wie bereits mehrfach klargestellt worden ist (vgl. Wuketits 2002), ist die Metapher vom egoistischen Gen nur so zu verstehen, dass der Egoismus aller Lebewesen eine genetische Grundlage hat. Es ist daher auch korrekter nicht von dem Begriff „genetischer Determinismus“, sondern von dem Begriff „genetische Disposition“ oder „genetische Propensität“ auszugehen, was so viel heißt wie „erbliche Neigungsstruktur“ (vgl. Mohr & Oeser 1983; Oeser 1987, S. 33). Doch auch diese besonders beim Menschen abgeschwächte genetische Determination darf nicht unterschätzt werden. Denn die erbliche Neigungsstruktur umfasst alle jene genetischen Determinanten, die der Homo sapiens zwischen dem späten Pleistozän und Neolithikum bzw. schon früher durch seine Vorfahren, die Hominiden, mitbekommen hat. Diese genetischen Determinanten bestimmen sowohl seine organisch-physiologische Ausstattung als auch seine Verhaltensweisen. Die Gene bauen eine „Überlebensmaschine“ auf, deren wichtigster Bestandteil das Gehirn ist. Bestimmte Verhaltensweisen sind, wie die Ethologie erkannt hat, wegen ihrer genetischen Verankerung ebenso sichere artspezifische Merkmale wie der Bau der Knochen, Zähne oder Hufe. Das artspezifische Merkmal des *Homo sapiens* ist, wie der Name auch ausdrückt, das Selbstbewusstsein oder das reflektierte rationale Verhalten, das eine emergente funktionale Eigenschaft der erblich überlieferten komplexen Struktur des Menschenhirns ist.

Daraus ergibt sich aber eine von der evolutionären Erkenntnistheorie mehrfach betonte Konsequenz für die Erkenntnisfähigkeit des Menschen: Die genetische Propensität, die den Aufbau und die Funktionsweise unseres Erkenntnisapparates und somit unser Wahrnehmen, Denken und Handeln bestimmt, muss partiell mit der Struktur der realen Welt übereinstimmen, weil nur eine solche Anpassung Überleben und Entwicklung in dieser Welt ermöglichte (Mohr 1983). Der Teil der Welt, auf den sich unser ererbtes Vorwissen bezieht, ist unsere artspezifische kognitive Nische als Welt der mittleren Dimensionen (Mesokosmos), die unseren Sinnesorganen zugänglich ist. Die Struktur und Auflösungskraft unserer Sinnesorgane, die ihrer prinzipiellen Konstruktion nach viel früher in der tierischen Evolution angelegt waren und kaum noch verbessert werden konnten, stellen zwar die letzten Endes auch noch heute gültigen Begrenzungen unserer Erkenntnis dar, da sie den einzigen direkten Zugang zur realen Welt bedeuten. Aber die genetische Evolution des Menschen war in erster Linie eine Evolution des Gehirns, die rückgekoppelt war mit der Entwicklung des Bewusstseins und der symbolischen Sprache. Das aber bedeutet, dass bereits in der genetischen Propensität des Menschen die Möglichkeit angelegt ist, die vorgegebene und durch die informationelle Kapazität der Sinnesorgane beschränkte kognitive Nische zu verlassen. Das genetische Programm ist daher beim Menschen prinzipiell ein offenes Programm, das einer epigenetischen Überformung zugänglich ist; zum Unterschied von allen anderen Lebewesen, die daran gebunden sind, ganz bestimmte Arten von Informationen zu erhalten. Der Begriff „epigenetische Überlagerung" deutet die Verschränkung von „angeboren" und „erworben" an. Denn unter Epigenese wird gewöhnlich von den Biologen die Summe aller Wechselwirkungen zwischen den Genen und der Umwelt verstanden, aus denen die individuellen Merkmale eines Organismus hervorgehen. In diesen Wechselwirkungen gibt es gewisse Regelmäßigkeiten, die sich auch auf psychische Phänomene und Verhaltensweisen erstrecken und kulturunabhängig auftreten, wie bekannte Phobien vor Schlangen, tiefen Abgründen usw. oder Vorlieben für Zucker bis hin zu geistigen Phänomenen wie bestimmten Entwicklungstendenzen im Spracherwerb oder im Erwerb mathematisch-logischer Strukturen.

Das Konzept der „epigenetischen Überformung“ hat daher den Begriff der genetischen Propensität zur Voraussetzung und bedeutet eine auf der genetischen Basis aufgebaute zusätzliche konstruktive Determination. Aus dem bisher Gesagten geht hervor, dass man nicht ein Loch im genetischen Determinismus zu suchen braucht, um die Freiheit und Eigengesetzlichkeit der kulturellen Evolution etablieren zu können. Genetischer Determinismus und Kulturdeterminismus stellen keine einander ausschließende Alternativen dar. Sie können auch nicht in Anteilen oder Prozenten ausgedrückt werden, denn sie stehen auf verschiedenen miteinander komplex verbundenen Ebenen. Das Verhältnis von genetischen und kulturellen Determinanten, genetischer Propensität und epigenetischer Überformung lässt sich am deutlichsten am Beispiel der Sprache darstellen. In der Genetik unterscheidet man Basisgene, die die artspezifisch gleiche genetische Grundausstattung darstellen, und die Differentialgene, die die individuellen Unterschiede bei den Vertretern oder Gruppen einer Art ausmachen. Die Basisgene bestimmen nicht nur die physiologischen Voraussetzungen des Sprachvermögens im zentralen Nervensystem und in den Sprechorganen (Lage und Struktur des Kehlkopfes), sondern auch die so genannten sprachlichen Universalien, die die Grundstruktur aller natürlichen Sprachen ausmachen. Die Differentialgene bestimmen die Unterschiede in der Sprachbeherrschung (Mohr & Oeser 1983). Das gesamte Erbgut führt aber allein nicht zur Ausbildung einer natürlichen Sprache. Die genetische Evolution hat sich die Kodierung der Sprache erspart. Sie ist Angelegenheit der kulturellen Evolution.

Das Gleiche kann man auch von der Entwicklung der Moral und des Rechts sagen, die zwar auch eine genetische und damit auch eine evolutionäre Grundlage besitzen, aber in der Kultur- und Zivilisationsgeschichte der Menschheit sich weiterentwickelt und sogar von dieser genetischen Basis weit entfernt haben. Denn, wie bereits Evolutionsbiologen wie Julian Huxley, Waddington und andere festgestellt haben, hat die natürliche Auslese den Menschen nicht mit einem System der Ethik oder mit Werten versehen, sondern nur mit der Fähigkeit, Ethik und Werte zu schaffen. Handlungen werden daher als „recht“ oder „unrecht“ nur in einem kooperativen sozialen Milieu beurteilt, und sie stellen auf diese Weise eine bestimmte Art sowohl biologischer als auch sozialer Anpassung dar, die von der natürlichen Umwelt und von der sozialen Mitwelt, d. h. von der Struktur der sozialen Gemeinschaft, in der das Individuum lebt, abhängig ist. Das bedeutet aber auch, dass die Sozialstrukturen zur Zeit der Entstehung des *Ho-*

mo sapiens für die genetische Festlegung von Verhaltensweisen bestimmend waren. Wie es eine „kognitive Nische“ des Menschen gab, in der sich sein Erkenntnisapparat adaptiv entwickelt hatte, so gibt es auch eine „moralische Nische“, aus der der Mensch nur schrittweise heraustreten kann.

Es geht daher analog zur genetischen Propensität unserer kognitiven Fähigkeiten um die genetische Propensität unseres moralischen Verhaltens. Die Grundthese ist hier, dass unser angeborenes moralisches Verhalten von der Art der Auseinandersetzung zwischen den Gruppen und Sozietäten der Hominiden des späten Pleistozäns bestimmt ist, die die damaligen ökologischen Nischen besetzten. Die korrekte Rekonstruktion des sozialen Verhaltens zur Zeit der genetischen Programmierung des *Homo sapiens* ist daher von größter Bedeutung. Denn sie gibt Auskunft über jene angeborenen, d. h. genetisch determinierten Verhaltensweisen, mit denen wir noch heute rechnen müssen. Deshalb hat man sich damit sowohl in der Ethologie als auch in der Soziobiologie und (Paläo-)Anthropologie eingehend beschäftigt. Trotz mancher Differenzen ist man sich doch unter den Biologen einig, dass die wesentlichen moralisch relevanten Verhaltensweisen, wie Aggression oder Friedfertigkeit, Egoismus oder Altruismus in hohem Maß genetisch determiniert sind (Mohr 1983).

Daher gibt es nicht nur Schattenseiten, sondern auch „Lichtseiten“ in unseren angeborenen Verhaltensweisen (Mohr 1983a) als positive Folgen der inclusive fitness, der Gesamteignung einer Gruppe. Sieht man in der von der Soziobiologie vertretenen Auffassung von der Kin-Selection (Familien- oder Verwandtschaftsselektion), die sowohl die Nachkommen als auch die weiteren Verwandten wie Geschwister und Eltern umfasst, nur wie E. Wilson einen Sonderfall der „konventionellen“ Gruppenselektion, die letzten Endes die Arterhaltung betrifft, dann bekommt der Begriff der „inclusive fitness“ (Gesamteignung) eine umfassendere Bedeutung, die nicht mehr auf den „Gen-Egoismus“ (Dawkins 1978) reduziert ist. Er bedeutet dann, dass die genetische fitness eines Individuums nicht nur am Überleben und an der Reproduktion seiner selbst und seiner Nachkommen gemessen wird, sondern auch an der Förderung der Fitness seiner genetisch Verwandten und darüber hinaus auch der adoptierten Mitglieder der sozialen Gruppe, die nicht genetisch, aber „geistig“ verwandt sind.

Keine dieser erblichen Anlagen ist jedoch als statischer Wert anzusehen. Es sind vielmehr Verhaltensstrukturen, die in einem bestimmten Rahmen und unter bestimmten Bedingungen ihre lebenserhaltende Funktion haben, in anderem Zusammenhang aber ins Gegenteil umschlagen können. Die biologischen Wurzeln unserer Moral stellen also weder eine Rechtfertigung des Bösen noch eine Garantie für das Gute dar. Die genetische Anlage schlägt beim heutigen Menschen niemals direkt durch, sondern es kommt immer auch eine epigenetische Überformung durch Konditionierung und Belehrung hinzu. In derselben Weise wie im kognitiven Bereich noch nicht aus dem bloßen Angepasstsein des Erkenntnisapparates, sondern erst durch die Funktion des reflektierenden Bewusstseins die Unterscheidung von „wahr“ und „falsch“ entsteht, entsteht auch im affektiven Bereich erst auf der Ebene des bewussten Handelns die Unterscheidung von „gut“ und „böse“. Deshalb gibt es im vormenschlichen Bereich nur „moralanaloges“ Verhalten, wie Konrad Lorenz sagt, und nur das „so genannte Böse“ (Lorenz 1975), aber nicht das „wirklich Böse“. Der Mensch allein ist, wie Simpson (1972, S. 181) betont, das „ethisierende“ Lebewesen. Sein Ethisieren ist eine für sein Überleben notwendige biologische Anpassung. Allerdings ist die Konkretisierung einer solchen evolutionären Ethik nicht einfach, denn sie kann nicht aus dem Faktum der Evolution selbst abgeleitet werden. Die Evolution selbst bietet keine Garantie für das Überleben einer Art. Im Gegenteil: Das Aussterben der Arten ist nichts Ungewöhnliches, sondern vielmehr der Regelfall. Keine der uns bekannten Verhaltensweisen und Mechanismen stellt daher eine Garantie für ein unbegrenztes Überleben dar. Daher führen auch alle Analogien, angefangen von der Analogie der menschlichen Gesellschaft als „Überorganismus“ bis zu den speziellen Vergleichen von Tiersozietäten und Menschensozietäten, in die Irre. Die menschliche Gesellschaft ist nicht ein System von einzelnen Organismen, sondern ein System bewusster Handlungen, deren Folgen die einzelnen Lebewesen voraussehen können. Die biologische Sozialisierungsgrundlage ist daher auch bei den verschiedenen Sozietäten der Lebewesen verschieden. Die „Moralgesetze“ der Ameise, sagt Simpson (1972, S. 184), taugen lediglich für eine Ameise. Ebenso wie der Erkenntnisapparat einer Ameise oder eines Frosches nur für die Ameisen- oder Froschumwelt taugt. Deshalb können weder die Affen- noch die Tigermethoden für die Ethik des Menschen relevant sein, denn sie leben nicht mit den Menschen in einem kooperativen sozialen Milieu.

Der *Homo sapiens* bildet eine eigene Art. Er ist daher auch kein „veränderter Affe“: Weder ein „Mangelaffe“ noch ein „Superaffe“. Er unterliegt aber sämtlichen Prinzipien der biologischen Evolution, und zwar in seiner artspezifischen Weise. Daher ist jedes System der Ethik, das dieses Faktum ignoriert, zum Scheitern, d. h. zur Ineffektivität verurteilt. Die biologische Begründung der Moral bedeutet daher, dass einerseits die Ethik nicht von den biologischen Wurzeln der Moral absehen kann, die in der Evolution des *Homo sapiens* verankert sind, aber andererseits auch nicht aus der genetisch-organischen Evolution ableitbar ist. Die epigenetische Überformung unserer genetisch determinierten Neigungsstruktur ist eine artspezifische Leistung des menschlichen Bewusstseins, das zu kulturellem Lernen befähigt ist. Diese soziokulturelle Entwicklung der Moral ist mit unseren kognitiven Leistungen aber nur insofern verkoppelt, als durch die Steigerung unserer Erkenntnisfähigkeiten auch neue Dimensionen des Guten und Bösen eröffnet werden.

Der Gedanke, dass auch unser Denken und Fühlen, unser Bestehen und Versagen im Leben, unsere Entwicklung als Kinder und Jugendliche, Gesundheit und Krankheit und schließlich Zeitpunkt und Art unseres Todes durch unsere genetische Ausstattung mitbedingt sind, mag uns unheimlich und bedrückend vorkommen. Trotzdem sind wir nicht die Sklaven unserer Gene, sondern verfügen über eine zusätzliche Determination, durch die das genetische System überlagert wird und ganz andere Dimensionen der Freiheit aufweist. So sehr wir auch durch genetische Bedingtheit der Struktur unserer Sinnesorgane und unserer Gehirntätigkeit begrenzt sind, so sehr erhöhen sich auf der Ebene des Bewusstseins die Grade der Freiheit ins Unbekannte. Jedes menschliche Bewusstsein trägt daher den Charakter nicht nur der Individualität, sondern auch den der absoluten, nie mehr wiederkehrenden Einmaligkeit in sich.

Der Geist kommt zu spät: Das vorauseilende Bereitschaftspotential

Doch aus der Neurobiologie selbst kommt eine enttäuschende und desillusionierende Entdeckung, welche die so mühsam erkämpfte Idee von der Willensfreiheit des Menschen wieder in Frage stellt. Seit Benjamin Libet in seinen Experimenten festgestellt hat, dass das so genannte Bereitschaftspotential im Gehirn einer Versuchsperson eine motorische Bewegung einleitet, bevor der Betroffene überhaupt eine bewusste Entscheidung getroffen hat, ist erneut die alte philosophische Debatte um die Existenz menschlicher Willensfreiheit ausgebrochen. Nur streiten sich diesmal nicht die Philosophen mit den Soziobiologen, sondern es sind Neurowissenschaftler, Psychologen, Theologen und Rechtswissenschaftler, welche die Frage stellen, ob der freie Wille des Menschen durch hirnphysiologische Bedingungen vollständig festgelegt ist oder ob der Mensch sich schließlich doch frei entscheiden kann. Wenn Neurowissenschaftler experimentell beweisen könnten, dass es den freien Willen des Menschen nicht geben kann, hätte diese Erkenntnis schwerwiegende Konsequenzen nicht nur für die ethischmoralische Seite unseres Menschenbildes, sondern auch für die praktische Rechtsprechung. Denn nur dann, wenn der freie Wille des Menschen prinzipiell trotz aller möglichen Einschränkungen existiert, lässt sich vernünftigerweise von Verantwortung oder Schuld und Strafe reden. Deshalb fordern einige Hirnforscher eine Abschaffung von Strafen gegenüber Gesetzesbrechern und schlagen dagegen eine Verwahrung von Kriminellen vor, die lediglich dem Schutz der Bevölkerung dienen soll.

Bevor man in diese Debatte überhaupt eintreten kann, ist es notwendig, zu klären, was und mit welchen Methoden in diesen Experimenten eigentlich untersucht worden ist. In den frühen Versuchen Libets, die bereits 1973 veröffentlicht wurden, ging es zunächst nur um die Hautempfindungen menschlicher Versuchspersonen bei Bewusstsein, die mit wiederholten schwachen Stimulationen der freigelegten sensorischen Großhirnrinde verglichen wurden. Das Ergebnis war, dass schwache Hautreize nur dann bewusst wahrgenommen werden, wenn in der Großhirnrinde ein Zeitraum bis zu 0,5 Sekunden für die Ausarbeitung räumlich-zeitlicher neuronaler Muster aufgebracht wird. Diese Zeitspanne ist notwendig, um die für die primitivste bewusste Empfindung nötige Komplexität zu erreichen. Das Überraschende an diesen Experimenten war jedoch, dass die tatsächliche Wahrnehmung von den Versuchspersonen zeitlich auf den Beginn der Reizfolge zurückdatiert wurde, dass also das subjektive Erleben den objektiven Beginn der unbewussten Gehirntätigkeit verdeckt.

Erst ein Jahrzehnt später hatte Libet seine Experimente über die Wahrnehmung auf die Willkürbewegung ausgeweitet, indem er sich die Aufgabe gestellt hat, zu untersuchen, wie die „Zeit der bewussten Intention, zu handeln, im Verhältnis zum Beginn zerebraler Aktivität (Bereitschaftspotential)“ steht. Die Versuchsperson hatte die Instruktion, aus einem entspannten Ruhezustand heraus den „Drang, zu handeln (in diesem Fall einen Finger zu krümmen), von alleine und zu jeder Zeit auftauchen zu lassen, ohne vorauszuplanen oder sich auf die Handlung zu konzentrieren“ (Libet 1983, S. 625). Nach wiederholten Versuchen zeigte sich auch hier, dass sich das Bewusstsein der Handlungsabsicht, d. h. der Willensentschluss, wieder um eine halbe Sekunde im Vergleich zum Beginn der Hirnrindenaktivität verspätet. Um das herauszufinden, musste die Versuchsperson auf eine Uhr mit rotierenden Zeigern blicken und sich den Zeigerstand genau merken, an dem sie sich entschlossen hatte, die kleine Bewegung durchzuführen. Die entsprechende Uhrzeit wurde von den Versuchspersonen später nach Beendigung des Versuches berichtet. Verglichen mit dem Zeitpunkt des Auftretens des durch das Elektroenzephalogramm registrierten Bereitschaftspotentials im supplementären motorischen Areal der Gehirnrinde konnte Libet dann genau feststellen, dass der Willensentschluss weder vor noch zur gleichen Zeit, sondern erst nach dem Starten des Bereitschaftspotentials auftrat. Der Willensentschluss konnte daher nicht die Ursache der Bewegung sein, die schon zuvor durch das Bereitschaftspotential eingeleitet worden ist. Das aber scheint zu bedeuten, dass das Gehirn die Handlung bereits festgelegt hat, bevor das Bewusstsein entschieden hat. Das Gefühl, diese Handlung selbst bewusst gewollt zu haben, also Ursache der Bewegung zu sein, tritt nur deswegen auf, weil diese Feststellung im Bewusstsein zurückdatiert und vor dem Beginn der Bewegung angesiedelt wird. Die unter verbesserten Bedingungen durchgeführte Wiederholung dieses Experimentes durch Patrick Haggard und Martin Eimer brachte die gleichen Ergebnisse: Der Willensentschluss oder die bewusste Intention, zu handeln, tritt erst nach Beginn des Bereitschaftspotentials auf (vgl. Haggard u. Eimer 1999).

Libet, der seine Experimente entwarf, nicht um den freien Willen zu leugnen, sondern vielmehr um ihn zu beweisen (Roth 2003, S. 176 f.), spricht jedoch dem Bewusstsein eine „Vetorolle“ zu: „Prozesse, die mit individueller Verantwortung und Willensfreiheit verbunden sind, ‚operieren‘ vermutlich nicht in der Weise, dass sie eine willentliche Handlung initiieren, sondern indem sie willensbestimmte Ergebnisse selektieren und unter ihre Kontrolle stellen“ (Libet 1985, S. 528). Der Grund für die Annahme einer solchen Kontrollfunktion besteht darin, dass der bewusste Wille, obwohl er dem vorausgehenden Bereitschaftspotential folgt, etwa 150 ms vor der Aktivation des Muskels auftritt, der die Bewegung durchführt. Für den bewussten Willen würde daher noch genügend Zeit zur Verfügung stehen, um den Prozess zur anschließenden Bewegung aufzuhalten oder überhaupt zu verbieten.

Die Kontrolle der Basalganglien

Aber auch diese Hoffnung, im bewussten Willen zumindest ein nachträgliches Kontrollorgan zu besitzen, scheint zu schwinden bei näherer Betrachtung der Hirnmechanismen, die für die Entscheidung, ob eine komplexe Handlung durchgeführt werden soll, zuständig sind. Denn, so lautet das Argument, das basale Bewertungssystem, das für die Auslösung einer Willkürbewegung zuständig ist, sind die „subkortikalen“ Strukturen, die eingehüllt von der Gehirnrinde in der Hemisphärentiefe liegen. Bewusst im Stirnhirn geplante Handlungen gelangen nur dann zur Ausführung, wenn sie vorher die Schleife über die tiefer gehenden Hirnregionen durchlaufen haben. Dabei kommt den so genannten Basalganglien, wie man vor allem aus der Untersuchung der Ursachen der Parkinson'schen Erkrankung weiß, eine besondere Rolle zu. Denn sie sind verantwortlich für die Freischaltung des neuronalen Schaltkreises, der für die Ausführung der Bewegung notwendig ist. Die Basalganglien selbst werden wiederum vom limbischen System, insbesondere von der grauen Masse der Mandelkerne (Amygdala), kontrolliert, wobei auch noch eine andere Hirnstruktur des limbischen Systems, der Hippocampus, wirksam ist, von dem man annimmt, dass in ihm u. a. auf einer landkartenartigen Repräsentationsmatrix (cognitive map) Informationen über die Situation der äußeren und inneren Umwelt (= der Leib) hinsichtlich vitaler Erfordernisse oder Gefahren mit Verhaltensmustern für prompte Aktionen wie auch für Lernvorgänge korreliert werden können (Seitelberger in Oeser/Seitelberger 1995, S. 85 f.). Aus dieser allgemein akzeptierten, empirisch-experimentell gestützten Annahme eines dynamischen Zusammenhangs verschiedener aufeinander wirkender Hirngebiete lassen sich nun unterschiedliche Folgerungen für komplexere menschliche Willenshandlung ableiten.

Abgesehen davon, dass all solche Experimente unter künstlichen Laborbedingungen durchgeführt wurden und nur simple Bewegungsweisen, wie Finger krümmen oder Knöpfe drücken, betrafen, kann man sich auf jeden Fall darauf berufen, dass es immer letzten Endes die Basalganglien sind, die kausal die Willkürbewegung auslösen. Diese unbewusst von den Basalganglien getroffene „Entscheidung" über das Auslösen von Bewegungen gilt unabhängig von der Zeit, die darauf verwendet wird, um die Bewegung vorzubereiten: „Ob wir spontan nach der Kaffeetasse vor uns greifen oder uns lange fragen, ob wir das nun tun sollen oder nicht – die Letztentscheidung, ob etwas tatsächlich getan wird, fällt in den Basalganglien ein bis zwei Sekunden vor Beginn der Bewegung. Hinzu kommt natürlich die weitere Tatsache, dass wir auch beim langen Hin- und Herüberlegen unter starkem Einfluss des limbischen Systems stehen" (Roth 2003, S. 178 f.). Gerade aber deswegen, weil all diejenigen unbewussten Bedingungen, die auf den bewussten Willen einwirken, nicht vom Bewusstsein erfasst werden, sonst wären sie nicht unbewusst, entsteht der subjektive Eindruck, frei zu sein. Tatsächlich dient aber dieser subjektive Eindruck, das Gefühl des Wollens und Gewollthabens von Handlungen, nur der Kennzeichnung derjenigen Handlungen, die von der präfrontalen, parietalen und motorischen Großhirnrinde unter notwendiger Beteiligung der Basalganglien vorbereitet und ausgelöst wurden. Solche Kennzeichnungen fehlen, wenn es sich um Reflexe handelt, an denen die Großhirnrinde nicht beteiligt ist. Aus dieser Sicht folgt dann nach Roth (2003, S. 180) logisch zwingend, dass der freie Wille eine Illusion ist, die das Gehirn „perfiderweise“ dem bewussten, denkenden und wollenden Ich verleiht. Daher kann auch dieses Ich nicht im moralischen Sinne verantwortlich für dasjenige sein, was das Gehirn tut.

Nach seinem eigenen Selbstverständnis hat jedoch Libet keineswegs den freien Willen „als Illusion entlarvt“ (Gehirn & Geist 01/2002, S. 43), was eilfertige Epigonen aus seinen Experimenten geschlossen haben. Denn nach seiner Auffassung müsste der Nachweis, dass dem freien Willen auch nicht die von ihm noch zugebilligte Vetorolle zukommt, darin bestehen, dass dieses Veto selbst unbewusst eingeleitet und entwickelt werden würde. Es gibt daher „keinen logischen Zwang in irgendeiner Geist-Gehirn-Theorie, nicht einmal in der Identitätstheorie, der eine spezifische neuronale Aktivität erfordert, welche das Wesen der bewussten Kontrollfunktion bestimmt und ihr vorhergeht“ (Libet 2004, S 279). Und genauso wenig gibt es „experimentelle Belege gegen die Möglichkeit, dass der Kontrollprozess ohne die Entwicklung von vorherigen unbewussten Prozessen auftreten kann“. Es ist daher auch nicht ausgeschlossen, dass Faktoren, auf denen die Veto- oder Kontrollentscheidung beruht, durch unbewusste Prozesse (wie etwa die Freischaltung des neuronalen Schaltkreises, der für die Ausführung der Bewegung notwendig ist, durch die Basalganglien) entwickelt werden, die dem Veto vorangehen. Die bewusste Vetoentscheidung könnte jedoch nach Libets eigener Auffassung trotzdem ohne eine direkte Spezifikation dieser Entscheidung durch die vorangehenden unbewussten Prozesse getroffen werden. Man könnte also das Programm, das von der ganzen Bandbreite vorausgehender Gehirnprozesse angeboten wird, bewusst annehmen oder ablehnen: „Wir können die unbewussten Initiativen zu Willenshandlungen als ein Hochsprudeln im Gehirn verstehen. Der bewusste Wille entscheidet dann, welche dieser Initiativen sich in einer Handlung niederschlagen soll oder welche verhindert und abgebrochen werden sollen, ohne dass es zur Handlung kommt“ (Libet 2004, S. 282). Diese Art von Rolle für den freien Willen stimmt auch mit „religiösen und ethischen Mahnungen überein“, die sich gewöhnlich darauf beziehen, dass man „sich selbst unter Kontrolle hat“. Die meisten der Zehn Gebote geben die Anweisung, dass man etwas nicht tun soll. Ethische Systeme haben es mit moralischen Kodizes oder Konventionen zu tun, die sich darauf beziehen, wie man sich zu anderen Personen verhält. Sie haben es mit Handlungen zu tun, und nicht bloß mit Impulsen oder Absichten. Wenn es also der Vollzug einer Handlung ist, der bewusst gesteuert werden kann, sollte es auch nach Libets eigener Auffassung „legitim sein, dass man Personen auf Grund ihrer Handlungen für schuldig und verantwortlich hält“. Für ihn ist die nahezu universale Erfahrung, dass wir aus freier, unabhängiger Entscheidung handeln können, eine Art von „Prima-facie-Beleg“, dass bewusste mentale Prozesse bestimmte Gehirnprozesse kausal steuern können: „Eine Theorie, die das Phänomen der Willensfreiheit bloß als Illusion deutet und die Gültigkeit dieser phänomenalen Tatsache leugnet, ist weniger attraktiv als eine Theorie, die diese phänomenale Tatsache akzeptiert und sich ihr anpasst. Bei einer Frage, die von so grundlegender Bedeutung ist für unser Selbstverständnis, sollte die Behauptung der illusorischen Natur von Willensfreiheit auf recht direkte Belege gegründet werden. Solche Belege gibt es aber nicht; und die Deterministen schlagen auch keinen Entwurf eines Experiments vor, um die Theorie zu prüfen“ (Libet 2004, S. 286 f.).

Woher stammt dann die so spektakulär anmutende Schlussfolgerung aus den Libet-Experimenten, die ihr Initiator selbst nicht vertritt, dass der freie Wille nur eine „Illusion“ oder „soziale Konstruktion“ ist, die jeder Wirklichkeit entbehrt? Sowohl in dieser Interpretation „aus der Sicht des Gehirns“ (Roth 2003) wie aus der so genannten „Dritten-Person-Perspektive“ (Singer 2004) ist mit den Begriffen „Gefühl, Illusion“ usw. eine Beschreibungsebene angesprochen, die sich durch Selbstbeobachtung des eigenen Ich, also die „introspektive Methode“ konstituiert. Diese introspektive Methode wird seit dem Entstehen einer naturwissenschaftlich orientierten experimentellen Psychologie von den meisten Biologen und Hirnforschern der Philosophie zugeschrieben. Doch hat bereits Kant vor dieser Methode der Selbstbeobachtung gewarnt, die nach seiner Meinung „der gerade Weg“ in „Kopfverwirrung“, „Schwärmerei“ und „Wahnsinn“ ist (vgl. Lange 1877, S. 382). Kant hat daraus sogar die Unmöglichkeit der Psychologie als Erfahrungswissenschaft abgeleitet. Daraus geht hervor, dass das neurophilosophische Problem der Willensfreiheit nicht auf einer introspektiv erfassbaren Beschreibungsebene einer „Ersten-Person-Perspektive“ liegt, sondern es geht um die Möglichkeit einer zusätzlichen Determination, einer „Kausalität der Freiheit“, wie sich Kant ausdrückt, oder in moderner Sprechweise um die Möglichkeit einer „intentionalen Verursachung“, die in den neuronal bedingten Ablauf der Sensomotorik eingreifen kann, indem sie ihn aufhalten oder verändern kann.

Intentionale Verursachung und Willensfreiheit

Wenn man das Problem der „mentalen“, „psychischen“ oder „geistigen“ Verursachung nicht aus empirisch psychologischer Sicht, sondern aus der

Sicht der Neurophilosophie behandeln will, dann muss man zunächst angeben, was „mental" oder „geistig" heißen soll, oder was man unter „Geist" oder Bewusstsein verstehen soll. Die beiden Begriffe „Geist" und „Bewusstsein" werden in der philosophischen Tradition immer dann gleichgesetzt, wenn es sich beim „Bewusstsein" um das reflexive oder auf sich selbst bezogene Bewusstsein (Selbstbewusstsein) handelt und beim Begriff „Geist" um den so genannten subjektiven Geist. Davon ist der Geist ohne Bewusstsein zu unterscheiden, d. h. der so genannte objektive Geist oder auch kollektive Geist und seine Objektivierungen oder Realisierungen symbolischer Art. Will man sich mit dem objektiven Geist und/oder mit den symbolischen Objektivierungen des Geistes beschäftigen, dann geht es um die Welt der symbolischen Formen. Allerdings hat man es dann nur mit den Produkten des wirklichen, d. h. subjektiven tätigen Geistes zu tun, die für sich genommen, wenn sie nicht wahrgenommen, gehört oder gelesen werden, nichts sind. Denn es gibt kein Zeichen mit intrinsischer Bedeutung. Deshalb bedarf die Rede vom objektiven Geist oder den Objektivierungen immer des subjektiven Geistes, der nicht durch seine symbolischen Surrogate ersetzt werden kann. Doch es sind gerade diese Objektivierungen des menschlichen Geistes, die einen nicht auf Introspektion beruhenden Zugang zum subjektiven Geist liefern. Darin besteht die von Kant so genannte „transzendentale Methode", die, ausgehend von den faktischen Erkenntnisleistungen, die unbestreitbar vorhanden sind, auf die Bedingungen der Möglichkeit dieser Erfahrungen, die vor aller Erfahrung im Subjekt selbst liegen, zurückschließt. Im Rahmen einer evolutionären Neurophilosophie sind jedoch diese Bedingungen kein normatives Apriori, sondern das Ergebnis der Evolution und individuellen Ontogenese des Gehirns. Das gilt nicht nur für die menschlichen Erkenntnisleistungen, sondern auch für die moralischen Entscheidungen.

Das philosophische Ich oder der subjektive Geist gilt in der philosophischen Tradition seit Descartes und Kant als die sicherste unbezweifelbare Sache. Bei Kant ist jedoch das transzendentale nichtempirische Subjekt der Erkenntnis keine *res cogitans* oder Substanz, sondern ein normatives Konstrukt mit funktionaler Realität, die keineswegs weniger real ist als das, was man empirisch erfahren kann, sondern dieses normative Konstrukt ist die notwendige Bedingung aller Erfahrung. Ein normatives Apriori im engeren und strengen Sinn des Wortes ist auch der an das selbstbewusste Ich gebundene, freie Wille als Postulat einer Verantwortungsethik, die die notwendige Grundlage jeder Moral und Rechtsordnung ist. Damit erschöpft sich jedoch auch die rein philosophische Charakteristik des subjektiven Geistes. Denn das transzendentale Subjekt Kants ist selbst nur in seiner Tätigkeit erkennbar. Es ist für sich selbst inhaltlich völlig leer, das Subjekt der Prädikation, von dem selbst nichts prädiziert werden kann, ein X, um das man sich in jeder Prädikation im Kreis herumdreht. Der selbstbewusste Geist ist nichts anderes als eine Funktion zweiter Ordnung, d. h. eine Funktion von Funktionen, nämlich eine Vereinheitlichungsfunktion, die „ursprünglich synthetische Einheit der transzendentalen Apperzeption", oder, wie es Kant erläuternd ausdrückt: das „Ich denke", das alle meine Vorstellungen begleiten muss, sonst wären es nicht meine Vorstellungen.

Der neurophilosophische Zugang zum Problem der Willensfreiheit bedeutet gegenüber dieser rein philosophischen Begriffsklärung nur Folgendes: Wenn man über das menschliche Bewusstsein oder den freien Willen Aussagen machen will, ist es nicht möglich, das menschliche Gehirn als den realen Träger zu ignorieren. Diese „naturalistische" Auffassung macht die philosophische Analyse des menschlichen Bewusstseins zu einem integrierten Teil einer transdisziplinären Hirnforschung. Umgekehrt hat man auch in den Neurowissenschaften erkannt, dass die Beschränkung auf die physikalisch-chemische und physiologische Terminologie nicht ausreicht, um die Hirnfunktionen selbst zu beschreiben. Denn sonst wäre die Beschreibung des Gehirns nicht unterschieden von der Beschreibung jedes anderen Organs, wie etwa der Leber, um einen alten Vergleich zu verwenden. Da es aber nicht die Funktion des Gehirns ist, wie die der anderen Körperorgane, organische Produkte, z. B. Säfte zu erzeugen, ist das Produkt dieses Organs nicht selbst wiederum ein organisches oder physikochemisches Produkt, sondern überschreitet diesen Bereich. Denn die Tätigkeit des Gehirns besteht nicht in einer sinn- und zwecklosen Produktion von elektrischen und/oder chemischen Zuständen, sondern in der Steuerung des Verhaltens des Organismus. Die internen Zustände, die für diese Leistung nötig sind, lassen sich jedoch nicht in eine physiko-chemische Sprache übersetzen. Ebenso wenig ist dazu die gewöhnliche Alltagssprache einer vorwissenschaftlichen introspektiven Psychologie zu gebrauchen, die ja erst die Kluft zwischen einer „Ersten-" und „Dritten-Person-Perspektive" aufgerissen hat mit all dem daraus folgenden Lamento über die Unvereinbarkeit der beiden Kulturen, d. h. Naturwissenschaft und Geisteswissenschaft.

Vielmehr ergibt sich die Forderung nach einer intermediären Beschreibungssprache, die eine nicht nur interdisziplinäre, sondern transdisziplinäre Betrachtungsweise ermöglicht und damit der Neurophilosophie zumindest eine integrative (vereinheitlichende) Funktion verleiht. Trotz aller Schwierigkeiten und Missverständnisse ist für eine solche Vermittlungssprache noch immer die Terminologie einer allgemeinen Informationstheorie, die sowohl die Übertragung als auch die Verarbeitung von Informationen mit einschließt, eine Grundlage, nicht nur weil sie in den Naturwissenschaften Eingang gefunden hat, sondern weil sie nachweislich der klassischen philosophischen Erkenntnistheorie seit Aristoteles zugrunde liegt (vgl. Oeser 1976), ohne eine naive Abbildtheorie zu implizieren. In einer revidierten Terminologie des Informationsverarbeitungsparadigmas gibt es bezogen auf das Problem Gehirn und Bewusstsein bzw. freier Wille nicht nur wie bei jeder organischen Materie eine Struktur/Funktionsbeziehung, sondern es stehen sich zwei funktionale Realitätsbereiche, der Bereich der chemo-elektrischen Hirntätigkeit und der ebenfalls funktionale Realitätsbereich der Bewusstseinsleistungen gegenüber. Die funktionelle Neuroanatomie, die zunächst – was nahe liegend ist – von der Computerprogramm-Analogie ausgegangen ist, hat in diesem Zusammenhang ein Konzept biologischer Informationsverarbeitung erstellen können, in dem die von der Maschinentechnik und Automatentheorie entliehene Terminologie z. T. nur mehr einen metaphorischen Charakter hat. Abgesehen von den hier nicht weiter mehr zu diskutierenden Unterschieden in der materiellen Beschaffenheit von biologischen und elektrotechnischen Gebilden geht es auch um prinzipielle Unterschiede in der Art der Informationsverarbeitung. Es sind das:

- der überaus große Informationsdurchsatz des menschlichen Nervensystems,
- die extreme Verdichtung, deren Mechanismen mit dem technischen Modell der Konvergenzschaltung nur unzureichend erklärbar sind,
- und die massive Parallelität, die für die Informationsverarbeitung im Gehirn besonders charakteristisch ist.

Wenn daher einer der Begründer der modernen funktionalen Neuroanatomie, J. Szentágothai, auf die notwendige Unterstützung der Hirnforschung durch die „Informationstheorie" hinweist, dann dürfte wohl klar sein, dass es sich dabei weder nur um die vergleichsweise einfache Modellvorstellung der Shannon'schen Signalübertragungstheorie noch um die populäre Computerprogramm-Analogie handelt, sondern um eine allgemeine Informationstheorie, die sich auf einer wesentlich tieferen, d. h. grundlegenderen Ebene befindet als die gewöhnliche Schaltlogik. Eine solche fundamentale Theorie der Modellierung des dynamisch-funktionalen Verhältnisses von Gehirn und Bewusstsein ist nach Szentágothai durch eine mit dem Konzept der in die transdisziplinäre Hirnforschung integrierten intentionalen Verursachung völlig konforme Charakteristik bestimmt, nach der

- das Nervensystem aus hierarchisch und parallel angeordneten selbstorganisierenden Subsystemen besteht, das offen für verschiedene Informationen ist, die wiederum dessen dynamische Strukturen modifizieren könnten;
- ein zweiwegiger Zusammenhang zwischen neuronalen und globalen Abläufen im Nervensystem existiert, der die Vorstellung einer von den höheren Stufen nach „abwärts“ gerichteten Kausalität intuitiv weniger anstößig erscheinen lässt;
- die globalen (mentalen oder kognitiven) Funktionen in diesen hierarchisch und parallel verkoppelten dynamischen Strukturen „verkörpert“ sind (Szentágothai 1985).

Angewendet auf das Problem der mentalen Verursachung oder des freien Willens im Rahmen der Beziehung von Gehirn und Bewusstsein lässt sich daher sagen, dass trotz der notwendigen neurobiologischen Grundlagen dieser funktionale Bereich der Bewusstseinsleistungen neue und selbständige Eigenschaften, Qualitäten und Inhalte hat. Das heißt, dass man niemals aus den neuralen Ereignissen allein auf bestimmte Bewusstseinsinhalte schließen oder sie gar davon ablesen kann. Auch nicht durch die so genannten „bildgebenden Verfahren“, mit denen man bloß feststellen kann, welche Hirngebiete und in welchem Ausmaß und – wenn das überhaupt bei der massiven Parallelität neuronaler Prozesse möglich ist – in welcher Abfolge kognitive oder emotionale Prozesse ablaufen. Was diese neuronalen Prozesse bedeuten, kann man immer nur aus den Verhaltensweisen oder sprachlichen Äußerungen erfahren. Die Gehirn-Bewusstseinsbeziehung muss man daher als schichtentranszendierenden, „übersteigenden“ Selbstorganisationsprozess verstehen. Das heißt: Es treten neue Systemeigenschaften auf einer „höheren“ funktionalen Ebene auf, wobei eine dynamische Interdependenz zwischen der rein funktionalen Ebene des Bewusstseins und der organischen Ebene der Hirnfunktionen vorliegt. Diese Interdependenz oder „Wechselwirkung“ ist eine Art von sich selbst steigernder zyklischer Kausalität von upward und downward causation, wobei diese downward causation in einem informationellen, nicht materiell-energetischen Sinn zu verstehen ist.

Diese informationelle Kausalität weist eine größere Stabilität auf als die materiell-energetische, aus der sie entstanden ist. Das lässt sich bereits, wie Manfred Eigen (1988, S. 113–148) gezeigt hat, an der genetischen Information nachweisen. Die gegenüber ihrem Träger größere Stabilität der genetischen Information hat ihren Grund in der besonderen Art der biologischen Komplexität der organischen Materie. Denn diese beruht auf einer neuen Qualität, die auf die besondere Art der Beziehungen der Elemente untereinander zurückzuführen ist. Der materielle Träger der Information, der selbst eine chemische Substanz (bestehend aus Nukleinsäuremolekülen) ist, wird zwar ebenfalls wie jede andere chemische Substanz abgebaut. Aber die im Nukleinsäuremolekül enthaltene genetische Information ist durch Selbstreproduktion stabil, ja geradezu „unsterblich" (Eigen 1988, S. 123) geworden. Sie überlebt nicht nur den jeweiligen materiellen Träger in seinen Nachkommen, sondern kann sich auch weiterentwickeln.

Auch die mentale Information weist gegenüber ihren organischen Trägern, den Neuronen und Neuronenverbindungen eine größere Stabilität auf. Bewusstseinsfunktionen bleiben auch bei größeren Zerstörungen des Gehirns durch Krankheiten oder Verletzungen erhalten, weil sie metaorganische globale Funktionen sind, die nicht in einer Eins-zu-eins-Relation an bestimmte neurale Zustände an einem bestimmten Ort des Gehirns gekoppelt sind. Mentale oder intentionale Verursachung ist daher immer eine Verursachung von globalen Funktionen auf lokale Funktionen. Damit kommt man auch zu einer Übereinstimmung mit der aus der modernen Philosophie des Geistes stammenden so genannten „Supervenienztheorie", welche die semantische Identitätstheorie weit gehend ersetzt hat (s. oben Kap. 3). Obwohl diese Theorie vom Prinzip der kausalen Geschlossenheit der Welt ausgeht und daher eine direkte intentionale oder mentale Verursachung nicht annehmen kann, bedeutet das lediglich, dass es keine lokale Supervenienz (Überlagerung) oder Wirkung von mentalen Vorgängen auf einzelne Gehirnvorgänge gibt, sondern nur eine globale Supervenienz im Sinne der bereits erwähnten downward causation. Aus dieser Sicht kann aber umgekehrt auch nicht die Tätigkeit einzelner Neuronen oder Neuronengruppen, das alltagssprachlich so genannte „Feuern", allein die Ursache von menschlichen Erkenntnissen und Entscheidungen im Sinn einer linearen „Verursachung von unten" (upward causation) sein. Vielmehr muss der „Kreisprozess zwischen Individuum und Welt" (Seitelberger in: Oeser/Seitelberger 1988, S. 118) oder „Wahrnehmungs-Handlungszyklus" aus mehreren, teilweise überlappenden, in beide Richtungen gehenden Kreisläufen angesehen werden, wobei auch die Frage nach der ersten Auslösung einer Handlung relativiert wird oder sogar überhaupt ihre Bedeutung verliert (vgl. Walter 1999, S. 313). Damit lässt sich auch die immer wieder gestellte Frage beantworten, wann eine Handlung beginnt. Als Handlung im eigentlichen Sinn kann im Grunde genommen nur der letzte Teil des komplexen aus bisher in seiner Gesamtheit undurchschaubaren Kreisprozesses angesehen werden, an dem das Bewusstsein bereits eingesetzt hat: „Im Bewusstsein geschieht sozusagen die Verwandlung des deterministischen Chaos der Gehirntätigkeit in die indeterminierte Autonomie des freien Willens“ (Seitelberger in: Oeser/Seitelberger 1988, S. 102).

Man kann in der Existenz zahlreicher sich ständig wiederholender Regelkreise, durch die sich neuronale Bereitschaftspotentiale aufbauen, einen umfassenden Lagebericht ansehen, der zwar wegen seiner nicht reduzierbaren Komplexität nicht das verhaltenssteuernde Bewusstsein erreicht, aber die Befindlichkeit eines Individuums gestaltet. Das führt dazu, dass jede noch so rationale Hirnleistung eine „Gefühlstönung“ aufweist, in der sich nicht nur die lebenserhaltenden Vorgänge, wie Atmung, Nahrungsaufnahme usw., sondern auch Affekte wie Lust, Wut, Ärger und komplexere Gefühle wie Furcht und Freude, Hoffnung und Enttäuschung widerspiegeln, die auf Bewertungen beruhen, die erst durch die Erfahrungen im Laufe des Lebens erlernt worden sind. Diese emotionale Befindlichkeit übt einen unleugbaren Einfluss auf die Freiheit bewusster Handlungsentscheidungen aus, sie verhindert sie jedoch nicht. Im Unterschied zu den Tieren, bei denen die Signale aus der Vitalsphäre mehr oder minder unmittelbar in das aktuelle Verhalten eingehen und Triebregungen unbedingt befolgt werden, soweit sie nicht, wie bei domestizierten Tieren, durch Dressur gehemmt werden, bestimmen sie beim Menschen lediglich die Handelnsbereitschaft.

In diesem Zusammenhang ist wiederum auf eine für den Menschen charakteristische Unterscheidung hinzuweisen, die sowohl Hirnforscher der Vergangenheit als auch der Gegenwart im Sinn einer Unterscheidung unterschiedlicher entwicklungsgeschichtlicher Intentionalitätsstufen (vgl. Kap. 6) getroffen haben. Schon Theodor Meynert hat, wie auch später Gerald Edelman, ein primäres und ein sekundäres Bewusstsein unterschieden. Und zwar erweitert sich das primäre Ich, demgemäß der eigene Leib sich im Bewusstsein von der übrigen Außenwelt als Individualität abgrenzt, zu einem sekundären Ich, das als höhere Hirnfunktion in der gesamten Großhirnrinde lokalisiert ist. Ohne die Evolutionstheorie Darwins zu leugnen, sieht Meynert den Unterschied zwischen Mensch und Tier in dem „Umfange des sekundären Ich“. Es ist der artspezifische Hirnmechanismus des Menschen, der die grenzenlose Erweiterung des sekundären Ich während seiner ontogenetischen Entwicklung ermöglicht. Diese Erweiterung geschieht jedoch nur im Rahmen des sozialen Kontextes durch die von ihm so genannten „Parallelvorstellungen, dass die eigenen Vorgänge auch Vorgänge im Innern anderer sind“ (Meynert 1892, S. 171). Und als Psychiater fügt Meynert hinzu: „Der Defekt, den man als Defekt von Hirnleistungen auch Blödsinn nennen kann, liegt bei dem moralischen Irrsinn in dem geringen Umkreis des sekundären Ich. Analog wie bei der vollen Idiotie auch das primäre Ich defekt ist" (Meynert 1892, S. 173). Das aber bedeutet, dass dem moralisch verantwortlichen Subjekt diese Verantwortlichkeit nur im Rahmen einer Kommunikationsgemeinschaft primär mit anderen Menschen, aber auch, wie schon Darwin gefordert hat, mit anderen Lebewesen, zugesprochen werden kann.

Es ist daher hoffnungslos, aus der Analyse von Hirnvorgängen und der Beobachtung des Verhaltens eines Individuums allein die Frage nach der Existenz des freien Willens beantworten zu wollen. Darauf deuten auch die einander widersprechenden Resultate der Hirnforscher hin. Während für den einen der freie Wille im „anteriorem Cingulum" lokalisiert ist (Crick 1994, S. 328), ist für den anderen der freie Wille nur „eine Illusion" (Roth 2003, S. 180). Wie bereits mehrfach ironisch kritisiert, führt der Versuch, den Willen einer frontalen Region zuzuordnen, nicht nur zu einer „Neophrenologie" oder zu einer „frontalen Lobologie als neuer Pseudowissenschaft" (David 1992) und gerät damit in die Homunculusfalle, sondern führt auch unvermeidlich in einen unendlichen Regress. Denn die Annahme einer Kommandozentrale in einer bestimmten Hirnregion führt zur weiteren Frage eines vorangehenden Kommandos an diese Region von einer anderen Region; die gleiche Frage kann in Bezug auf diese andere Region gestellt werden, welche immer sie auch sein mag, und dann an deren Vorläufer, und so weiter (vgl. Walter 1999, S. 312). Den freien Willen überhaupt zu leugnen, indem man ihn als bloß subjektives illusionäres Gefühl ansieht, ist dagegen ein Psychologismus alltagssprachlicher Art, der aber ebenfalls dadurch in die Homunculusfalle gerät, als er den Basalganglien zumindest metaphorisch Entscheidungsfähigkeit als die „Zustimmung" zur beabsichtigten Handlung zuschreibt (vgl. Roth 2003, S. 174). Bereits William James, einer der Begründer der naturwissenschaftlich betriebenen empirischen Psychologie, hat darauf hingewiesen, dass „eine geistreiche, großzügige populärwissenschaftliche Art von Betrachtung" nicht ausreicht, um die „unendlich verwickelten Beziehungen" von Gehirn, Geist und Willen zu erfassen: „Der einzig mögliche Weg, sie zu verstehen, führt durch metaphysische Subtilitäten" (James 1920, S. 466).

Die philosophisch ethische Fragestellung nach der Willensfreiheit ist weder eine Frage nach der Existenz einer gespensterhaften Entität, die irgendwo im Gehirn an einem bestimmten Ort sitzt, noch die Frage nach der Berechtigung eines subjektiven Gefühls der Freiheit, sondern Willensfreiheit ist eine Leistung des Menschenhirns, die in einer vergleichenden und optimierenden Bewertung auf höchster Informationsstufe des so genannten sekundären Bewusstseins besteht, also Determination nach dem unserer Erkenntnis zugänglichen Wertmaßstab bedeutet. In diese Bewertung fließen zwar außer den kognitiven rationalen Elementen auch Bestrebungen aus der emotionalen Sphäre ein. Das wird durch die Kortikalisation der vitalen Triebinstanzen im Zwischenhirn ermöglicht, aber diese emotionalen Aspekte müssen eine rationale Entscheidung nicht verhindern. Sie können sie jedoch verstärken oder abschwächen, obwohl unser Bewusstsein keinen Einblick in die Realität seines physischen Trägers und seiner physiologischen Prozesse hat. Die Bedingungen einer Wahlentscheidung können daher zum größten Teil nicht und müssen notwendigerweise nicht ins Bewusstsein treten. So sagt Schopenhauer zu Recht: „Der Mensch kann zwar tun, was er will, er kann aber nicht wollen, was er will.“ (vgl. Seitelberger, in: Oeser/Seitelberger 1995, S. 101)

Die Willkürbewegung als Ursprung des freien Willens

Wie das Bewusstsein ist auch der freie Wille kein Alles-oder-nichts-Phänomen, sondern weist mehrere Stufen auf. Er setzt bereits bei der einfachsten Willkürbewegung ein, von deren experimenteller Untersuchung aus ja die erneute Debatte um die Willensfreiheit eingesetzt hat. Die neurophysiologische Ereignisfolge einer Spontanbewegung beginnt mit dem motorischen Bereitschaftspotential, einer negativen Gleichspannungsschwankung der prämotorischen Rinde – und zwar ein halbe Sekunde vor der bewussten Bewegungsintention bzw. dem wirklichen Bewegungsablauf, durch den zunächst der Gesamtorganismus in die für das Gelingen des Bewegungsplanes günstigste Ausgangsposition gebracht wird, ehe die Endbewegung in gewünschter Form ihr Ziel erreicht. Im Augenblick dieses Erfolges tritt ein scharfes positives Erfolgssignal auf. Von dem skizzierten Ablauf kann lediglich die Endbewegungsreihe willentlich, etwa in der Form des Auftrages: „Den rechten Arm benutzen!“, angesteuert werden. Die eigentliche Durchführung ist dem nicht bewussten Können des Gehirns überlassen. Wie aber die Elementareinheiten des Systems, die zahlreichen im Gehirn auch bei der kleinsten Bewegung aktivierten Nervennetze zur raschen, gezielten, genauen und dosierten Bewegung zweckvoll zusammenwirken, kann nur vermutet werden.

Diese Feststellung gilt in vollem Umfang für die Unterscheidung eigener Körperbewegungen von denen der Umgebung, die gleicherweise für die Identifikation des leiblichen Selbst und für die Erhaltung der Stabilität der Umwelt erforderlich ist. Dazu verrechnet das Gehirn offenbar die Erfahrungen über die eigene Lage im Raum aus dem visuellen System und dem Gleichgewichtssystem, d. h. die afferenten (zum Gehirn leitenden) Signale über Muskel- und Sehnenspannung sowie über Stellung der Glieder, mit der Rückmeldung der afferenten Signale für die eigenen Augen-, Kopf- und Körperbewegungen, die so genannte Reafferenz, zu einer Diagnose der Position und Dynamik des Organismus gegenüber seiner Umgebung im Schwerefeld der Erde. Über dieses Vermögen des kognitiven Nichtbewussten zu verfügen ist unerlässliche Voraussetzung jeder willkürlichen Bewegung.

Vom neurophysiologischen Standpunkt ist es daher nicht überraschend, dass die Organisation einer gezielten Bewegung eine gewisse Zeitspanne vom Moment ihres Auslösungssignals an beansprucht. Die Arbeitsgeschwindigkeit im Nervensystem ist relativ gering, die Zahl und Vielfalt der viele Gehirnteile mit einbeziehenden Arbeitsgänge aber ungemein groß. Unter anderem müssen die Ausgangslage der Bewegung und die vor sich gehenden Bewegungen des Körpers und des Zielobjektes extrapolierend verrechnet werden, um die erforderlichen zahlreichen Teilbewegungen zu einer harmonischen, zielgerechten Bewegungsfolge zu organisieren, wozu auch das Kleinhirn benötigt wird. Die Teilbewegungspläne wieder müssen aus ihren subkortikalen Repräsentationen in den Bewegungsentwurf, der in der prämotorischen Stirnrinde zustande kommt, eingebracht werden. Das Vorhandensein des Bereitschaftspotentials weist darauf hin, dass der Ursprungszeitpunkt einer gewollten Bewegung mit der subjektiven Erfahrung des Bewegungsentschlusses nicht zusammenfällt, sondern deutlich zeitverschoben vor diesem anzusetzen ist. Aber auch dieser Umstand von subjektiver Umdatierung eines neuralen Ereignisses enthält nichts Ungewöhnliches, da z. B. die verschiedenen Afferenzen von ein und demselben Umweltereignis zu verschiedenen Zeiten in der Großhirnrinde eintreffen, aber als intermodal gleichzeitig erfahren werden. Die autonome Zeitharmonisierung trägt zur klaren Konturierung und Integration der subjektiven Wahrnehmung bei, für die zeitliche Datierungskorrekturen notwendig sind, die man jedoch nur dann als Täuschungen bezeichnen kann, wenn man von einem Zeitbegriff der klassischen Mechanik ausgeht. Das aber ist für den neurobiologischen Zeitbegriff nicht möglich. Denn das Gehirn hat von vornherein keine bestimmte Uhr, d. h. einen Zeitgeber und Zähler für eine globale Zeit, die für das gesamte zentrale Nervensystem gilt. Es scheint bemerkenswerterweise keine eindeutige lokale Beziehung im Großhirnrindenbereich zu geben, die für einen einheitlichen Zeitsinn verantwortlich ist. Ebenso wenig ist es eine bestimmte Sinnesmodalität, die allein dafür bestimmend wäre. Der Zeitsinn beruht vielmehr auf einer intermodalen oder transmodalen zentralnervösen Analyse der durch die verschiedenen Sinnesorgane vermittelten Sinnesdaten.

Die Willensfreiheit als subjektives Bewusstseinsphänomen kann daher auch nicht vom zeitlichen Ablauf des neuralen Geschehens abhängig gemacht werden. Daher sagt Kant, dass der Willensfreiheit ein „Vernunftursprung“, aber nicht ein „Zeitursprung“ zugeschrieben werden kann, d. h., dass sie „nicht von irgendeinem vorhergehenden Zustand (kausal) abgeleitet werden“ kann, wohingegen eine aus freier Entscheidung begangene Handlung als Gegebenheit in der Welt auf eine Naturursache bezogen werden muss. Der „Grund des Gebäudes der Freiheit“ muss zwar „lediglich in Vernunftvorstellungen“, d. h. in Informationsverarbeitungsprogrammen als Arbeitsvorschrift gesucht werden, aber das Werkzeug oder ausführende Organ ist das Gehirn. Das intentionale Selbstbewusstsein kann auf diese Weise als integrierende Metafunktion die kausal determinierten Programme des Verhaltens steuern.

Die geplante Handlung als Realisierung der Willensfreiheit

Auch die einfachsten Willkürbewegungen, wie sie experimentell immer wieder im Labor untersucht wurden, wie das Krümmen eines Fingers, Beugen des Handgelenkes, Heben des Armes usw. entstehen nicht aus dem Nichts. Davor steht immer eine Zielsetzung, auch wenn sie nicht immer bewusst sein mag und in ihrer primären Form nur der Erhaltung und Sicherung des Überlebens dient. Triebe, unreflektierte Wünsche können zu ungeplanten Spontanbewegungen führen. Davon sind die eigentlichen Handlungen zu unterscheiden, die aus einem im Voraus bewusst geplanten komplexen Bewegungszusammenhang zur Erreichung eines bestimmten Zieles bestehen. Erst auf dieser Ebene einer langfristig geplanten Entscheidung, die dann in Handlungen umgesetzt wird, entsteht überhaupt das philosophische Problem der Willensfreiheit, das als ethisch-normatives Problem nicht durch neuropsychologische Experimente entschieden werden kann.

Die experimentelle Psychologie hat sich zwar nach einer lang andauernden Unterbrechung durch den Behaviorismus, der nur die Beobachtung des äußeren Verhaltens als wissenschaftlichen Untersuchungsgegenstand angesehen hat, wieder mit dem Gesamtmechanismus beschäftigt, mit Hilfe dessen bestimmte Pläne, Absichten und schließlich Ziele in Verhalten, d. h. Bewegungsabläufe, umgesetzt werden, und sie hat auch versucht, für das „Exekutivsystem“, das Handlungen plant, vorbereitet, kontrolliert und bewertet, im Gehirn eine Entsprechung zu finden. Solche Versuche reichen von der heutzutage eher fragwürdigen und überholten Annahme einer zentralen Kommandostelle im präfrontalen Kortex (Stirnhirn) bis zur Vorstellung einer Kooperation und Optimierung mehrerer im Gehirn verteilter Kontrollsysteme. Doch, wie bereits W. James für die ältere Psychologie der Willenshandlung festgestellt hat, wird in dieser Disziplin vom freien Willen abstrahiert, was jedoch „gleichbedeutend mit Ablehnung ist, und die meisten Psychologen behaupten unbedenklich, dass der freie Wille nicht existiert“ (James 1920, S. 458). Das Gleiche gilt auch für die Gegenwart, wenn von Vertretern der empirischen Psychologie behauptet wird, dass „die Idee eines freien menschlichen Willens mit wissenschaftlichen Überlegungen prinzipiell nicht zu vereinbaren“ (vgl. Prinz 2004, S. 22) ist. Denn es handelt sich dabei um eine „falsche alltagspsychologische Intuition, und da die meisten Überlegungen zu einer Philosophie des Geistes alltagspsychologische Intuitionen als Fundament nehmen, kommen Naturwissenschaft und Geisteswissenschaft in dieser Frage nicht zusammen“ (Prinz 2004, ebda).

Doch Neurophilosophie ist, wie überhaupt die Philosophie, weder eine Geisteswissenschaft im üblichen Verständnis der zwei voneinander getrennten Kulturen, noch ist sie eine von der empirischen Psychologie abhängige „Metapsychologie“ (Wittgenstein). In der theoretischen Philosophie (Erkenntnistheorie) geht es immer nur um die Wahrheit der Erkenntnis, und in der praktischen Philosophie ist die Diskussion um die Willensfreiheit seit jeher das Problem einer Verantwortungsethik. Es geht daher nicht primär um den so genannten freien Willen, sondern vielmehr um den „guten Willen“ (Kant). Erst im Handeln aus Freiheit wird das Verhalten personalisiert und gewinnt Bedeutung und Sinn. Voraussetzung dafür ist die personale Identität, die im Laufe des Lebens eines Individuums entwickelt, aber auch wieder verloren werden kann. Denn sie ist kein von vornherein gegebenes Faktum, sondern muss als Leistung des sich in seiner komplexen Tätigkeit selbstorganisatorisch entwickelnden Gehirns angesehen werden, die als emergentes Phänomen des Selbstbewusstseins im Erkenntnisprozess entsteht. Die Adäquatheit der menschlichen Wirklichkeitserkenntnis ist damit auch die Voraussetzung der Willensfreiheit. Denn erst sie ermächtigt und nötigt den Menschen, wirklichkeitskonforme, richtige und verantwortungsvolle Entscheidungen zu treffen. Verantwortung bedeutet die innere Notwendigkeit, in Freiheit das erkannte Wahre als beste Möglichkeit zu wählen und zu tun, wie es in der philosophischen Gleichsetzung von Freiheit und Notwendigkeit seit Platon postuliert wird.

Die Freiheit liegt aber dabei eigentlich nicht so sehr in der Wahl einer von mehreren vorgegebenen Möglichkeiten in der betreffenden Entscheidungslage, sondern vielmehr darin, dass die zur Wahl stehenden Alternativen für ein selbst gewähltes Handlungsziel erst bewusst geschaffen werden. Diese Freiheit des Menschen als nicht mehr bloß biologisch interpretierbare Selbstbestimmung muss daher letztlich selbst als biologische Notwendigkeit betrachtet werden, die bereits mit jedem Verhalten einsetzt, das dem Überleben des Individuums und der Art dient. In diesem Sinne kann man auch annehmen, dass höhere Tiere, wenn man ihnen Bewusstsein zuspricht, ebenfalls in der Innerlichkeit ihres Verhaltens eine ursprüngliche Vorstufe der Willensfreiheit besitzen. Diese metabiologische Dimension der Willensfreiheit, d. h. ihre Gebundenheit an ihr leibliches Ausführungsorgan, ist eine alte Idee, die bereits in den Worten Spinozas zum Ausdruck kommt, dass „unser Leib so eingerichtet ist, dass durch ihn mit Freiheit gewirkt werden könnte" (vgl. Seitelberger in: Oeser Seitelberger 1995).

Währen Spinoza im Unterschied zu Descartes in der aristotelischen Tradition steht, die davon ausgeht, dass jede Emotion auch ein Werturteil enthält, hat Kant die Idee der Urheberschaft klar zum Ausdruck gebracht, indem er behauptet, dass die Vernunft „sich selbst als Urheberin ihrer Prinzipien ansehen" muss (Kant 1786). Willensfreiheit ist dann das Vermögen, einen „Zustand von selbst anzufangen". Was aber Kant nicht behauptet hat, ist, dass es eine solche Freiheit des Willens ohne Anstrengung gibt. Alles, was er über den guten Willen sagt, weist darauf hin, dass diese Freiheit erst aktiv erworben werden muss. Der freie Wille ist weder eine dem Menschen von vornherein gegebene selbstverständliche Fähigkeit noch eine bloße Illusion. Als sittliche Forderung muss Willensfreiheit vielmehr im Laufe des Lebens jeder individuellen menschlichen Person erst entwickelt und zu jedem Zeitpunkt gegen die Macht der Gene und der determinierenden Hirnmechanismen neu erkämpft werden. „Was Wunder", sagt William James, „wenn der von uns aufgewendete Betrag solcher Anstrengung der einzige, im strengen Sinn unvermittelte und originelle Beitrag ist, den wir für die Welt liefern" (James 1920, S. 461).

12. Das Ende von Schuld und Strafe? Die rechtsphilosophische Perspektive

Lange bevor Neurowissenschaftler aufgrund der schon geschilderten Experimente zur Willkürbewegung den freien Willen als Illusion bezeichnet haben, wurde die Annahme einer Willensfreiheit bereits von einigen Juristen als „staatsnotwendige Fiktion" des Gesetzgebers (Kohlrausch, Bockelmann, vgl. Baratta 1985, S. 269) gekennzeichnet. Es scheint also über den illusionären oder fiktiven Charakter der Willensfreiheit eine völlige Übereinstimmung zwischen Neurowissenschaft und Rechtswissenschaft zu herrschen. Doch die Begründung ist in beiden Gebieten eine völlig andere. Im Rahmen der hauptsächlich vom so genannten Rechtspositivismus vertretenen normativ-fiktiven Auffassung der Willensfreiheit wird nicht nur jeder Bezug zu einer ontologisch-metaphysischen, sondern auch zu einer empirisch-anthropologischen Begründung ausgeschlossen. Es wird vielmehr die Willensfreiheit als abstrakt-logische Forderung der Zurechnungsfähigkeit aus dem System des positiv gültigen Strafrechts erschlossen. Mit anderen Worten: Es wird nicht gefragt, was der Mensch sei, um dann darauf ein Rechtssystem zu errichten, sondern es wird ein generelles Bild vom Menschen konstruiert, das logisch aus dem bereits vorgegebenen positiven Recht hervorgeht, ohne dessen normative Grenzen zu überschreiten. Damit kann aber der Idee der Willensfreiheit keine andere Bedeutung zugemessen werden, als die einer Fiktion, der in der Rechtsordnung nur die „Zurechnung" entspricht. Im Unterschied zur neurowissenschaftlichen Vorstellung von der Willensfreiheit als bloßer Illusion, die als letzte Verhütungsmaßnahme nur das Wegsperren des Verbrechers kennt, kann sich jedoch der Rechtspositivismus auf das abstrakte Schema der Generalprävention, d. h. auf die allgemeine Abschreckung durch die Androhung jener Strafen berufen, die im positiven Strafrecht festgelegt sind. Was jedoch in beiden Fällen, ob man nun neurowissenschaftlich den freien Willen als Illusion entlarvt zu haben glaubt oder ihn rechtswissenschaftlich als notwendige Fiktion des Gesetzgebers betrachtet, auf der Strecke bleibt, ist die individuelle erzieherische Funktion, die der konkrete Vollzug der Strafe nach dem Geist der modernen Strafrechtsordnung haben soll. Eine solche Funktion des Strafvollzuges ist aber nur bei einem Individuum möglich, das nicht durch seine genetische Veranlagung oder den Zustand und die Arbeitsweise seines Gehirns völlig determiniert ist, sondern in irgendeinem Sinn das besitzt, was Willensfreiheit genannt werden kann, die jedoch nicht innerhalb, sondern nur jenseits der jeweils historisch oder regional gültigen Rechtsordnung im Wesen des Menschen als Individuum und Person gefunden werden kann.

Vergeltung oder Rache als Ursprung der Gerechtigkeitsidee

Der Ursprung des Strafrechts liegt, wie Kelsen (1943/1982) nachgewiesen hat, gar nicht in der Idee der Willensfreiheit und der daraus resultierenden Verantwortung des kriminellen Täters, sondern in dem Prinzip der Vergeltung. Diese weithin verbreitete Vorstellung vom Wesen der Gerechtigkeit als Vergeltung oder Rache ist nach der Auffassung von Kelsen im vormenschlichen Bereich verankert. So weist er auf Darwin hin, der gewisse Verhaltensweisen von Tieren bereits als Racheakte interpretiert hat. Trotz mancher Kritik an biologistischen Übertreibungen, wie sie bei Spencer und Haeckel vorkommen, hält Kelsen an der Idee einer evolutionär vorgegebenen Grundlage des „Rachetriebes" fest, der zumindest bei gesellschaftlich lebenden Tieren in Betracht kommt: „Es mag wohl sein, dass in dem – nicht erst beim Menschen, sondern vielleicht schon bei dem gesellschaftlich lebenden Tier zu beobachtenden – Rachetrieb noch der elementare Abwehr-Reflex steckt, den ein von außen verursachter Schmerz auslöst. Aber damit dieser Reflex zu einer mehr oder weniger bewussten, auf den Urheber gerichteten Aktion wird, wie es die Rache ist, muss der ursprüngliche Instinkt eine – nur durch das gesellschaftliche Zusammenleben mögliche – Modifikation erfahren" (Kelsen 1982, S. 54).

Die schon von Tylor angeführten Beispiele einer Rache an leblosen Gegenständen, die bei wilden und primitiven Völkern vorkommt – der Stein, an dem man sich gestoßen hat, wird getreten, und der Pfeil, der jemanden verwundet hat, wird zerbrochen –, sind alles Fälle, die bereits über den Urinstinkt der Selbsterhaltung des Individuums hinausgehen. Hier liegt nach Kelsen bereits ein sozial bedingtes Verhalten vor; ebenso bei der Blutrache, die als Erfüllung einer sozialen Verpflichtung anzusehen ist. Auch die von manchen Ethnologen als die ältere und ursprüngliche Form der Rache angesehene „Ersatzrache" an Unschuldigen ist für Kelsen bereits ein sekundäres und kein primäres Phänomen. So verfolgten bei den westaustralischen Eingeborenen die Verwandten den Mörder und töteten den ersten

Besten, wenn sie den Gesuchten nicht fanden – selbst wenn es ein Kind gewesen wäre. Wenn ein Häuptling auf den Philippinen starb, wurden unschuldige Wanderer getötet und ihre abgeschnittenen Köpfe um die Leiche gelegt. Kelsen weist auch darauf hin, dass schon sehr früh – zur Zeit Darwins – das hoch entwickelte Rechtsgefühl der „Wilden" festgestellt wurde, das in dem durch keinen kritischen Zweifel erschütterbaren Prinzip der Vergeltung besteht, welches keine Verzeihung kennt, sondern die Verzeihung als schweren moralischen Fehler ansieht. Als hervorragendes Beispiel dafür, dass die Vergeltung zum obersten Prinzip des Handelns gemacht wird und mit eiserner Strenge bis in seine äußersten und grässlichsten Konsequenzen durchgeführt wird, wird seit jeher die sittliche Denkweise der nordamerikanischen Indianer angeführt. Vom Standpunkt der christlichen Moral und der Naturrechtslehre zwar als Irrtum beklagt, konnte man ihr „doch eine gewisse Achtung nicht versagen" (Kelsen 1982, S. 65).

Das Vergeltungsprinzip verpflichtet aber nicht nur die Verwandten des Opfers zur Blutrache an dem Mörder, sondern sie reicht bis in das Reich der Toten selbst und umfasst nicht nur den Menschen, sondern auch die Tiere. Denn die Totenseele des Tieres hat dieselbe Funktion wie die Totenseele des Menschen: nämlich Vergeltung zu üben. So rächt sich nach Auffassung der Ureinwohner ein Tier an dem Jäger, der es erlegt hat. Es wäre aber irreführend, zu behaupten, dass die „Naturmenschen" dem Tier eine das Leben nach dem Tode fortsetzende Seele zuerkennen. Wird in solchen Fällen das Tier oder dessen Totenseele als Vergeltungsinstanz gefürchtet, dann ist es die im Tier reinkarnierte menschliche Totenseele. Denn zu den ältesten Bestandteilen des Totenseelenglaubens gehört die Vorstellung, dass die Toten in Tiergestalt weiterleben. Soweit das Tier als Erscheinungsform einer menschlichen Totenseele angesehen wird, hat der Gegensatz von Tier und Mensch keinen Sinn. Das lebende Tier ist wie der lebende Mensch Subjekt und Objekt der Vergeltung, und dieses Verhältnis gilt in den ursprünglichen Gesellschaften auch für die Pflanzen, zumindest für diejenigen, die für den Menschen wichtig sind, insbesondere die Bäume. Der Baum ist in der Vorstellung vieler Naturvölker nicht nur ein sich rächendes Wesen, sondern es kann auch am Baum, wenn dieser ein Unrecht tut, Rache geübt werden. Hat ein Ast einen Menschen erschlagen, so wird der Baum gefällt. Ebenso wird ein Baum umgehauen, von dem ein Mensch herabgefallen ist.

Die enge Verknüpfung der Vergeltungsidee mit dem Seelenglauben der Primitiven, bei dem die Seele immer nur das tätige Subjekt der Vergeltung ist, setzt sich auch in den hoch entwickelten Religionen fort, allerdings wird in diesen, wie z. B. in der christlichen, die ihre Existenz im Jenseits fortsetzende Seele zum Objekt der Vergeltung. Denn die Seele wird nach christlicher Lehre im Jenseits nach ihren guten und bösen Taten gerichtet.

Freiheit als Leitidee der Rechtsentwicklung

Was zeigt nun diese rechtstheoretische durch empirisch-anthropologische Untersuchungen gestützte Auffassung vom Vergeltungsprinzip als Ursprung der Gerechtigkeitsidee? Vergeltung und Rache werden an demjenigen ausgeübt, der als der Verursacher einer Tat angesehen wird – gleichgültig, ob es sich dabei um einen leblosen Gegenstand, um ein Tier oder einen Menschen handelt und unabhängig davon, ob diese Tat mit oder ohne freien Willen geschehen ist. Schlimmstenfalls wird sogar ein Ersatzobjekt für die Schuldzuweisung gesucht. Nichts darf ungesühnt bleiben, lautet die Strategie, die dem nackten Überleben dient.

Daraus lässt sich nun zwanglos, ohne weitere große soziologische oder sozial- und rechtsphilosophische Reflexionen, jener in der Tradition so viel behandelte Naturzustand des Menschen erklären. Er ist keinesfalls als völlig rechtlos aufzufassen, wie ihn etwa der berühmte Spruch von Hobbes „Homo homini lupus" anzugeben scheint. Recht und Moral gibt es schon in den allerersten Anfängen der Entwicklung der Menschheit, denn das ist eine Grundbedingung für die Hominisation: Der erste Mensch war eine Gruppe mit internen Verhaltensregeln gegenüber den eigenen Gruppenmitgliedern und externen Verhaltensregeln gegenüber Mitgliedern fremder, konkurrierender Gruppen. Aus diesem Grundsatz lassen sich alle bisher ziemlich einheitlich gegebenen Charakteristika des „frühen" oder „archaischen" Rechts ableiten: Das archaische Recht beruht auf Regeln der Vergeltung und Schadensabwehr. Mit der Schadensabwehr sind verbunden: die Solidarhaftung der Sippe, Rache an ihr oder kompensatorische Buße durch sie. Genau das aber sind die Verhaltensweisen einer sozialen Gruppe, die gegen andere Gruppen um Überlebensressourcen kämpft. Damit wird auch die evolutionäre Entstehung des Rechts als einer selbst gewählten Zwangsstruktur deutlich, die selbst wiederum eine notwendige Folge der Größe und Komplexität menschlicher Sozietäten ist (vgl. Oeser 1990, 2003). Allgemeine Freiheit, allgemeine Gleichheit vor der Autorität des Staates und die freie Selbstverwirklichung des Einzelnen gehören daher auf logisch-apriorische Weise im Sinne einer rationalen Begründung zusammen. Kant hat diese Einsicht durch ein allgemeines Rechtsprinzip ausgedrückt, das da lautet: „Handle äußerlich so, dass der freie Gebrauch deiner Willkür mit der Freiheit von jedermann nach einem allgemeinen Gesetz zusammen bestehen könne" (Metaphysik der Sitten. Werke IV, S. 338).

Betrachtet man diese idealisierte Vorstellung des Rechtssystems als einer frei gewählten, aber allgemein gültigen Zwangsstruktur, dann wird der normative Charakter des philosophischen Freiheitsbegriffes klar. Traditionellerweise wird von Kant bis Hegel die Entwicklung des Rechts oder der Idee der Gerechtigkeit als ein Forschritt im Bewusstsein der Freiheit gesehen. Die Verbindung eines solchen normativ aufgefassten Begriffs der Willensfreiheit mit dem Schuldbegriff ist daher keineswegs so selbstverständlich, wie sie von jenen Hirnforschern angenommen wird, die den freien Willen als Illusion bezeichnen. Denn das illusionäre Gefühl, einen freien Willen zu haben, ruft nach dieser Auffassung ein ebenso illusionäres Schuldgefühl hervor: „Das Gefühl der persönlichen Schuld, das wir häufig empfinden, wenn wir etwas Unrechtes getan haben, resultiert aus der irrtümlichen Annahme, wir als bewusstes Ich hätten das Unrecht verursacht" (Roth 2003, S. 180). Die Existenz des selbstbewussten Ich, das für komplexe Handlungsplanung unerlässlich ist, wird zwar von keinem Hirnforscher geleugnet, obwohl es schwer fällt, es aus der bloßen Tätigkeit der einzelnen Neuronen abzuleiten oder zu begründen. Aber nach der Vorstellung eines neuronalen Determinismus wägt zwar das selbstbewusste Ich ab, erteilt Ratschläge, aber es entscheidet nichts. Die Entscheidung wurde bereits von den Bereitschaftspotentialen getroffen und wird auch immer nur durch die Basalganglien des limbischen Sytems kontrolliert. Wer in Wirklichkeit keine subjektive Schuld hat, kann daher auch nicht zur Verantwortung gezogen und bestraft werden. Das Einzige, was übrig bleibt, ist das Wegsperren des „unschuldigen", weil „unfreien" Straftäters, um die Gesellschaft vor ihm zu schützen.

Diese Überlegungen sind in der Rechtsgeschichte durchaus bekannt. Bereits im 19. Jahrhundert war die Idee vom „geborenen Verbrecher" (Cesare Lombroso) aufgetaucht, und bis heute ist jeder Gerichtspsychiater mit dem Problem der Zurechnungsfähigkeit des Angeklagten konfrontiert. Was jedoch durch den neuronalen Determinismus neu hinzukommt, ist die Vorstellung, dass dies nicht nur für abnorme Rechtsbrecher oder Psychopathen gilt, sondern für uns alle. Wir alle sind unseren unbewussten Hirnmechanismen ausgeliefert. Für niemanden gibt es Willensfreiheit und Verantwortung und deswegen auch keine Schuld und Strafe. Sieht man dagegen den freien Willen als ein Postulat der praktischen Vernunft an, das sich sowohl im Laufe der Menschheitsgeschichte als auch in der individuellen Lebensgeschichte trotz aller Rückfälle realisiert, dann kommt man freilich zu einem anderen Ergebnis. Denn eine solche Realisierung bedeutet immer eine Anstrengung, die jede freie Entscheidung und ihre Durchführung benötigt. Das bedeutet, dass der freie Wille weder ein bloßes Gefühl noch eine fraglos immer bereits vorhandene Fähigkeit oder essentielle Eigenschaft des Menschen ist, sondern in jedem Akt einer bewusst geplanten komplexen Handlung immer wieder neu erkämpft werden muss. Das gilt sowohl für eine moralisch gute wie auch eine schlechte Handlung. Auch die rationale Entscheidung zur Tötung eines Menschen erfordert eine große Willensanstrengung, wie Experimente mit bildgebenden Verfahren bei ethisch relevanten Handlungen zeigen.

Gehirnbilder moralischer Entscheidungen

Bekannt und häufig zitiert sind jene Untersuchungen über Hirnaktivierung, die mit Hilfe eines funktionellen Magnetresonanztomografen an Versuchspersonen durchgeführt worden sind, die man vor ein ethisches Dilemma zweifacher Art gestellt hat. Einmal ging es darum, eine Entscheidung zu treffen, ob man durch die Umstellung einer Weiche fünf Menschen das Leben retten kann, auf die ein Transportwagen zurast, wobei man allerdings den Tod einer anderen unbeteiligten Person in Kauf nehmen muss. Das andere Mal wurde die Situation so konstruiert, dass zur Rettung der fünf Personen nur die Möglichkeit besteht, einen unbeteiligten Zuschauer von der Brücke zu stoßen, um den ins Unglück rasenden Wagen zu stoppen. Abgesehen davon, dass die meisten Versuchspersonen sich zwar entscheiden konnten, den Tod einer Person in Kauf zu nehmen, um eine größere Anzahl von Menschenleben zu retten, während kaum jemand sich dazu entscheiden konnte, einen unbeteiligten Menschen eigenhändig in den Tod zu stürzen, um das Gleiche zu erreichen, konnte man im zweiten Fall eine wesentlich höhere Hirnaktivität feststellen, vor allem dann, wenn sich wirklich jemand nach längerer Überlegung zur Tötung eines Menschen entschließen konnte (vgl. Greene et al. 2001). Diese experimentellen Resultate weisen nicht nur darauf hin, dass bei moralischen Entscheidungen Gefühle eine wesentliche Rolle spielen, was auch kein Philosoph, auch nicht der rigorose Ethiker Kant, jemals geleugnet hat, sondern sie zeigen vor allem, dass eine rationale Willensentscheidung einer umso größeren Anstrengung bedarf, je problematischer sie angesichts der widerstreitenden Gefühle – oder in diesem Fall sogar angesichts der genetisch bestimmten aus der vergleichenden Verhaltensforschung wohl bekannten Tötungshemmung – ist.

Wenn schon diese im künstlichen Laborexperiment bloß gedanklich simulierten schnell zu treffenden Willensentscheidungen Zeit und Anstrengungen bedürfen, was geschieht erst dann, wenn es um einen sorgfältig geplanten Raubmord geht, wie er in unübertrefflicher Weise in Dostojewskis „Raskolnikow" geschildert wird? Eine derartige Straftat setzt sich aus mehren Teilhandlungen zusammen, die zwar durch eine Reihe von unbewussten Gehirnprozessen, wie Bereitschaftspotentiale oder Aktivierungen der Basalganglien im limbischen System etc., determiniert sind. Aber auch Libet schließt nicht aus, dass man „das Programm, das von der ganzen Bandbreite vorausgehender Gehirnprozesse angeboten wird, bewusst annehmen oder ablehnen könnte" (Libet 2005, S. 188). Denn alle diese unbewussten Gehirnprozesse haben keine inhaltliche Spezifikation. Der Inhalt wird erst durch das Bewusstsein eingeführt. Wenn man daher nicht wiederum in die berüchtigte Homunculusfalle geraten will, die im Sinn eines philosophisch schon längst als obsolet erkannten Psychologimus Neuronen, Ganglien, Hirnteilen usw., und sei es nur in Anführungszeichen oder bloß metaphorisch, mentale Eigenschaften zugestehen will, ist die Annahme eines freien Willens, der sich auf den bewusst geplanten Inhalt einer Handlung richtet, eine zwingende Notwendigkeit. Das gilt bis zu einem gewissen Grad auch für Psychopathen und abnorme Gesetzesbrecher. Denn auch bei diesen sind es nicht genetische Defekte, krankhafte Hirnschäden oder verletzte Hirnteile und deren Mechanismen, sondern es sind die abnormen Bewusstseinsinhalte, Wahnvorstellungen oder Psychosen, die den auf diese Weise geistig Behinderten Taten begehen lassen, für die ihm eine verminderte Zurechnungsfähigkeit und damit eine verminderte Schuld zugesprochen werden kann. Doch es steht natürlich außer Frage, dass er auch als geistig kranke oder behinderte Person der Verursacher dieser Taten ist und nicht irgendwelche elektrochemische Potentiale, Ganglien oder Hirnteile, die von dieser Person notwendigerweise sowohl bei der Entscheidung als auch bei der Durchführung einer Handlung in Anspruch genommen werden müssen. Auch die heutzutage eingesetzten bildgebenden Verfahren ändern an dieser Sachlage nichts. Sie lassen zwar erkennen, wie jedes einzelne Gehirn einer Person arbeitet, wenn diese Person Entscheidungen trifft und Handlungen ausführt. Aber von diesen bunten Bildern bis hin zur Frage der strafrechtlichen Verantwortlichkeit ist es noch ein recht weiter Weg (vgl. Kröber 2004, S. 108). Dieser Weg muss unweigerlich über den Freiheitsbegriff einer normativen Ethik führen, der weder ein bloß illusionäres Gefühl noch das Ergebnis einer sozialen Konstruktion (Prinz 2004, S. 24), sondern ein Postulat der praktischen Vernunft ist, zu dessen Realisierung das komplexe menschliche Gehirn mit seiner emergenten Eigenschaft des Selbstbewusstseins durchaus fähig sein kann.

Willensfreiheit und Strafvollzug

Was jedoch eine unbestreitbare Erkenntnis der gegenwärtigen Hirnforschung ist, ist das Faktum, dass die Existenz des selbstbewussten Geistes noch keine Garantie dafür ist, das Gute zu tun und das Böse zu lassen. Denn jeder von uns – und nicht nur der abnorme Verbrecher oder Psychopath – ist vom Beginn seines Lebens bis zum Tode dem Zustand seines Gehirns ausgeliefert, den wir nur unter Anstrengungen bis zu einem gewissen individuell höchst unterschiedlichen Grad selbst bestimmen können. Diese Einsicht könnte tatsächlich zu einer „humaneren, weniger diskriminierenden Beurteilung von Mitmenschen führen, die das Pech hatten, mit einem Organ volljährig geworden zu sei, dessen funktionelle Architektur ihnen kein angepasstes Verhalten erlaubt" (Singer 2004, S. 63). Von der Hirnforschung her gesehen ist die Auffassung zwar richtig, dass einen Menschen nach Gut und Böse zu beurteilen, nichts anderes heißt, als das Ergebnis der individuellen Entwicklung des Organs, welches das Wesen einer Person ausmacht, zu bewerten. Aber nur dann, wenn man jeglichen Einfluss des selbstbewussten Geistes auf die Entwicklung des Gehirns im Sinn eines radikalen neuronalen Determinismus ablehnt, kann man von einem unentrinnbaren biologischen Schicksal sprechen. Lässt man jedoch so etwas wie eine mentale Verursachung zu, sei es im Sinne der bereits erörterten „downward causation" oder Supervenienz, dann gewinnt man jene Einsicht wieder zurück, die in der Geschichte der Hirnforschung bisher niemals völlig aufgegeben worden ist und bereits von Darwin dadurch ausgedrückt worden ist, dass er annahm, der fortgesetzte Gebrauch der Sprache habe auf die Entwicklung des Gehirns zurückgewirkt. In diesem Sinne ergibt sich daher nicht nur die Möglichkeit, sondern sogar die Notwendigkeit, dass jede unserer Entscheidungen, Tätigkeiten und Handlungen den Zustand unseres Gehirns bis in seine molekularen Strukturen verändert. Denn das Gehirn ist kein lebloser Apparat, sondern ein lebendiger Prozess, der sich durch seine Tätigkeit weiterentwickelt oder durch seine Untätigkeit verkümmert und zugrunde geht.

Für das Strafrecht ist daher auch die Frage nach der Willensfreiheit bei einer vollbrachten Tat als abgeschlossener vergangener Handlung von geringerer Bedeutung als ihre Beziehung zur zukünftigen Handlung. Solange sich der Begriff der Willensfreiheit auf eine abgeschlossene Handlung bezieht, geht es primär nur um die nicht immer zu beantwortende normative Frage nach der Fähigkeit, anders handeln zu können, als Grundlage des Beurteilens, nicht des Verstehens. Sie hat in diesem Fall einen bloß hypothetischen Charakter. Denn eine abgeschlossene Handlung ist geschehen und lässt sich nicht mehr ändern. Anders dagegen verhält es sich, wenn der Begriff der Willensfreiheit auf das zukünftige Verhalten bezogen wird. Dann lässt sich aus der Kenntnis der Bedingungen, die das vergangene Verhalten bestimmt haben, die Situation ändern, indem man im Strafvollzug die Überwindung der inneren und äußeren Bedingungen unterstützt, die zur vergangenen Straftat geführt haben. Nur darin kann die wahre Sühne bestehen, die nicht mehr an dem Vergeltungsprinzip orientiert ist. Und nur allein dadurch kann erreicht werden, dass unser Strafvollzugssystem mehr als bisher zu einem Besserungssystem wird, was jedoch ohne freien Willen der Betroffenen niemals zustande kommen kann.

13. Das Gehirn ist keine gottverlassene Gegend Die theologische Perspektive

Die Beziehung Gott-Mensch zum Gegenstand biologischer, speziell neurobiologischer Forschung, muss wohl von den meisten orthodoxen Theologen als Blasphemie, als Verhöhnung oder Verletzung religiöser Gefühle angesehen werden. Denn die Vorstellung, dass unsere religiöses Empfinden wie alle anderen menschlichen Gefühle aus der Tätigkeit von Neuronen in bestimmten Hirnteilen entspringen, legt natürlich die Folgerung nahe, dass der Glaube an Gott nichts anderes als ein Hirngespinst im wahrsten Sinn des Wortes ist. Daher ist es notwendig, von vornherein klarzustellen, dass es weder bei dem, was „ethologische Theologie“ (Schleidt 2001) noch bei dem, was „Neurotheologie“ (Ashbrook 1984, Newberg et al. 2003, Linke 2003) genannt wird, um die Frage nach der Existenz Gottes geht. Vielmehr sucht man im Bereich der vergleichenden Verhaltensforschung nach den angeborenen Formen möglicher religiöser Erfahrung und in der Hirnforschung nach den neuralen Mechanismen, die diesen Erfahrungen zugrunde liegen. Man kann jedoch weder ethologische Theologie noch Neurotheologie betreiben, ohne zumindest die Existenz Gottes als Möglichkeit anzunehmen. Genauso wenig wie man vom „Ich“ ohne „Du“ irgendeine Erklärung finden kann. Die Existenz des Anderen ist für die Existenz des „Ich“ eine apriorische Notwendigkeit. Sonst verfällt man einem offenen oder verdeckten Solipsismus (nur das eigene Ich ist das einzig Wirkliche), wie so mancher Hirnforscher, der dem radikalen Konstruktivismus anhängt, weil er nie auf die nahe liegende Idee gekommen ist, dass die Interaktionen, Kooperationen und Kommunikationen der Gehirne untereinander für die Entstehung des Selbstbewusstseins als dem eigentlichen Träger kognitiver, emotionaler und moralischer Fähigkeiten von grundlegender Bedeutung sind, was sich sowohl ontogenetisch als auch phylogenetisch (s. oben Kap. 6 u.7) nachweisen lässt.

Religion ist so gesehen die höchste Form einer Bindung des menschlichen Selbstbewusstseins an eine übergeordnete personelle Instanz, die nicht mehr ein Nachbar im Sein ist und demgemäß weder wahrgenommen noch logisch durch so genannte Gottesbeweise gesichert, sondern allein durch den Glauben erreicht werden kann. Aber auch dieser Glaube beruht auf eine Art von Erfahrung, die als so genannte „mystische" Erfahrung eine eigentümliche Art von Gewissheit und Sicherheit liefert, weil sie im Grunde genommen Selbsterfahrung ist, in der das eigene Selbst paradoxerweise aufgegeben wird. Diese Selbsterfahrung führt jedoch nicht notwendigerweise zu Gott. Vielmehr eröffnen sich auf diesem riskanten Weg alle Abgründe der Erfahrung des eigenen Selbst, das sich sowohl aus den primitiven genetisch überlieferten Selbsterhaltungstrieben als auch aus den eigenen im Lauf des Lebens gewonnenen Erfahrungen und verlorenen Hoffnungen zusammensetzt.

Wenn Neurotheologie sich mit der Frage, wie der Glaube an Gott im Gehirn entsteht, beschäftigt, ohne eine Entscheidung über die Existenz Gottes zu liefern, weder im negativen noch im positiven Sinn, so kann sie doch etwas zur Erklärung der unübersehbaren realen Macht des Glaubens in dieser Welt sowohl im guten als auch im schlechten Sinn beitragen. Denn im Namen Gottes werden seit Anbeginn der Menschheit mit ungeheuren Mühen und großer Erfindungskraft Pyramiden, Tempel und Kathedralen errichtet, die hoch in den Himmel ragen. Im Namen Gottes wird Recht gesprochen und Schuld und Strafe verteilt, blutige Vernichtungskriege geführt und Terroranschläge unternommen. Im Namen Gottes werden Bündnisse fürs Leben geschlossen, barmherzige Taten bis zur Selbstaufopferung vollbracht, aber auch unmenschliche Zwänge und Rituale ausgeübt. Alle diese Diskrepanzen, wie auch die Unterschiede in den Religionen, lassen sich dadurch erklären, dass der Glaube an Gott kein Produkt rein rationaler Überlegungen oder unschuldiger religiöser Empfindungen ist, sondern von persönlichen Erfahrungen, Erziehung, Indoktrination und Wahnvorstellungen überlagert und beeinträchtigt wird, die ihre unausweichlichen Spuren in unseren Gehirnen hinterlassen.

Angeborene Formen möglicher religiöser Erfahrung

In allen Religionen und so auch im Christentum werden Tiere von der Beziehung zu Gott nicht ausgeschlossen, vielmehr spielen sie sogar bei mystischen Erfahrungen eine wichtige, zum Teil positive vermittelnde, aber auch negative dämonische Rolle (vgl. Oeser 2005). Denn Gott ist der Schöpfer aller Lebewesen. Sie alle sind Kinder Gottes und haben teil an seinem Wirken. Auch die Wissenschaft kann davon nicht völlig absehen.

Darwin war nicht nur davon überzeugt, dass auch Tiere Bewusstsein und Gefühle haben, sondern scheut sogar nicht davor zurück, zu behaupten, dass Hunde zumindest so etwas Ähnliches wie religiöse Gefühle besitzen, die eine komplizierte Verbindung von Liebe, vollständiger Unterordnung, Furcht und Verehrung darstellen. Denn wie bereits Bacon und der Dichter Burns behauptete er, „ein Hund blickt zu seinem Herrn wie zu einem Gott auf" (Darwin 1878, S. 123). Was damit gesagt sein soll, ist das unübersehbare Faktum, dass auch das Bild des lebendigen Gottes eine Verankerung in unserer Welt der Sinneserfahrung haben muss. Auch wir können zunächst nichts anderes, als auch in Gott einen Partner im realen Sein zu sehen.

Gott wird ja auch in den meisten Kulturen als dem Menschen ähnlich und mit allen menschlichen Sinnesmodalitäten ausgestattet und dargestellt. Er wird zumeist mit dem Menschen als biologisch „verwandt" gedacht im Sinne eines Urvaters oder einer Urmutter.

In manchen Religionen werden Tiere in den Bereich des Göttlichen mit einbezogen, seltener Pflanzen. Wenn man daher Gott aus der, wie Wolfgang Schleidt als Verhaltensforscher selbstironisch sagt, „ethologischen Froschperspektive" betrachtet, so ist er noch am ehesten der Kategorie des Artgenossen zuzuordnen als eine besondere Form eines „Gott-Kumpans" der jedoch zwei besondere Eigenschaften, Allgegenwärtigkeit und Ewigkeit, besitzt (Schleidt 2001). Mit einem solchen Gott, der jenseits von Raum und Zeit existiert, hat jedoch die Vorstellungskraft des Menschen ihre liebe Not. Deswegen muss auch dieser allgegenwärtige Gott manchmal eine konkrete Gestalt an einem bestimmten Ort in einem bestimmten Augenblick annehmen können. Daher findet man in allen Religionen für solche konkreten Erscheinungen Gottes in dieser Welt seit jeher bestimmte Orte oder Zeitpunkte, die gewissermaßen die Tore zum Jenseits bilden: angefangen von den heiligen Stätten der prähistorischen Megalithkulturen bis über die Pyramiden und Tempel der alten Hochkulturen und über die antiken Tempel der Griechen und Römer bis zum Bethlehem der Christen und dem Mekka der Moslems. Auf diese Weise können wir Gott oder die Götter als Artgenossen ansehen, und wir stellen uns vor, mit ihm oder ihnen in einem gemeinsamen Raum zu sein, einer „realen Außenwelt der mittleren Dimension" (Bertalanffy nach Schleidt 2001), markiert von Quellen und Flussläufen, Wegweisern und vertrauten Orten, nach denen wir uns sehnen und zu denen wir pilgern können.

Wie aber steht es dann mit der Allgegenwart Gottes, die mit einem bestimmten geographischen Ort nicht zu vereinbaren ist? Auch dafür hat die ethologische Theologie eine Erklärung: Unser Weltbildapparat, das Gehirn, ist in erster Linie an die alltäglichen Aufgaben angepasst, mit den nächstverwandten, befreundeten ebenso wie mit gefürchteten Artgenossen zu interagieren, zu kommunizieren, zu kooperieren. Die primären „angeborenen Formen möglicher Erfahrung" des Menschen und wohl auch anderer sozialer Säugetiere sind daher die vorgegebenen, vorprogrammierten Speicherplätze für die Gesichter der wichtigsten Bezugspersonen (Schleidt 2001). Das gilt auch für den konkret vorstellbaren „Gottes-Kumpan". Auch für ihn gibt es einen vorprogrammierten „Speicherplatz" in unserem Gehirn, dem sozusagen allgegenwärtigen Begegnungsort des Menschen mit Gott. Die mit bildgebenden Verfahren technisch ausgerüstete Neurotheologie ist bereits auf die Suche nach dem „Gottesmodul" im Gehirn aufgebrochen.

Die neurobiologischen Grundlagen der Religion

So skeptisch man auch gegenüber dem Unterfangen sein mag, eine biologische Basis der Religion zu suchen, so steht doch eins fest: Auch der Glaube an Gott ist eine menschliche Hirnleistung. Das muss jedoch weder heißen, dass es sich dabei um eine außersinnliche Wahnvorstellung handelt, noch, dass in naiv realistischer Weise ein Ort im Menschenhirn gesucht wird, an dem Gott „wohnt", wie das manchmal irreführenderweise ausgedrückt wird. Das heißt vielmehr nur, dass der Grundsatz der Neurophilosophie, nach dem „alle Lebensfunktionen des Individuums, von den vegetativen bis zu den höchsten geistigen Tätigkeiten, vom Gehirn geleitet oder geleistet werden" (Oeser/Seitelberger 1988, S. XI), auch für den religiösen Glauben gilt. Es ist jedoch nicht das materielle Gehirn selbst, das diesen Glauben an Gott hervorruft oder produziert, sondern der selbstbewusste Geist, der als emergente globale Eigenschaft des komplexen zentralen Nervensystems des Menschen erst den an und für sich bedeutungslosen neuronalen Aktivierungsmustern Sinn und Inhalt verleiht. Daher sind auch die an Blasphemie grenzenden Experimente mit einem helmartigen Gerät, das ein schwaches Magnetfeld generiert, mit dem vor allem der Scheitellappen einer Versuchsperson stimuliert wird, wodurch dann künstlich pseudoreligiöse Empfindungen ausgelöst werden (vgl. Persinger 1999), von nur geringer oder gar keiner Bedeutung.

Anders verhält es sich mit den bereits vor mehreren Jahren weit gehend unabhängig voneinander einsetzenden Versuchen, hauptsächlich mit Hilfe bildgebender Verfahren Ort und Ablauf neuronaler Aktivierungen festzustellen, die mit religiösen Empfindungen und spirituellen Erfahrungen verbunden sind. So konnten Ramachandran und Mitarbeiter durch Studien an Patienten mit einer Temporal(= Schläfen)lappenepilepsie eine Hirnregion hinter dem linken Ohr identifizieren, die, wenn sie den Fokus des epileptischen Anfalls bildete, zu spirituellen Visionen führen soll (vgl. Ramachandran et al. 1997). Das „Gottesmodul" schien damit gefunden und gleichzeitig die Epilepsie als „heilige Krankheit" wieder rehabilitiert zu sein – eine Idee die bereits Hippokrates vor mehr als zweitausend Jahren erfolgreich als Erfindung von Schwindlern bekämpft hatte, die die göttliche Macht als Deckmantel für ihre eigene Ratlosigkeit missbrauchten, weil sie nicht wussten, wie sie den Kranken helfen sollten (vgl. Oeser 2002, S. 22). Wie man aus Streitgesprächen zwischen Theologen und Neurophysiologen ersehen kann (vgl. Eibach und Linke 2003), besagt die Verbindung von Epilepsie und religiöser Gotteserfahrung, die man schon seit langem dem Bekehrungserlebnis des Apostels Paulus zugeschrieben hat, der selbst von „einem Pfahl im Fleisch" spricht, an dem er leide, noch nichts über die dahinter stehende Wirklichkeit und den Inhalt des Erlebten. Das Gleiche gilt ja auch, wie die Pathographie van Goghs zeigt, für die überwältigende künstlerische Kreativität am Rande des Wahnsinns, für die die Krankheit erst die Bedingung schafft, ohne sie zu verursachen, wie die eigenartigen Bilder malender Geisteskranker in Psychiatrien beweisen, die weder die geniale Veranlagung noch das technische Können besitzen (vgl. oben Kap. 10).

Bevor man religiöse Erfahrungen im Zusammenhang mit Krankheitszuständen wie Epilepsie oder Schizophrenie experimentell untersucht, sollte man daher die neurophysiologischen Grundlagen religiöser Praktiken und die daraus resultierenden religiösen Erfahrungen normaler gesunder Personen erforschen, so schwer auch die Unterscheidung von „krank" und „gesund" besonders in diesem Fall auch sein mag. Daher ist schon die Auswahl der Versuchspersonen für derartige Experimente mit bildgebenden Verfahren und die kritische Bewertung dieser Verfahren eine unabdingbare Voraussetzung. Entsprechend diesen Vorstellungen wurden von Newberg und Mitarbeitern eine Reihe von Experimenten mit buddhistischen Praktikern tibetischer Meditationstechniken und katholischen Nonnen des Franziskanerordens durchgeführt. Von den bildgebenden Verfahren wurde SPECT (Single Photon Emission Computed Tomography) ausgewählt, ein Verfahren, das den Vorteil hat, dass die Versuchsperson während ihrer religiösen Erfahrung nicht eingeengt in einer Bildröhre beobachtet werden muss, wie das bei der funktionellen Magnetresonanztomografie (fMRT) der Fall ist, aber den Nachteil hat, dass der Versuchsperson im entscheidenden Moment der religiösen Erfahrung, der von ihr selbst durch das Ziehen an einer Schnur bestimmt wird, ein radioaktiver Markierungsstoff injiziert werden muss, der dann von einer Kamera auf seinem Weg durch den Blutkreislauf im Kopf lokalisiert werden kann. Auf diese Weise entstehen Momentaufnahmen von den Durchblutungsmustern im Gehirn, die Aufschluss über größere oder geringere neuronale Aktivitäten geben können. Was sich bei dieser Beobachtung der Gehirnaktivität bei Menschen während ihrer spirituellen Übungen herausstellte, war, dass die Scheitellappenregion, die für die Orientierung und somit auch für die Grenze zwischen dem Selbst und der Außenwelt zuständig ist, „einen drastischen Rückgang der Aktivität" (Newberg 2004, S. 15) erkennen ließ. Zwar zeigten nicht alle Probanden eine spezifische Verminderung der Aktivität in dem von Newberg so genannten Orientierungsfeld des Scheitellappens, doch bestand eine „auffallende Umkehrrelation" zwischen diesem Feld und erhöhter Aktivität in dem für die Fokussierung der Aufmerksamkeit zuständigen Stirnlappen. Daraus folgerten Newberg und Mitarbeiter: „Je stärker sich diese Probanden während der Meditation konzentrieren konnten, desto größer war die Blockierung des Inputs in das Orientierungsfeld" (Newberg 2004, S. 273). In jedem Fall sollten solche Blockierungen des Stromes der in das Orientierungsfeld eingehenden Sinnesdaten, auch als „Deafferenzierung" oder „Reizunterbindung" bezeichnet (a. a. O. S. 164), zu einem Zustand der Entgrenzung des eigenen Selbst führen, der für die mystische Erfahrung der Begegnung mit Gott so charakteristisch ist.

Für manche Fachkollegen Newbergs sind jedoch seine Ergebnisse und die daraus gefolgerten Interpretationen keineswegs überzeugend. Beanstandet wird, dass für die Probanden eine zusätzliche Meditationsstufe dadurch eingeführt wird, dass ein Gerät gestartet wird, was wiederum noch zu einem anderen Setting der Hirnaktivierung führt. Abgesehen davon und abgesehen von dem Faktum, dass zur Meditation noch die Reflexion darüber hinzukommt, dass meditiert wird, muss man letzten Endes feststellen, dass die Ergebnisse keine überwältigenden Aktivierungsbesonderheiten aufweisen. Newberg und seine Mitarbeiter haben zwar richtig erkannt, dass zwischen dem Scheitellappen und dem Stirnlappen Aktivierungsunterschiede zu verzeichnen sind. Doch weisen diese Unterschiede einige Ähnlichkeiten mit Messungen bei Versuchspersonen in Ruhe oder Entspannung auf, so dass eine klare Entscheidung, ob es sich bei dieser Minderaktivierung des Scheitellappens nur um einen Zustand der Entspannung oder um eine durch Meditation oder Gebet hervorgerufene tief greifende religiöse Empfindung handelt, nicht zu treffen ist. Die Verwertung dieser Ergebnisse für ein Konzept der Neurotheologie erscheint daher als verfrüht (vgl. Linke 2003, S. 83). Das Einzige, was alle solche Untersuchungen über die neuronale Aktivierung bei religiösen Erfahrungen bisher zeigen konnten, ist das Faktum, dass das Menschenhirn keine gottverlassene Gegend ist. Aber auch dann, wenn irgendwann einmal die Lokalisation eines Hirnzentrums für religiöse Erfahrungen gelingen sollte, ist nicht sicher, ob dies ein Ort der Begegnung mit Gott oder ein Abgrund religiösen Wahns ist. Denn es ist nicht das Menschenhirn schlechthin, das in seiner Struktur und Funktion in den Lehrbüchern der Neuroanatomie und Neurophysiologie dargestellt wird, sondern immer das Gehirn einer individuellen menschlichen Person, in dem die Entscheidung über wahre Gläubigkeit oder religiösen Fanatismus fällt, der in der Geschichte der Menschheit soviel Leid und Grausamkeit bewirkt hat, die kein Gott jemals verzeihen könnte.

Mystische Erfahrung und religiöser Wahn

Mystische Erfahrungen haben eine unübersehbare Verwandtschaft mit religiösem Wahn, in den sie häufig übergehen können. Wie aber unterscheiden sich religiöse und besonders mystische Erfahrungen, die einem gesunden Geist entspringen, von religiösen Wahnvorstellungen, die bei verschiedenen Geisteskrankheiten oder Fanatikern auftreten? Eine Antwort darauf wurde bereits im Rahmen der klinischen Neuropsychiatrie von Saver und Rabin (1997) zu geben versucht. Sie verglichen religiöse Halluzinationen infolge von Schizophrenie und anderer psychotischer Zustände mit „kulturell akzeptierten mystisch-religiösen Glaubensvorstellungen“ und stellten trotz mancher Entsprechungen, wie vor allem das Gefühl der Abgehobenheit von der normalen Welt, auch gravierende Unterschiede in den Reaktionen und Verhaltensweisen der untersuchten Personen fest: Während Psychotiker sich von ihren religiösen Halluzinationen häufig verwirrt und zutiefst geängstigt fühlen, erleben gläubige Menschen ihre religiösen Erfahrungen als freudiges Ereignis, über das sie in klaren Worten berichten können. Dagegen ist die Abspaltung von der gewöhnlichen Realität für den Psychotiker in der Regel ein ungewolltes und erschütterndes Ereignis, das ihn nach seiner Rückkehr in den Alltag in eine gesellschaftliche Isolation treibt. Andererseits ist für Psychotiker mit religiösen Wahnvorstellungen ein aufgeblähtes Geltungsbedürfnis charakteristisch. Sie sehen sich als Gesandte Gottes mit einer wichtigen Botschaft für die gesamte Menschheit, während echte mystische Zustände ein Ablegen von Stolz und eine Einkehr in die Stille erfordern.

Da aber Hirnaktivierungsstudien mit bildgebenden Verfahren keine

Auskunft über die Inhalte religiöser Erfahrungen und deshalb auch zu keinerlei Bewertungen führen können, ob es sich in einem konkreten Fall um eine echte mystische Erfahrung oder nur um Wahnvorstellungen handelt, ist man immer wieder auf die Berichte derjenigen angewiesen, die diese Erfahrungen selbst gemacht haben. So berufen sich auch Neurotheologen wie Newberg auf historische Quellen aus den freilich nur sekundär übernommenen Darstellungen der Geschichte der Mystik in unterschiedlichen Religionen (z. B. Underhill 1928, Armstrong 1993). Um jedoch das komplizierte Verhältnis von mystischer Erfahrung und religiösem Wahn auseinander halten zu können, ist es notwendig, beide Seiten in ihren originalen Quellen zu betrachten. Für die christliche Religion bieten sich dafür einerseits die Berichte der Kirchenväter und Einsiedler aus dem frühen Mittelalter und andererseits die Berichte über die Kreuzzüge an. Aus ihnen lassen sich sowohl die Prinzipien mystischer Praktiken als auch die Verkehrung religiöser Empfindungen zu fanatischen Wahnvorstellungen erkennen.

So erkennt man in allen Berichten über die heiligen Väter und Einsiedler die Anwendung des Prinzips der Deafferenzierung oder Reizunterbindung. Von dem syrischen Bischof Theodoretus wird dieses Prinzip als unabdingbare Grundlage jeder mystischen Gotteserfahrung gefordert. Unter Berufung auf das Buch der Propheten der heiligen Schrift, wo geschrieben steht, „dass der Tod durch die Fenster hineinsteige", schildert er, wie vorbildhaft die ersten Einsiedler und Mönche diese Bedingung erfüllt haben: „Sie haben mit den Schlössern und Riegeln der Gebote Gottes die Tür ihrer Sinne verwahrt und die Schlüssel dem Gemüt eingehändigt, die Lippen machten der Zunge die Tür nicht auf, bis es das Gemüt befiehlt, die Augen öffneten sich nicht, die Ohren waren für schädliche Worte geschlossen und ließen nur diejenigen Gespräche hinein, die das Gemüt gebilligt hatte. Dem Geruch ließen sie nicht zu, nach wohlriechenden Sachen zu trachten, und dem Bauch gestatteten sie nicht, sich satt zu essen, sondern lehrten ihn, nur zu essen, um das Verhungern zu verhüten. Und auch den Schlaf wollten sie nur dann zulassen, wenn sie ihn selbst zu kurzer Hilfe und Labung riefen" (Vitae Patrum 1728, S. 887). Der Lohn für diese karge von aller Sinnenlust abgeschlossene Lebensweise war dann die mystische Begegnung mit Gott, die sich in inneren Visionen und im inneren Vernehmen seiner Stimme verwirklichte und sich auch körperlich in einem Gefühl der Erhebung und des Aufsteigens zum Himmel äußerte. So geschah es dem heiligen Antonius, der, als sein „Geist verzückt wurde, von den Engeln über sich in die Höhe getragen" und danach wieder „auf freien Fuß gestellt wurde" (Vitae Patrum 1728, S. 57 f.). Befragt, wie es der menschlichen

Seele nach Ablegung des sterblichen Leibes ergehe, hörte der heiligen Antonius in der darauf folgenden Nacht eine Stimme, die ihn aufforderte, aus seiner Zelle zu gehen. Als er hinauskam und seine Augen gegen den Himmel erhob, sah er die Seelen der Verstorbenen, die sich mit Flügeln in den Himmel hinaufschwingen wollten. Etliche von ihnen wurden jedoch von einem riesenhaften Gespenst ergriffen und zu Boden geworfen, andere wiederum konnte das Gespenst, das kein anderer als der Teufel war, an ihrem Aufstieg zum Himmel nicht hindern. Derartige „Reisen durch die Luft in den Himmel", die gottergebene Einsiedler in ihrer mystischen Verzückung schon bei lebendigem Leib erleben konnten, haben jedoch ebenfalls ihre neurobiologisch erklärbaren Grundlagen in den so genannten „Out-of-Body-Erfahrungen", bei denen man den Eindruck hat, den eigenen Körper zu verlassen und sich in einen Schwebezustand zu begeben. Solche Schwebezustände, die in der Funktionsweise des Gehirns begründet sind, können auch künstlich im Operationssaal hervorgerufen werden. So berichtete eine Patientin, bei deren Gehirn zur Vorbereitung für eine Operation eines Epilepsieherdes Elektroden angelegt wurden, um durch elektrische Reizungen die Lage der wichtigsten Areale zu erkunden, dass sie bei Erhöhung der Stromstärke in einem bestimmten Gebiet der rechten Hirnhälfte (*Gyrus angularis*) ein Gefühl der Leichtigkeit erlebte. Sie hatte den Eindruck, zwei Meter über dem Bett zu schweben und von oben auf ihren Unterkörper und ihre Beine herabzusehen (vgl. Linke 2003a, S. 19).

Manche Berichte über die Erlebnisse der christlichen Mystiker weisen jedoch bereits Züge von Wahnvorstellungen auf, die bei den selbst auferlegten Entbehrungen und Kasteiungen allerdings nicht zu verwundern sind. Sie beziehen sich vor allem auf die verachteten heidnischen Gestalten der antiken Halbgötter und Fabelwesen. So berichtet der Priester Hieronymus von den seltsamen Begegnungen auf einer Reise, die der bereits neunzigjährige heilige Antonius unternahm, um den ersten christlichen Einsiedler aufzusuchen, der im Alter von hundertdreizehn Jahren an einem abgeschiedenen Ort einsam lebte. Auf seinem Weg durch die sonnendurchglühte Wüste sah der heilige Antonius plötzlich „ein Wundertier daherlaufen, das zum Teil ein Pferd und zum Teil ein Mensch war und von den Poeten Hippocentaurus genannt wurde." Auf die Frage nach dem Wohnort des gesuchten Einsiedlers „brummelte das Wundertier irgendetwas und versuchte vergeblich, aus dem mit rauen Haaren überwachsenen Maul eine sanfte Rede herauszubringen." Als dies nicht gelang, „wies es mit ausgestreckter Hand den rechten Weg und nahm seine Flucht durch die offenen Felder" (Vitae Patrum 1728, S. 21). Damit nicht genug – als der heilige Antonius sich von seinem Entsetzen erholt hatte und seine Reise fortsetzte, traf er auf ein kleines Männlein mit krummer Nase, Hörner auf dem Kopf, das außerdem noch Geißfüße hatte. Es gab sich als harmloser Bewohner der Wildnis zu erkennen, den die Heiden als Satyr oder Faun verehren. Er selbst aber bekenne, dass der allmächtige Gott der Christen zum Heil des menschlichen Geschlechts auf diese Welt gekommen ist. Daraufhin vergoss der heilige Antonius Freudentränen, verfluchte aber gleichzeitig die „hurige Stadt Alexandria" wegen ihrer Abgötterei.

In diesem Fluch kündigte sich bereits jener religiöse Fanatismus an, der schließlich zu den Kreuzzügen führte, deren geradezu unheimlich paradoxer Charakter allerdings schon frühzeitig erkannt worden ist, wie die folgende, allerdings nicht ganz authentische Schilderung der Eroberung Jerusalems aus einem 1837 erschienenen populären Lesebuch beweist: „So ging Jerusalem freitags, den 15. Juli 1099, nachmittags um drei Uhr in die Hände der Christen über, und mit besonderem Wohlgefallen wurde bemerkt, dass dies gerade an dem Tage und zu jener Stunde geschehen, wo der Heiland verschieden war. Wer aber möchte es wagen, die Christen zu nennen, die jetzt als Sieger fessellos die heilige Stadt überschwemmen? So wild und furchtbar ist ihr Toben, so schrecklich überlassen sie sich in ihrer Rohheit den Unheil bringenden Eingebungen eines missverstandenen Religionseifers. Mit blinder Blutgier über die Ungläubigen herfallend wird nichts geschont; was ihnen aufstößt, ob Bewaffnete oder schwache Kinder, ob Greise oder Weiber – gleichviel, alles wird erwürgt. Gegen zehntausend Feinde werden getötet; eine Menge Leichen, heißt es, wären vom Blute fortgespült, und die Pferde hätten bis an Knie und Zaum darin gewatet. – Und wäre es nur beim Morden mit der schnell tötenden Waffe geblieben! Bald aber geht dasselbe in Schauder erregende Grausamkeit über. Viele der Ungläubigen werden gespießt; andere gezwungen, von hohen Türmen sich herabzustürzen, noch andere werden gebraten. Zugleich erwacht die Begierde nach Beute. In allen Straßen und Häusern, ja in die verborgensten Winkel dringen die Sieger, und ihre Raubsucht findet in der reichen Stadt volle Befriedigung. Nachdem die Kreuzfahrer auf diese schreckliche Weise gewütet hatten, erfolgt am Sonntag der paradoxe Umschwung: Plötzlich sieht man hier die wilden Mörder und Räuber in andächtige Pilger umgewandelt. Sie legen ihre Waffen ab, entblößen ihre Füße, reinigen sich vom Blute und angetan mit weißen Kleidern ziehen sie zur Kirche des heiligen Grabes. Im Heiligtum selbst wird die durch des Allbarmherzigen Gnade bewirkte Befreiung der heiligen Stadt gefeiert, denn ihm nicht sich, schreiben sie den Sieg zu. Freudentränen fließen, Frohlocken ertönt, und sie rutschen auf entblößten Knien zum Grabe des Erlösers und bedecken es mit Küssen" (Fortmann 1837, 172 ff.).

Die Kreuzzüge sind kein Sonderfall in der Geschichte der Menschheit. Ja, es scheint geradezu eine Gesetzmäßigkeit darin zu liegen, dass je abstrakter und unverständlicher die Ziele und Motive sind, umso umfassender die Ausdehnung, zeitliche Länge und Grausamkeit der Kriege werden; wie der Dreißigjährige Krieg zeigt, dessen Grund in den abstrakten Konfessionsstreitigkeiten innerhalb der christlichen Religion lag. Der heilige Krieg, der häufig in Terror ausartet, ist daher nicht nur ein Phänomen der islamischen Religion, wie er heutzutage oft angesehen wird. Nicht nur der Islam wurde mit Feuer und Schwert verbreitet, sondern zumindest zeitweise auch das angeblich so friedfertige Christentum. Welche Hirnstrukturen auch immer für diese Verbindung von Religion und Mord oder Terrorismus verantwortlich sein mögen – manche Hirnforscher sehen in dem Mandelkern (*Nucleus amygdalae*) das Hass-System –, die Geschichte der Menschheit zeigt von Anbeginn bis heute, wie schnell Religiosität in blinden Fanatismus und todbringende Zerstörungswut umschlagen kann.

Der Blick ins Jenseits: Nahtod-Erfahrungen

In extremen Lebenssituationen, wie bei den so genannten Nahtod-Erfahrungen, treten Erlebnisse auf, die man fast zwanghaft als Blick ins Jenseits empfindet. Das konnte ich selbst am eigenen Leib bzw. Gehirn erfahren, als mich bei einem unvorsichtig raschen Aufstieg auf den Vulkan Nevado del Ruiz (Kolumbien) auf einer Höhe von mehr als 5 000 Meter infolge Sauerstoffmangels die gefürchtete Höhenkrankheit befiel und jene Zustände eintraten, die schon mehrfach als Nahtod-Erfahrungen berichtet wurden: ein Gefühl der Leichtigkeit, des Friedens und des Glücks, verbunden mit der Empfindung eines hellen warmen Lichts, das die Vorstellung des Einsseins mit dem Universum auslöst. Demgegenüber ist das Aufwachen aus diesem Zustand ein so bedrückendes Erlebnis, dass man die Rückkehr in die raue Lebenswirklichkeit am liebsten verflucht: Von hastigen Händen hochgerissen und mitgeschleift, taumelt man, immer wieder von Schwindel gepackt, unterbrochen von kurzen Ohnmachtsanfällen, den Abhang hinunter, eingehüllt in einem in der Wirklichkeit nicht vorhandenen gespenstischen Nebel, aus dem dumpf das besorgte Gemurmel der hilfreichen Begleiter zu hören ist, die einen Wettlauf mit der Zeit veranstalten, um das sich schon ankündigende Hirnödem zu verhindern. Wenn man dann endlich die rettende Höhenlage am Fuß des Vulkans erreicht hat und noch tagelang infolge eines Lungenödems hustend und Blut spuckend nach Atem ringt, sehnt man sich fast nach jenem friedlichen Glückszustand zurück, den man an der Schwelle des Todes erfahren hat. „Schade, dass ihr mich wieder zurückgeholt habt“, sagen auch manche Patienten nach der Reanimation, „es war so schön!“ (vgl. Linke 2003a, S. 15).

Aber nicht nur positive Erfahrungen werden von solchen „Rückkehrern“ berichtet. Manche werden angesichts einer gähnenden Leere von Panik erfüllt oder glauben sogar, einen Blick in die Hölle geworfen zu haben. All das aber bedeutet nach den nüchternen neurowissenschaftlichen Erklärungen keinen Beweis für ein Leben nach dem Tod. Vielmehr sind für diese Erlebnisse, die nach tausendfachen Berichten gar nicht wegzuleugnen sind, wahrscheinlich besondere biologische Prozesse im Gehirn verantwortlich, die sonst nur im Hintergrund ablaufen und erst in solchen Ausnahmesituationen in den Vordergrund drängen (Linke 2003a, S. 16). So können die inneren Lichterfahrungen dadurch entstehen, dass die Neuronen, die für die interne Lichtqualität verantwortlich sind, statt von Außenrezeptoren nun von dem inneren Aktivierungssystem angesteuert werden. Auch das Erlebnis der Entgrenzung und des Einswerdens mit der Umgebung könnte durch die Aktivität besonderer Nervenzellen, der so genannten NMDA-Rezeptoren erklärt werden, die eine wichtige Rolle bei langsam ablaufenden Informationsprozessen spielen, die zu einer tiefen Einspeicherung führen. Wenn nun das Gehirn in solchen Extremsituationen in einen langsameren, d. h. größeren Zeittakt schaltet und gleichzeitig der übliche Signalcode seine Bedeutung verliert, verliert auch das Gehirn die Fähigkeit, die Gegenstände der Umwelt als solche zu erkennen, und die Unterschiede zwischen dem Selbst und der Umwelt lösen sich auf. Sogar das dabei auftretende Glücksgefühl lässt sich dadurch erklären, dass diese NMDA-Rezeptoren mit dem so genannten Opioidsystem in Verbindung stehen, mit dessen Hilfe der Körper Schmerzen unterdrückt.

Die NMDA-Rezeptoren scheinen auch für ein weiteres Phänomen der Nahtod-Erfahrung verantwortlich zu sein, das von ertrinkenden oder abstürzenden Personen berichtet wird, die im Zeitraffertempo fast ihr ganzes Leben vor ihrem inneren Auge ablaufen sehen. Da diese NMDA-Rezeptoren viel langsamer arbeiten als andere Transmitter-Rezeptoren, können sie eine ganze Reihe von Ereignissen aufeinander beziehen. Dadurch sind sie in der Lage, den üblichen Zeittakt des Gehirns zu durchbrechen und es mit einer Überfülle von Rückerinnerungen zu überfluten. Diese Berichte zeigen aber auch, dass alle Nahtod-Erlebnisse in unserem Gehirn für die Nutzung im Leben und nicht als Ausblick auf das Jenseits angelegt sind, ob sie uns nun durch eine Unmenge von Erinnerungen im letzten Augenblick noch zu einer rettenden Idee verhelfen oder uns zumindest durch beruhigende Glücksgefühle die Angst vor dem unvermeidlichen Ende nehmen. Jedenfalls müssen wir dafür dankbar sein, dass unser Gehirn für Extremsituationen Notfallmechanismen bereitstellt, die uns helfen, diese Momente zu überstehen. Das ist spannend genug, meint auch der Neurophysiologe Linke (2003a, S. 19) und sollte das Forschungsinteresse auf diese Phänomene lenken – statt auf die geheime Lust an einer biologischen Erklärung des Übernatürlichen.

14. Schluss
Auf dem Weg zu einem neuen Menschenbild

So sehr auch die gegenwärtige Hirnforschung die traditionellen philosophischen Vorstellungen von der Selbständigkeit und Freiheit des menschlichen Geistes und Willens fragwürdig erscheinen lässt, so hat sie doch andererseits der Stellung des Menschen im Weltall eine neue Bedeutung verliehen. Denn in der konsequenten Fortsetzung und Verknüpfung der kopernikanischen und darwinschen Ideen im Rahmen einer evolutionären Kosmologie hat sich ein überraschender Effekt eingestellt, der den Verlust der zentralen räumlichen Position des Menschen im Weltall und seine, wie Darwin sich ausgedrückt hat, „widerwärtige" Verknüpfung mit dem Tierreich wieder aufhebt: Das Menschenhirn erweist sich nämlich als das komplexeste aller uns bekannten natürlichen Systeme, die im ganzen Universum entstanden sind.

Darauf hat bereits am Beginn der modernen Hirnforschung der Begründer der Neuronentheorie Ramón y Cajal hingewiesen, wenn er sagt, dass „die lebende Materie nach unendlicher Evolution einen Apparat hervorgebracht hat, der durch seine Komplexität und die transzendendierenden Funktionen, mit denen er ausgestattet ist, Ausdruck der höchsten tierischen Organisation zu sein scheint. Dieser Apparat ist das Nervensystem. Es hat dem Organismus auf der Stufe der zoologischen Reihe solch hervorragende Steuerungsinstrumente der vitalen Integrität gegeben wie Empfindung, Denken und Wille" (Ramón y Cajal 1899, zit. nach Creutzfeldt 1986, S. 7). Von dieser evolutionären Perspektive aus gesehen, bietet sich daher eine neue Sicht des Gehirn-Bewusstsein-Problems jenseits der ewig wiederholten Alternative von Monismus und Dualismus an. Denn mit der sich konsequent aus der Evolutionstheorie ergebenden organismischen Auffassung eines neuralen Geistes zeichnet sich eine Lösung ab, die den selbstbewussten Geist weder auf die Tätigkeit der Neurone reduziert noch dualistisch als eigene Substanz postuliert, sondern als emergentes Phänomen betrachtet, das in seiner integrierenden Funktion für die höheren Leistungen des Menschenhirns unentbehrlich ist. Als globale Funktion hat dieses

„mentale Feld“ eigene Eigenschaften und Qualitäten, die nicht auf einzelne Neurone, Ganglien oder Hirnteile übertragen werden können.

Der von einer technologischen Perspektive aus so oft verfluchte „Wirrwarr der organischen Materie“ weist daher eine phylogenetisch wie ontogenetisch erworbene dynamische Ordnung auf, die in der zur Gänze nicht durchschaubaren Komplexität und massiven Parallelität ihrer Prozesse jedes künstliche informationsverarbeitende System bei weitem übertrifft. Zugleich aber wird deutlich, dass wir Menschen mit unseren Gehirnen nicht allein auf dieser Welt sind. Von einer ökologischen Perspektive aus betrachtet, teilen wir diese Welt mit anderen hirnbegabten Lebewesen, die bereits Vorformen von Bewusstsein und Willensfreiheit besitzen. Bei einigen von ihnen, wenn auch nicht bei Fledermäusen, so doch wenigstens bei den höheren Entwicklungsstufen der Säugetiere, können wir daher annehmen, dass sie eine unseren Gefühlen und kognitiven Leistungen ähnliche Fähigkeit besitzen. Sonst wäre ja auch eine Verständigung mit ihnen, wie sie in unleugbarer Weise mit unseren Haustieren zustande kommt, nicht möglich. Wir können also zumindest ahnen, wie es ist, ein Hund, ein Pferd oder eine Katze zu sein. Das viel strapazierte so genannte „Qualia-Problem“ erweist sich, aus der evolutionär-ökologischen Perspektive gesehen, als ein Scheinproblem der analytischen Philosophie des Geistes. Es demonstriert eigentlich nur, dass entgegen allem materialistischen Reduktionismus die Erforschung des Gehirns ein transdisziplinäres Unternehmen mit weit reichenden philosophischen Konsequenzen ist, welche nicht allein auf einer naturwissenschaftlich-experimentellen Ebene behandelt werden können.

Das gilt besonders für jene Bereiche menschlicher Hirnleistungen, die uns aus dem Sumpf des Alltagslebens in die höheren Sphären der Kunst und Religion führen. Voraussetzung für diese ungewöhnlichen Leistungen ist jedoch die selbständige und durch keinen materiellen, genetisch-organischen Determinismus bewirkte Ausbildung des symbolischen Denkens, das sich in der Sprache, der Malerei, der Musik und nicht zuletzt auch in der Wissenschaft äußert. Alle diese Phänomene sind zwar freie Erfindungen des menschlichen Geistes, jedoch keine bloßen Hirngespinste. Denn ihre die natürliche Welt und das menschliche Zusammenleben verändernde Wirksamkeit verleiht ihnen eine Realität zweiter, und zwar höherer Art, die gar nicht weggeleugnet werden kann.

Das Gleiche gilt auch für die Frage nach dem freien Willen, den die Hirnforschung keineswegs als bloße Illusion entlarvt hat, sondern ihn vielmehr als eine Hirnleistung besonderer Art verstehen lässt, die nicht von vornherein vorhanden ist, sondern erst mühsam im Laufe eines individuellen Lebens erkämpft werden muss und auch wieder wegen der großen Störanfälligkeit unseres Gehirns verloren gehen kann.

In diesem Sinne ist auch der religiöse Glaube als eine besondere Hirnleistung des Menschen zu verstehen, die letzten Endes darauf beruht, dass er das einzige Lebewesen auf Erden ist, das die Erkenntnis von der Unausweichlichkeit des eigenen Todes besitzt und daher auch die Frage stellt, was danach kommt. Da aber der Tod der menschlichen Person immer nur der Hirntod sein kann und der selbstbewusste Geist nur als emergente Eigenschaft dieses Gehirns erfahrbar ist und weiterhin alle Nahtod-Erfahrungen des Jenseits als bloß nützliche, das diesseitige Leben schützende Hirnmechanismen zu betrachten sind, scheint alle Hoffnung auf ein jenseitiges Leben zu schwinden. Das Einzige, was übrig bleibt, ist die Tatsache, dass das Gehirn keine gottverlassene Gegend ist. Auch wenn sich alles Suchen nach einem „Gottesmodul" als naive Vorstellung einer schon längst obsolet gewordenen Lokalisationstheorie erweisen sollte, bleibt doch das in der gesamten Menschheitsgeschichte nachweisbare Faktum des Glaubens an Gott bestehen, der keiner Bestätigung durch die Wissenschaft und daher auch nicht durch die Hirnforschung bedarf.

Literatur

Altenmüller, E.: Musik im Kopf. In: Gehirn & Geist. Nr. 1/2002, S. 18–25.

Andrieu, Bernard: La neurophilosophie. Paris 1998.

Angstwurm, H.: Das Absterben des gesamten Gehirns während einer Intensivbehandlung. In: Medizinische Ethik 39 (1993) S. 186–190.

Ardrey, R.: Adam kam aus Afrika. Auf der Suche nach unseren Vorfahren. Wien 1967.

Armstrong, K. Geschichte des Glaubens. München 1993.

Ashbrook, J. B.: Neurotheology: the working Brain and the work of theology. In: Zygon 19 (1984), S. 331–350.

Baratta, A.: Philosophie und Strafrecht. Köln, Berlin, Bonn, München 1985.

Basar, E. u. G. Roth: Ordnung aus dem Chaos: kooperative Gehirnprozesse bei kognitiven Leistungen. In: Küppers, G. (Hrsg.): Chaos und Ordnung. Stuttgart 1996.

Bennet, M. R. und P. M. S. Hacker: Philosophical Foundations of Neuroscience. Oxford 2003.

Bonner, J. T.: Kultur-Evolution bei Tieren. Hamburg, Berlin 1983.

Braitenberg, V.: Künstliche Wesen. Verhalten kybernetischer Vehikel. Braunschweig, Wiesbaden 1987.

Brentano, F.: Psychologie vom empirischen Standpunkt. Bd. 1, Wien 1874.

Büchner, L.: Das goldene Zeitalter. Berlin 1891.

Byrne, R. u. A. Whiten: Macchiavellian Intelligence: Social Expertise and the Evolution of Intellect in Monkeys, Apes and Humans. Clarendon Press, Oxford 1988.

Churchland, P. S.: Neurophilosophy. Cambridge MA 1986.

Churchland, P. S.: Our brains, our selves: reflections on neuroethical questions. In Roy, D., B. E. Wynne u. R. W. Old (Hrsg.): Bioscience and society. West Sussex 1991, S. 77–96.

Coren, S.: Die Intelligenz der Hunde. Reinbek bei Hamburg 1995.

Creutzfeldt, O. D.: Cortex Cerebri. Leistung, strukturelle und funktionelle Organisation der Hirnrinde. Berlin, Heidelberg, New York, Tokio 1983.

Creutzfeldt, O. D.: Gehirn und Geist. Göttingen 1986.

Crick, F.: Was die Seele wirklich ist. Die naturwissenschaftliche Erforschung des Bewußtseins. München 1994.

Damasio, A. R.: Descartes' Irrtum. Fühlen, Denken und das menschliche Gehirn. München, Leipzig 1994.

Damasio, A. R. und H. Damasio: Sprache und Gehirn. In: W. Singer (Hrsg.) Gehirn und Bewußtsein. Heidelberg, Berlin, Oxford 1994.

Dart, R. A.: The Predatory Implemental Technique of Australopithecus. In: American Journal of Physical Anthropology 1949.

Darwin, Ch.: Das Variiren der Thiere und Pflanzen im Zustande der Domestication. 2 Bde. Stuttgart 1878.

Darwin, Ch.: Die Abstammung des Menschen und die geschlechtliche Zuchtwahl. Übers. v. J. V. Carus, 2 Bde. Stuttgart 1975.

David, A. S.: Frontal lobology – psychiatry's new pseudoscience. In: British Journal of Psychiatry 161 (1992) S. 244–248.

Davidson, D.: Mentale Ereignisse. In: Bieri, P. (Hrsg.): Analytische Philosophie des Geistes. Königstein/Ts. 1981, S. 73–92.

Davis, William J.: Neurophilosophical reflections on central nervous pattern generators. In: Behavioral and Brain Sciences 3 (1980) S. 543–544.

Dawkins, R.: Das egoistische Gen. Berlin, Heidelberg, New York 1978.

Dennet, D. C.: Intentionale Syteme. In: Bieri, P. (Hrsg.): Analytische Philosophie des Geistes. Königstein/Ts. 1981.

Descartes, R.: Abhandlung über die Methode des richtigen Vernunftgebrauchs und der wissenschaftlichen Wahrheitsforschung. Stuttgart 1961.

Economo, C. v.: Die progressive Zerebration. Wiener medizin. Wochenschrift 1928.

Edelman, G. M.: Göttliche Luft, Vernichtendes Feuer. – Wie der Geist im Gehirn entsteht. München 1992.

Eibach, U. und Linke, D.: Die Kopflastigkeit des Glaubens. In: Gehirn & Geist Dossier NR. 1 (2003) S. 10–13.

Eigen, M.: Biologische Selbstorganisation. Eine Abfolge von Phasensprüngen. In: Hierholzer, K. u. H.-G. Wittmann: Phasensprünge und Stetigkeit in der natürlichen und kulturellen Welt. Wiss. Verlagsgesellschaft Stuttgart 1988, S. 113–148.

Einstein, A.: Ideas and Opinions. New York 1954.

Einstein, A.: Lettres a Maurice Solovine. Paris 1956.

Einstein, A.: Mein Weltbild. Frankfurt, Berlin, Wien 1970.

Einstein, A.: Aus meinen späten Jahren. Stuttgart 1979.

Elbert, Th., W. J. Ray, Z. J. Kowalik, J. E. Skinner, K. E. Graf u. N. Birbaumer: Chaos and Physiology. Deterministic chaos in excitable cell assemlies. Physiological Reviews 74 (1994), S. 1–47.

Fortmann, H.: Die Eroberung von Jerusalem. In: Gallerie der Weltgeschichte I. Leipzig 1837, S. 166–177.

Greene, J. D.: An fMRI Investigation of Emotional Engagement in Moral Judgement. In: Science 293 (2001) S. 2105–2108.

Griffin, D. R., R. B. Sommerville, L. E. Nystrom, J. M. Darley u. J. D. Cohen: The question of animal awareness – Evolutionary continuity of mental experience. New York 1976, 2. Aufl. 1981.

Griffin, D. R.: Wie Tiere denken. Ein Vorstoß ins Bewußtsein der Tiere. München 1990.

Haggard, P., M. Eimer: On the relation between brain potentials and awareness of voluntary movements. In: Experimental Brain Research 126 (1999), S. 128–133.

Harnad, S.: Consciousness: An Afterthought. In: Cog. Brain Theory 5, (1982), S. 29–47.

Haugeland, J.: Weak Supervenience. In: American Philosophical Quarterly 19 (1982), No 1.

Hoff, J. u. J. in der Schmitten (Hrsg.): Wann ist der Mensch tot? Organverpflanzung und Hirntod-Kriterium. Reinbek bei Hamburg 1995.

Humphrey, N.: The Social Function of Intellect. In: Bateso, P. P. G. u. R. A. Hinde (Hrsg): Growing Points in Ethology. New York 1976.

James, W.: Psychologie. 2. Aufl. Leipzig 1920.

Jaspers, K.: Strindberg und van Gogh. Versuch einer pathographischen Analyse unter vergleichender Heranziehung von Swedenborg und Hölderlin. München 1949.

Jonas, H.: Philosophical reflections on experimentation with human subjects. In: Daedalus 98 (1969), S. 219–247.

Jourdain, R.: Das wohltemperierte Gehirn. Wie Musik im Kopf entsteht. Heidelberg, Berlin 2001.

Kahn, F.: Das Leben des Menschen. Eine volkstümliche Anatomie, Biologie, Physiologie und Entwicklungsgeschichte des Menschen. Stuttgart 1929.

Kainz, Fr.: Die Sprache der Tiere. Stuttgart 1961.
Kant, I.: Werke. Akademie-Textausgabe. Berlin 1968.
Kelsen, H.: Vergeltung und Kausalität. Wien, Köln, Graz 1982.
Kessel, M.: Die Angst vor dem Scheintod im 18. Jahrhundert. Körper und Seele zwischen Religion, Magie und Wissenschaft. In: Schlich, Th. u. C. Wiesmann (Hrsg.): Hirntod. Zur Kulturgeschichte der Todesfeststellung. Frankfurt a. M. 2001. S. 133–166.
Kimura, D.: Functional asymetry of the brain in dichotic listening. In: Cortex 3 (1967), S. 163–178.
Koch, Chr.: Die Zukunft der Hirnforschung. Das Bewußtsein steht vor seiner Enthüllung. In: Geyer, Chr. (Hrsg): Hirnforschung und Willensfreiheit. Frankfurt a. M. 2004, S. 229–234.
Kröber, H. L.: Die Hirnforschung bleibt hinter dem Begriff strafrechtlicher Verantwortung zurück. In: Geyer, Chr. (Hrsg): Hirnforschung und Willensfreiheit. Frankfurt a. M. 2004, S. 103–110.
Lange, F. A.: Geschichte des Materialismus, Zweites Buch: Geschichte des Materialismus seit Kant, 3. Aufl., Iserlohn 1877.
Leroi-Gourhan, A.: Hand und Wort. Die Evolution von Technik, Sprache und Kunst. Frankfurt a. M. 1980.
Levy, J.: Psychological implications of bilateral asymetry. In: Dimmond, S. J. u. J. G. Beaumont (Hrsg.): Hemisphere Function in the Human Brain. New York 1973.
Libet, B.: Electrical Stimulation of Cortex in Human Subjects, and Conscious Memory Aspects. In: Iggo, A. (Hrsg.): Handbook of Sensory Physiology. Bd. II. Berlin, Heidelberg, New York 1973, S. 743–790.
Libet, B., Gleason, C. A., E. W. Jr. Wright u. D. Pearl: Time of conscious intention to act in relation to onset of cerebral activity (readiness potential). In: Brain 106 (1983), S. 623–642.
Libet, B.: Unconscious cerebral initiative and the role of conscious will in voluntary action. In: Behavioral and Brain Sciences (1985), S. 529–566.
Libet, B.: Haben wir einen freien Willen? In: Geyer, Chr. (Hrsg): Hirnforschung und Willensfreiheit. Frankfurt a. M. 2004, S. 268–289.
Libet, B.: Mind Time. Wie das Gehirn Bewußtsein produziert. Frankfurt a. M. 2005.
Linke, D.: Hirnverpflanzung. Die erste Unsterblichkeit auf Erden. Reinbek bei Hamburg 1993.
Linke, D.: An der Schwelle zum Tod. In: Gehirn & Geist. Dossier NR. 1 (2003a) S. 17–19.
Linke, D.: Religion als Risiko. Geist, Glaube und Gehirn. Reinbek bei Hamburg 2003.
Lorenz, K.: Das sogenannte Böse. Zur Naturgeschichte der Aggression. Wien 1975.
Lubbock J.: Die vorgeschichtliche Zeit, 2 Bde. Übers. v. A. Passow, Costenoble, Jena 1874.
Mach, E.: Die Analyse der Empfindungen und das Verhältnis des Physischen zum Psychischen, 2. Aufl. Jena 1900.
Mc Fie, J.: The effects of hemispherectomy on intellectual functioning in cases of infantile hemiplegia. In: Journal of Neurology, Neurosurgery and Psychiatry 24 (1961), S. 240–249.
McCulloch, W. S. u. W. H. Pitts: A Logical Calculus of Ideas Immanent in Nervous Activity. 1943.
Meynert, Th.: Sammlung von populär-wissenschaftlichen Vorträgen über den Bau und die Leistungen des Gehirns. Wien, Leipzig 1892.
Miller, G. A., E. Galanter u. K. H. Pribram: Strategien des Handelns. Pläne und Strukturen des Verhaltens. Stuttgart 1973.
Mohr, H. u. E. Oeser: Das Erkenntnisproblem in der Biologie. In: Molden, O. (Hrsg.): Wissen, Glauben, Skepsis. Europäisches Forum Alpach 1983.
Mohr, H.: Biologische Wurzeln der Ethik? Karlsruhe 1983a.
Mohr, H.: Evolutionäre Erkenntnistheorie. Sitzungsberichte der Heidelberger Akademie der Wissenschaften. Mathem.-naturwiss. Klasse, Jg. 1983.

Mountcastle, V. B.: The view from within: Pathways to the study of perception. In: John Hopkins Medical Journal 136 (1975), S. 109–131.

Nagel, Th.: What is it like to be a bat? Philosophical Review 83, 1974, S. 435–450; dt.: Wie es ist eine Fledermaus zu sein? In: Bieri, P. (Hrsg.): Analytische Philosophie des Geistes. Königstein/Ts. 1981, S. 261–275.

Newberg, A., E. A. Aquili und V. Rause: Der gedachte Gott. Wie Glaube im Gehirn entsteht. München 2003.

Northoff, G.: Personale Identität und operative Eingriffe in das Gehirn. Neurophilosophie, empirische und ethische Untersuchungen. Mentis-Verlag, Paderborn 2001.

Oeser, E.: Begriff und Systematik der Abstraktion. Wien, München 1969.

Oeser, E.: Wissenschaft und Information. 3 Bde. Wien-München 1976.

Oeser, E.: Wissenschaftstheorie als Rekonstruktion der Wissenschaftsgeschichte. 2 Bde. Wien, München 1979.

Oeser, E.: Kants Philosophie des Gehirns. Ein Beitrag zur historischen Begründung der Neuroepistemologie. In: W. Schmied-Kowarzik (Hrsg.): Objektivationen des Geistigen. Berlin 1985, S. 75–85.

Oeser, E.: Psychozoikum. Evolution und Mechanismus der menschlichen Erkenntnisfähigkeit. Berlin, Hamburg 1987.

Oeser, E.: Das Abenteuer der kollektiven Vernunft. Evolution und Involution der Wissenschaft. Wien. Hamburg 1988.

Oeser, E.: Evolution und Selbstkonstruktion des Rechts. Rechtsphilosophie als Entwicklungstheorie der praktischen Vernunft. Wien 1990.

Oeser, E.: Neuroepistemologie und Selbstorganisation. (Bulg.) Sofia 1994.

Oeser, E.: Neuroepistemologie. In: Lucius E. u. S. Ural (Hrsg.): Künstliche Intelligenz, Sprache und Denken. Istanbul 1996.

Oeser, E.: The brain and its self. Naturalistic approaches to the issue of consciousness. In: Stadler, F. (Hrsg.): Wissenschaft als Kultur. Wien, New York 1997, S. 215–228.

Oeser, E.: Geschichte der Hirnforschung. Darmstadt 2002.

Oeser, E.: Evolution and Constitution. The evolutionary Selfconstruction of Law. Dordrecht/ Boston/London 2003.

Oeser, E.: Hund und Mensch. Die Geschichte einer Beziehung. Darmstadt 2004.

Oeser, E.: Katze und Mensch. Die Geschichte einer Beziehung. Darmstadt 2005.

Oeser, E. u. F. Seitelberger: From Brain Pathology to Neurophilosophy; in: F. C. Rose (Hrsg.): Neuroscience across the centuries. London 1989, S. 7–21.

Oeser, E. u. F. Seitelberger: Gehirn Bewußtsein und Erkenntnis. Darmstadt 1988, 2. Aufl. 1995.

Persinger, M. A.: Neuropsychological Bases of God Beliefs. New York 1999.

Peschl, M. F.: Repräsentation und Konstruktion. Braunschweig, Wiesbaden 1994.

Platt, D.: Biologie des Alterns. Heidelberg 1976.

Poe, E. A.: Geschichten des Grauens mit Textillustrationen von Alfred Kubin. München 1969.

Popper, K. R.: Objektive Erkenntnis. Hamburg 1973.

Popper, K. R. u. J. C. Eccles,: Das Ich und sein Gehirn. München 1987.

Popper, K. R., B. I. B. Lindahl u. P. Århem: A discussion of the mind-body problem. In: Theoretical Medicine 14 (1993), S. 167–180.

Prinz, W.: Der Mensch ist nicht frei. Ein Gespräch. In: Geyer, Chr. (Hrsg.): Hirnforschung und Willensfreiheit. Frankfurt a. M. 2004, S. 20–29.

Putnam, H.: Vernunft, Wahrheit und Geschichte. Frankfurt a. M. 1982.

Ramachanran, V. S., W. S. Hirstein, K. E. Armel, E. Tecoma u. V. Iragui: The neural basis of religious experience. Society of Neuroscience. Vol 23. 1997.

Ramón y Cajal, S.: Histologie du système nerveux de l'homme et de vertébrés. Paris 1899.
Ramón y Cajal, S: Regeln und Ratschläge zur wissenschaftlichen Forschung. München 1933.
Read, H.: Geschichte der modernen Malerei. München, Zürich 1959.
Roth, G.: Erkenntnis und Realität: Das reale Gehirn und seine Wirklichkeit. In: Schmidt, S. J. (Hrsg.): Der Diskurs des radikalen Konstruktivismus. Frankfurt a. M. 1987.
Roth, G.: Das Gehirn und seine Wirklichkeit. Frankfurt a. M. 1994.
Roth, G.: Fühlen, Denken, Handeln. Wie das Gehirn unser Verhalten steuert. Frankfurt a. M. 2001.
Roth, G: Aus Sicht des Gehirns. Frankfurt a. M. 2003.
Ryle, G.: The Concept of Mind. London 1943; dt.: Der Begriff des Geistes. Stuttgart 1969.
Saver, J. L. and Rabin, J.: The neural substrates of religious experience. In: Journal of Neuropsychiatry and Clinical Neurosciences 9 (1997), S. 498–510.
Schleidt, W. M.: Bewußtsein bei Tieren. In: Guttman, G. u. G. Langer (Hrsg.): Das Bewußtsein. Multidimensionale Entwürfe. Wien, New York 1992.
Schleidt, W. M.: Ethologische Theologie. In: C. Sütterlin u. F. K. Salter (Hrsg.): Irenäus Eibl-Eibesfeldt: Zu Person und Werk. Frankfurt a. M. 2001, S. 179–187.
Schleidt W. M., M. D. Shalter: Co-evolution of humans and canids: An alternative view of dog domestication: Homo Homini Lupus? Evolution and Cognition 2003.
Schlich, T.: Tod, Geschichte, Kultur. In: Schlich, Th. u. C. Wiesmann, (Hrsg.): Hirntod. Zur Kulturgeschichte der Todesfeststellung. Frankfurt a. M. 2001. S. 9–42.
Schopenhauer, A.: Die Welt als Wille und Vorstellung. 1. Bd., Leipzig 1892.
Searle, J. R.: Geist, Hirn und Wissenschaft. Frankfurt a. M. 1986.
Seitelberger, F.: Neurobiologische Aspekte der Intelligenz, In: Lorenz, K. u. F. M. Wuketits (Hrsg.): Die Evolution des Denkens. München, Zürich 1983.
Seitelberger, F.: Das Hirntod-Konzept. Neurobiologie und ethische Dimensionen. In: Angewandte Ethik. Sommerakademie Kapfenberg 1995. S. 113–128.
Sherrington, Ch.: Man on His Nature. Cambridge 1940; dt.: Körper und Geist. Der Mensch über seine Natur. Bremen 1964.
Simpson, G. G.: Biologie und Mensch. Frankfurt a. M. 1972.
Singer, W: Ein neues Menschenbild? Gespräche über Hirnforschung. Frankfurt a. M. 2003.
Singer, W.: Verschaltungen legen uns fest: Wir sollten aufhören, von Freiheit zu sprechen. In: Geyer, Chr. (Hrsg): Hirnforschung und Willensfreiheit. Frankfurt a. M. 2004, S. 30–65.
Sperry, R. W.: Lateral specialization in the surgically separated hemispheres. In: Schmitt, F. O. u. F. G. Worden (Hrsg.): The Neurosciences Second Study Program, Cambridge/Mass., London 1974, S. 5–19.
Sperry, R. W.: Naturwissenschaft und Wertentscheidung. München, Zürich 1985.
Spittler, J. Fr.: Gehirn, Tod und Menschenbild. Neuropsychiatrie, Neurophilosophie, Ethik und Metaphysik. Stuttgart 2003.
Szentágothai, J.: Theorien zur Organisation und Funktion des Gehirns. In: Naturwissenschaften, 72 (1985) S. 303–309.
Teuber, H.-L.: Why two brains? In: Schmitt, F. O. u. F. G. Worden (Hrsg.): The Neurosciences Second Study Program, Cambridge/Mass., London 1974, S. 71–74.
Turing, A. M.: Can a Machine Think? In: Newman, J. R. (Hrsg.): The World of Mathematics. Vol. 4, New York 1956.
Underhill, E.: Mystik. Eine Studie über die Natur und Entwicklung des religiösen Bewußtseins im Menschen. München 1928.
Verne, J.: Autour de la lune. Paris 1870.
Vigne, J.-D., J. Guilaine, K. Debue, L. Haye u. P. Gerard: Early Taming of the Cat in Cyprus. In: Science, Vol. 304, Issue 5668, S. 259, 9. April 2004.

Vitae Patrum oder Leben der Vätter. Das ist: Eine Beschreibung viler Altt-Vätter und Einsidleren, wie auch ihrer Reden und Thaten. Augspurg und Dillingen 1728.

Vollmann, J.: Das Hirntodkriterium heute. Begriffserklärung und medizinische Kontroversen. In: Schlich, Th. u. C. Wiesmann (Hrsg.): Hirntod. Zur Kulturgeschichte der Todesfeststellung. Frankfurt a. M. 2001. S. 45–56.

Wada, J. A., R. J. Clarke, u. A. E. Ham: Cerebral hemispheric asymetry in Humans. In: Arch. Neurol. 32 (1975) S. 239–246.

Wallace, A. R.: On the Origin of Human Races deduced from the Theory of Natural Selection, Anthropological Review, 1864.

Walter, H.: Neurophilosophie der Willensfreiheit. Mentis-Verlag, Paderborn 1999.

Weiss, P.: Aging: A Corollary of Development. In: Shock, N. W. u. Ch. C. Thomas, (Hrsg.): Perspectives in Experimental Gerontology. Springfield/Ill. 1966.

Wilde, O.: Der Kritiker als Künstler. In: Werke. Berlin o. J., Bd. 6, S. 5–140.

Wilson, O. E.: Biologie als Schicksal. Die soziobiologischen Grundlagen menschlichen Verhaltens. Frankfurt a. M., Berlin, Wien 1980.

Winkler, E. u. J. Schweikart: Expedition Mensch. Streifzüge durch die Anthropologie. Wien, Heidelberg 1982.

Wittgenstein, L.: Tractatus logico-philosopicus. Logisch-philosophische Abhandlung. Frankfurt a. M. 1963.

Wuketits, M.: Der Affe in uns. Stuttgart, Leipzig 2002.

Xenophons Werke IV: Über die Reitkunst. Übersetzt von Christian Heinrich Dörner, 3. Aufl., Berlin-Schöneberg 1917.

Zeki, S.: Inner Vision. An Exploration of Art and the Brain. Oxford University Press 1999.

Zeki, S.: Artistic Creativity and the Brain. In: Science Vol. 293 (6. July 2001).

Register

Namen

Sachen